JN313064

会計監査論

岩﨑健久［著］

税務経理協会

はじめに

　21世紀に入り，わが国も政治，経済，社会など様々な側面から，時代のニーズに合わせて構造的な改革をしなければならない諸問題を多く抱えている。会計学の分野もその例外ではない。法制度的には金融商品取引法と会社法が制定され，また，企業会計基準委員会（ASBJ）によって，国際会計基準をにらみながら，次々と企業会計基準が設定，改正され，会計システムの抜本的な改革が行われている。

　会計監査の分野でも，平成14（2002）年に監査基準の改訂が行われ，監査目的の明示，財務諸表の重要な虚偽の表示の原因となる不正発見の姿勢の強化，リスク・アプローチの徹底，継続企業の前提への対処など，抜本的な改訂がなされた。

　その後も，国際監査基準（ＩＳＡ）が継続的に改訂が行われてきたことにともない，平成17（2005）年，平成21（2009）年に監査基準の改訂が行われてきた。平成17（2005）年改訂では事業上のリスク等を重視するリスク・アプローチが導入され，平成21（2009）年改訂では，継続企業の前提への対処の改訂が行われた。

　さらに，平成20（2008）年4月1日以降開始する事業年度から，上場会社等は四半期報告書を提出し，監査人による四半期レビューが義務づけられ，また，内部統制報告書を提出し，監査人による内部統制監査が義務づけられた。これに備えて，四半期レビュー基準，財務報告に係る内部統制の評価及び監査の基準が設定された。

　そこで，本書においては，特にわが国の監査基準のこれまでの改訂の流れに着目し，まず平成3（1991）年及び平成14（2002）年に抜本改訂された監査基準について両者を比較しながら説明し，さらに，その後の平成17（2005）年及び平成21（2009）年改訂の監査基準をみて，これらの改訂の経緯を明らかにしながら，わが国における現行の監査システムについて解説していくことにしたい。

具体的には次のような構成になる。

第1章において，監査の意義，監査の種類，そして財務諸表監査の概要を説明する。第2章では，わが国における監査制度について述べ，具体的には，金融商品取引法監査制度と会社法監査制度を取り上げる。

第3章においては，監査基準を取り上げるが，まず，その意義や性質，そしてわが国におけるその歴史的経緯を解説する。次に，平成3（1991）年と平成14（2002）年における監査基準の改訂の内容を明らかにし，その後の平成17（2005）年及び平成21（2009）年改訂の監査基準について解説を行う。

第4章と第5章においては，第3章で取り上げた監査基準の内容を踏まえて，それぞれ監査実施論と監査報告論について論じることにする。

第6章では，これまでみてきた年度監査以外の保証業務として，中間監査，四半期レビュー，そして，内部統制監査を取り上げ，それぞれ，中間監査基準，四半期レビュー基準，内部統制監査基準をみながら解説する。

帝京大学理事長　沖永佳史先生，経済学部長　廣田功教授，経営学科長　下和田功教授をはじめとして，帝京大学の諸先生にはいつもご指導を賜っている。

公認会計士の小川一夫先生には，会計学について，実務的，理論的な側面からご指導を賜っている。

著者の研究助手をしている坂上太一氏には，本書の執筆にあたって，原稿の整理，校正など多大な尽力を頂いた。

本書の出版にあたり，税務経理協会の峯村英治氏には，細部に至るまでいろいろとご指導を頂いた。

この場を借りて，各氏に対し深く感謝し，心より御礼申し上げる次第である。

2010年10月

岩﨑　健久

目　　次

はじめに

第1章　財務諸表監査概論

1 監査の意義 …………………………………………………… 2

2 監査の種類 …………………………………………………… 4
（1）外部監査と内部監査………………………………………… 4
（2）法定監査と任意監査………………………………………… 4
（3）会計監査と業務監査………………………………………… 5
（4）情報監査と実態監査………………………………………… 5
（5）精密監査と試査監査………………………………………… 6

3 財務諸表監査 ………………………………………………… 6
（1）監査の歴史的展開…………………………………………… 7
（2）財務諸表監査の必要性及び目的…………………………… 8
（3）二重責任の原則……………………………………………… 9
（4）「期待のギャップ」…………………………………………10
（5）不正及び誤謬・違法行為……………………………………11

第2章　監 査 制 度

1 総　　説 ………………………………………………………16

2 金融商品取引法監査制度 ……………………………………18
（1）証取法監査制度の経緯………………………………………18

（2）　現行の金商法監査制度……………………………………19

3　　会社法監査制度………………………………………………21

　　　（1）　商法監査制度の経緯……………………………………21
　　　（2）　現行の会社法監査制度…………………………………23

第3章　監　査　基　準

1　総　　　説 …………………………………………………32

　　　（1）　監査基準の意義…………………………………………32
　　　（2）　監査基準の性質…………………………………………33

2　　監査基準の設定………………………………………………34

　　　（1）　監査基準の設定方式……………………………………34
　　　（2）　監査基準設定の理由……………………………………35

3　　監査基準の改訂………………………………………………37

　　　（1）　監査基準改訂の経緯……………………………………37
　　　（2）　平成3（1991）年改訂の内容…………………………39
　　　（3）　平成14（2002）年改訂の内容…………………………41

4　　監査基準の体系及び内容……………………………………42

　　　（1）　平成14（2002）年改訂以降の監査基準の全体像の概観……42
　　　（2）　一　般　基　準…………………………………………45
　　　（3）　実　施　基　準…………………………………………53
　　　（4）　報　告　基　準…………………………………………66

第4章　監査実施論

1 総　　説 …………………………………………………78

2 合理的基礎の形成 ………………………………………79
　（1） 概　　説 ……………………………………………79
　（2） 平成14（2002）年改訂以降の監査基準における
　　　 監査要点 ……………………………………………80

3 監査証拠 …………………………………………………82
　（1） 概　　説 ……………………………………………82
　（2） 十分かつ適切な監査証拠 …………………………83

4 監査技術 …………………………………………………85
　（1） 概　　説 ……………………………………………85
　（2） 具体的な監査技術 …………………………………86

5 監査手続 …………………………………………………91
　（1） 概　　説 ……………………………………………91
　（2） 平成14（2002）年改訂以降の監査基準における
　　　 監査手続 ……………………………………………92

6 監査計画 …………………………………………………96
　（1） 概　　説 ……………………………………………96
　（2） 平成14（2002）年改訂以降の監査基準における
　　　 監査計画 ……………………………………………97

7 監査調書 …………………………………………………101
　（1） 概　　説 ……………………………………………101
　（2） 内　　容 ……………………………………………103

8 リスク・アプローチ……………………………………………106
（1） 平成3（1991）年改訂監査基準のリスク・アプローチ …107
（2） 平成14（2002）年改訂基準のリスク・アプローチ ………107
（3） 平成17（2005）年改訂以降の基準におけるリスク・
アプローチ ……………………………………………………109

9 内部統制……………………………………………………112
（1） 概　　説 ……………………………………………………112
（2） 平成14（2002）年改訂以降の監査基準における
内部統制 ……………………………………………………113

10 試　　査…………………………………………………117
（1） 意　　義 ……………………………………………………117
（2） 分　　類 ……………………………………………………118
（3） 試査における監査判断の誤りのリスク ………………119
（4） サンプリングの適用 ………………………………………121

11 会計上の見積りの監査 ………………………………122

12 品 質 管 理 ……………………………………………123

13 他の監査人等の利用 …………………………………126
（1） 他の監査人の利用 …………………………………………126
（2） 専門家の業務の利用及び内部監査人の協力 …………131

14 経営者による確認書 …………………………………133

15 継続企業の前提 …………………………………………139
（1） 平成14（2002）年改訂基準における継続企業の前提 ……139
（2） 平成21（2009）年改訂以降の基準における継続企業

　　　　　　　　　　　　　　　　　　　　　　　　目　次

　　　の前提 ……………………………………………………………142

第5章　監査報告論

1　総　　　説 ………………………………………………………146

2　監査報告書の種類 …………………………………………………149

3　監査報告書の構造 …………………………………………………150

4　除 外 事 項 …………………………………………………………156
　（1）　範囲区分の除外事項 ……………………………………………157
　（2）　意見区分の除外事項 ……………………………………………161

5　継続企業の前提 ……………………………………………………163
　（1）　平成14（2002）年改訂基準における継続企業の前提 ……163
　（2）　平成21（2009）年改訂以降の基準における継続企業
　　　の前提 …………………………………………………………166

6　追 記 情 報 …………………………………………………………169
　（1）　特記事項から追記情報へ ………………………………………169
　（2）　重要な偶発事象 …………………………………………………173
　（3）　重要な後発事象 …………………………………………………173

第6章　年度監査以外の保証業務

1　保証業務の意義 ……………………………………………………178

2　中 間 監 査 …………………………………………………………179

（1）　中間監査基準をめぐる経緯 ……………………………179
　　（2）　平成14（2002）年改訂中間監査基準 …………………182
　　（3）　平成17（2005）年改訂以降の中間監査基準 …………184
　　（4）　中間監査報告書 …………………………………………185

3　四半期レビュー ……………………………………………………189
　　（1）　四半期レビューの目的 …………………………………189
　　（2）　実　施　基　準 …………………………………………192
　　（3）　報　告　基　準 …………………………………………194

4　内部統制監査 …………………………………………………………198
　　（1）　財務報告に係る内部統制の評価及び報告 ……………199
　　（2）　財務報告に係る内部統制の監査 ………………………199

参　考　文　献 ……………………………………………………………209

付　　　　録

　　【監査基準】……………………………………………………………211
　　【中間監査基準】………………………………………………………219
　　【四半期レビュー基準】………………………………………………222
　　【無限定適正意見の監査報告書の文例】……………………………230

索　引 ………………………………………………………………………233

第 *1* 章

財務諸表監査概論

> **point**
>
> ① 監査の意義を理解することが重要である。監査という行為は，特定の経営体・経営者の利害関係者からの依頼を受けて，独立の第三者が，経営体の開示した情報ないしは経営者の行った行為を検査，評価し，その結果を報告する行為と定義される。
> ② 監査は様々な観点から分類することができるが，本書で扱う財務諸表監査について，それらの分類における位置づけをよく理解する必要がある。
> ③ 財務諸表監査の目的は，財務諸表の適正性に関する意見を表明し，財務諸表に社会的信頼性を付与することにより，利害関係者を保護することにある。
> ④ 二重責任の原則とは，財務諸表の作成に関する責任は経営者にあり，当該財務諸表に対する監査意見に関する責任は監査人にあるという責任分担の原則をいうが，極めて重要な原則である。
> ⑤ 「期待のギャップ」とは，監査人が実際に遂行している役割と社会の人々が監査人に期待する役割とのギャップをいう。監査人が実際に遂行している役割を上回る役割を利害関係者が期待する場合，この「期待のギャップ」を解消する必要性が生じる。
> ⑥ 平成14（2002）年改訂基準の主要なポイントの1つである監査人の不正を発見する姿勢の強化と関連して，不正及び誤謬，違法行為の部分は重要で，これらの定義及び特徴をよく理解する必要がある。

1 監査の意義

　監査という行為は，特定の経営体・経営者の利害関係者からの依頼を受けて，独立の第三者が，経営体の開示した情報ないしは経営者の行った行為を検査，評価し，その結果を報告する行為と定義される。

　会計監査の歴史は会計の歴史とともに古く，このため現在でも単に監査といえば会計監査のことを指している場合が多いが，今日では業務監査，経営監査，環境監査あるいは社会監査等会計監査以外の監査が行われており，監査の概念は極めて広いものになっている。

　アメリカ会計学会（ＡＡＡ）の監査の基礎的概念委員会は，監査を次のように定義している[1]。

　　「監査とは，経済活動及び経済事象についての主張と確立された規準との合致の程度を確かめるために，それらの主張に関する証拠を客観的に収集・評価するとともに，利害関係を持つ利用者に伝達する体系的な過程である。」

　このように定義すると，監査は第三者による検証行為であるから，監査人は利害関係者から経済的にも精神的にも独立している必要があり，また検証可能な証拠に基づいて情報化するための評価規準（一般に認められた会計基準）とその適否を判断する監査規準（一般に認められた監査基準）が整備されていなければ社会的制度として一般に認められないことになる[2]。

　また監査は，ある特定の個人や経営体の活動に対して，それに利害を持つ人のために，当事者以外の第三者が行う調査とその結果の報告であり，つまり，第三者による調査と報告ということができる。そこで，会計監査及び業務監査を含む広い定義として，次の定義をあげることができる[3]。

　　「監査とは，公正中立な第三者の立場にある者が，他の者の行為を直接監督すること，および／または，他の者の行為の結果を批判的に調査することを意味し，監督および／または調査結果を意見として表明することを含む。」

(「および／または」としてあるのは，前者と後者の2つの行為を含む場合と後者だけを意味する場合を表している。)

この定義によれば，監査の基本的な要素として，次の3つを指摘できる。

① 監査とは，公正中立な第三者の立場にある者の行為であること。
② 監査とは，他人の行為を直接監督する行為，および／または，他人の行為の結果を批判的に調査する行為であること。
③ 監査には，監督的行為，および／または，批判的調査行為の結果を意見として表明することも含まれること。

監査の目的，対象，主体，方法等は，依頼者からの依頼内容によって異なり，様々な種類の監査が存在している。監査の種類の詳細は，第2節にて述べる。

例えば，株式会社の場合，株主と経営者は会社経営に関する委託受託関係にある。受託者たる経営者は，会社の経営に関する受託責任を負っており，経営内容を委託者たる株主に報告し承認を受けることによって，受託責任が解除される。しかし，経営者の報告が株主に信頼されないと受託責任の解除がされず，株式会社の運営は停滞していてしまうことになる。ここに監査の必要性が生じる。

また，株式会社の場合，会社と投資者とは会社の運用資金に関する取引関係にある。投資者は，取引に関する意思決定のための情報を会社に要求し，これに呼応する形で会社は財務諸表を開示し，投資を促すことによって資金調達を行っている。しかし，財務諸表が投資者に信頼されないと，企業の資金調達は停滞してしまう。ここに監査の必要性が生じる。

このように，監査を行うことによって，経営体ないしは経営者と利害関係者との利害対立が調整され，経営活動が円滑化される点に監査の意義があるといえる。

2 監査の種類

監査は，次に述べるように，様々な観点から分類することができる。

(1) 外部監査と内部監査

この分類には，以下の2つの分類基準がある[4]。

① 主体基準による分類

この分類は，監査主体によるものである。

外部監査とは，企業外部の監査人によって実施される監査である。外部監査の代表例は，公認会計士や監査法人による監査があげられる。

内部監査とは，企業内部の監査人によって実施される監査である。内部監査の代表例は，会社法の規定に基づく監査役・監査委員による監査があげられる。

② 目的基準による分類

この分類は，監査目的によるものである。

外部監査とは，企業外部者の保護を目的として実施される監査である。これは通常，不特定多数の利害関係者を保護するために法定監査として行われる。

内部監査とは，企業内部者の保護を目的として実施される監査である。これは通常，経営者による経営管理の一貫として任意監査として行われる。

(2) 法定監査と任意監査

この分類は，監査実施の根拠となる法令の有無によるものである。

法定監査とは，監査実施の根拠が法令上に存在する監査である。法定監査においては，監査人の資格，権限，義務，責任，罰則，監査手続，監査報告の記載要件，監督官庁への報告手続等についてその詳細が法令に規定されている。法定監査の代表例は，金融商品取引法監査，会社法監査，私立学校法監査，労働組合法監査等があげれらる。

任意監査とは，監査実施の根拠が法令上に存在するわけではなく，企業や利害関係者の個別的な要請に基づき自主的に実施される監査である。例えば，企業が自主的に行う内部監査等がある。

（3） 会計監査と業務監査

この分類は，対象業務を基準とするもので，監査対象が会計業務か会計以外の業務かによるものである。

会計監査とは，会計業務を監査対象とする監査である。会計は，認識，測定，記録，集計，分類及び表示という一連の過程からなるが，会計監査は，こうした一連の会計過程を検査するものである。

業務監査とは，会計業務以外の業務を監査対象とする監査である。業務監査には2つの意味がある。1つは内部監査人によって実施される業務監査であり，もう1つは監査役・監査委員によって実施される業務監査である。前者は，会計以外の各種業務，人事労務，購買，生産，販売等を対象とするものである。後者は，監査役の業務，主に取締役の職務行為の監査を指し，両者は同等のものではない[5]。

（4） 情報監査と実態監査

この分類は監査の主題を基準とするものである。監査の主題とは，監査人が監査手続を通じて証拠づけようとする対象であり，監査意見の対象となるものである[6]。

情報監査とは，企業の作成した情報の真実性，合理性，有効性等を主題とする監査である。情報は何らかの目的により企業が作成するものであるが，情報監査はその情報が当該目的を達成するべく，適切に作成されているかどうかについて検査，評価，報告する行為であり，企業実態そのものの良否は問題視されない。つまり情報監査は，かかる行為や業務の結果を表現した主張もしくは言明を監査の主題とするものであり，情報の信頼性を主題とする監査である。

公認会計士や監査法人による財務諸表監査は会計監査であるが，同時に，情

報監査である。しかし，会計監査はすべて情報監査というわけではなく，例えば，現金の出納に従事する担当者への不正摘発を目的とする監査等は，後述する実態監査にあたる。

　実態監査とは，企業実体の合理性，正当性を主題とする監査である。企業の実態は会社の経営者や従業員の具体的行為やその結果としての事実からなるが，この具体的行為が合理的に行われているか，連続的に的確に行われているか，さらにその結果として目標がどれだけ達成されているか等を対象として監査を実施していくのが実態監査である。つまり実態監査は，特定の人間の行った行為や業務そのものを監査の主題とするものであり，行為の誠実性を主題とする監査である。

（5）　精密監査と試査監査

　この分類は，監査の立証形式を基準とするものである。

　精密監査とは精査の方式で実施される監査である。精密監査は，要証命題に関連する証拠資料のすべてに対して監査技術を適用し，監査意見の根拠を得るものである。

　試査監査とは，試査の方式で実施される監査である。試査監査は，要証命題に関連する証拠資料の一部に対して監査技術を適用し，意見表明の根拠を得るものである。現代の財務諸表監査は，重要な虚偽記載の不存在を合理的な水準で保証することを目的としており，試査監査が採用されている。

3　財務諸表監査

　監査は，第1節，第2節で述べたように，非常に広範な意味を有しており，その種類も様々であるが，本書において中心的に取り扱う監査は財務諸表監査である。財務諸表監査は，企業外部の利害関係者を保護することを目的とし，企業から独立した第三者によって行われることから，経営外部目的かつ経営外

部主体の外部監査である。また，金融商品取引法や会社法によって規定されていることから法定監査であり，監査対象が会計行為であることから会計監査である。そして，前述したように，財務諸表という情報の信頼性を主題とする情報監査である。監査の手法は，被監査会社の内部統制の有効性を前提として，原則として試査監査によるものである。

（1） 監査の歴史的展開

会計監査の歴史的展開を簡単にみてみると，精細監査から貸借対照表監査へ，そして財務諸表監査への発展としてとらえることができる[7]。

① 精細監査

現代の財務諸表監査のルーツは，19世紀において英国にて発達した精細監査であるといえる。精査監査は，会計士による不正や誤謬の発見あるいは防止を目的として会計記録や会計行為の全部を精細に吟味するもので，監査の手法としては精査が採用され，監査手続は，帳簿上の操作による不正を発見するべく，「記録と記録の突合」を特徴としている。

② 貸借対照表監査

20世紀に入ると，英国にかわって米国が急速に経済的な発展を遂げ，企業の金融機関からの短期資本の借入れにあたり，職業的専門家による会計監査が必要とされた。ここでの監査は，企業の支払い能力を評価するための与信意思決定情報として，金融機関を保護するため貸借対照表監査が行われた。貸借対照表監査は，貸借対照表の諸項目を吟味し，企業の財政状態やその信用能力を判定することに資する信用目的の監査であり，監査の手法としては試査が採用され，「事実と記録の突合」を特徴としている。

③ 財務諸表監査

世界恐慌後，1930年代に入ると，米国では株式会社制度が確立し，証券取引に関連して監査が行われるようになり，貸借対照表のみならず，損益計算書を含む財務諸表の全部を監査対象とする財務諸表監査が行われるようになった。その監査目的は，財務諸表が企業会計の一般に認められた会計原則に準拠して

適正に作成されているかどうかの意見表明をし，投資者の意思決定に役立てることであった。

監査の手法としては試査が採用され，「会計原則と慣習的方法の突合」，つまり「原則と方法の突合」を特徴としている。

（2） 財務諸表監査の必要性及び目的

企業の利害関係者は，意思決定の根拠として企業の経済的実態を忠実に表す情報を要求するが，この情報要求に応える中心的手段が企業による財務諸表の公開である。よって，財務諸表は利害関係者の限られた意思決定情報として重要である。

一方，財務諸表は「事実と慣習と判断の総合的産物」といわれるように，相対的真実性の性格を有し，作成者たる経営者と利用者たる利害関係者とは潜在的，顕在的に利害対立関係にあるため，財務諸表は経営者の判断により歪められる危険性を含み，利害関係者は財務諸表の信頼性に疑念を抱くことになる。

以上から，利害関係者は財務諸表の質を自ら確かめたいという要請を持つことになる。

しかし，利害関係者は社会に散在しており，自らが財務諸表の質を評定することは物理的に難しく，また，こうした調査は企業機密保持の観点から法的に制限されている。さらに，現代の企業の財務諸表は，高度かつ複雑な技術的処理を経て作成されているので，一般の利害関係者ではこれを監査することはできず，相当に高度な専門的知識及び技能を有する者でなければその適正性を判断することはできない。

そこで，専門的能力を有し独立の立場にある公認会計士あるいは監査法人が財務諸表を監査する必要性が生ずるのである。

財務諸表監査の目的は，財務諸表の適正性に関する意見を表明し，財務諸表に社会的信頼性を付与することにより，利害関係者を保護することにある。

監査人は，財務諸表が一般に公正妥当と認められる会計基準に準拠して企業の財政状態，経営成績及びキャッシュ・フローの状況を適正に表示しているか

どうかについての意見を表明するが，この際，財務諸表監査が社会的に信頼されていれば，この監査意見によって，当該財務諸表が適正であるということを利害関係者が信頼することになる。

(3) 二重責任の原則

　二重責任の原則とは，財務諸表の作成に関する責任は経営者にあり，当該財務諸表に対する監査意見に関する責任は監査人にあるという責任分担の原則をいうが，財務諸表監査において極めて重要な原則である。

　この原則は，1つの財務諸表に関連して，作成責任については経営者が負担し，保証責任については監査人が負担するという意味で二重の責任負担がなされることから，二重責任の原則とよばれる。また，二重責任の原則は，企業内容開示制度において，経営者が財務諸表により企業内容の開示を行い，監査人がその信頼性を保証するという役割分担の原則としての意義も有する。

　第3章でみる現行監査基準においても，第一「監査の目的」の前段部分で「財務諸表の監査の目的は，経営者の作成した財務諸表が，一般に公正妥当と認められる企業会計の基準に準拠して，企業の財政状態，経営成績及びキャッシュ・フローの状況をすべての重要な点において適正に表示しているかどうかについて，監査人が自ら入手した監査証拠に基づいて判断した結果を意見として表明することにある。」とあるが，「経営者の作成した財務諸表」を「監査人が自ら入手した監査証拠に基づいて判断した結果を意見として表明すること」という部分で，二重責任の原則を謳っている。

　二重責任の原則は，監査を行う者と監査を受ける者との間で交錯してはならない役割（責任）を峻別すること－すなわち責任の分担－を意味し，とりわけ企業の財務報告制度の根幹をなすものとして，これまで監査基準や関係法令のなかで認識され，確立されてきたものである[8]。

　しかし，経営者と監査人とは決して対立関係にあるわけではなく，前述した責任分担のもと，それぞれの役割を協調的に果たしていくべき関係にある。よって，責任分担の明確化は，監査人の保身のみならず，経営者に自らの責任を認

識させたうえで，両者の協力のもとに企業内容開示制度を有効に機能させることにつながるといえよう。

(4)「期待のギャップ」

「期待のギャップ」とは，監査人が実際に遂行している役割と社会の人々が監査人に期待する役割とのギャップをいう。監査人が実際に遂行している役割を上回る役割を利害関係者が期待する場合，「期待のギャップ」を解消する必要性が生じる。

従来，監査基準は監査それ自体の目的を明確にしてこなかったために，監査の役割について種々の理解を与え，これがいわゆる「期待のギャップ」を醸成させてきたことは否定できない。また，監査の目的を明確にすることにより監査基準の枠組みも自ずと決まることになるので，このような趣旨から改訂基準においては監査の目的を明らかにしている。

「期待のギャップ」を論ずる場合，財務諸表監査としての会計監査の機能と限界をみておく必要がある。

財務諸表監査が被監査会社に対して発揮する機能には，批判的機能と指導的機能がある。批判的機能とは，被監査会社の作成した財務諸表の適否を一般に公正妥当と認められる会計基準に照らして批判し，問題点を指摘することをいう。指導的機能とは，被監査会社に必要な助言，勧告等を行い，財務諸表の問題点の修正を促して，適正な財務諸表の作成を指導することをいう。

また，財務諸表が利害関係者に対して発揮する機能には，保証機能と情報提供機能とがある。保証機能とは，財務諸表の適否に関する機能を監査報告書に表明し，意思決定情報としての財務諸表の信頼性を保証することをいう。情報提供機能とは，企業の状況に関する利害関係者の判断に資するような補足的情報を提供し，利害関係者の意思決定をより的確に導くことをいう。

「期待のギャップ」の解消の観点からみると，監査人は積極的に情報提供機能を発揮することが望ましいといえる。しかし，二重責任の原則との関係でみれば，監査人が情報提供機能を発揮して企業情報を開示する役割を担う場合に

は，監査人と経営者との責任分担関係が曖昧となり，監査人が本来負担し得ない責任を不当に追求されるおそれがある。

前述したように，財務諸表監査は，あくまでも情報監査であり，実態監査ではないのである。このことは，伝統的な財務諸表監査において，経営者や従業員が侵す不正を発見する機能は副次的なものと位置づけられてきた所以である。

しかし，現行基準においては，第一「監査の目的」の後段部分で「財務諸表の表示が適正である旨の監査人の意見は，財務諸表には，全体として重要な虚偽の表示がないということについて，合理的な保証を得たとの監査人の判断を含んでいる。」と規定し，財務諸表監査における不正発見に対する姿勢の強化がうかがえる。不正発見の姿勢の強化は，「期待のギャップ」の解消に寄与しているといえる。

改訂基準における不正発見の姿勢の強化についての詳細は第3章にて述べるが，ここでは，財務諸表の監査の目的を達成するために，監査済みの財務諸表には重要な虚偽の表示がないことについて合理的な保証を与えるほどの高い質を確保するための最小限の手段が追加，規定されている[9]。

(5) 不正及び誤謬・違法行為

① 不正及び誤謬

不正とは，財務諸表の虚偽の表示の原因となる，経営者，従業員または第三者による意図的な行為である。不正には，不正な財務報告（いわゆる粉飾）と資産の流用とがある。また，不正への関与者により，不正は経営者不正と従業員不正とに区分され，いずれの場合にも不正を隠蔽するために企業外の第三者との共謀や文書の偽造，虚偽の説明等がともなうことが多い。なお，経営者のみでなく，部門責任者等の役職者が関与する不正も経営者不正としての対応が必要となってくる。

不正な財務報告は，財務諸表の利用者を欺くために，財務諸表に意図的な虚偽の表示を行ったり，計上すべき金額を計上しないことまたは必要な開示を行わないことであり，経営者不正である。

資産の流用は，売上代金の着服，資産の窃盗，提供を受けていない財貨・サービスに対する支払代金の着服等種々の方法により行われるが，それらを隠蔽するために記録または証憑書類を改竄したり偽造することが多い。資産の流用は主として従業員不正であるが，経営者不正もある。

　誤謬とは，財務諸表の虚偽の表示の原因となる意図的でない誤りである。例えば，財務諸表の基礎となる会計データの収集または処理上の誤り，事実の見落としまたは誤解に基づく会計上の判断または見積りの誤り，会計処理，表示科目または開示に関する会計基準の適用の誤り等があげられる。

　なお，不正は通常，これを隠蔽するための行為，例えば，共謀，文書偽造，虚偽陳述等をともなう。このため，不正による重要な虚偽記載を発見できない危険は，誤謬による虚偽記載を発見できない危険よりも高い。

　不正及び誤謬に関する経営者，監査役会または監査役及び取締役会の責任についてみてみる。経営者は，企業を誠実かつ適切に経営し，業務を遂行する責任を有している。そのため，不正及び誤謬を防止しまたは発見する責任は経営者にある。その責任は，適切な内部統制を構築し，維持することにより遂行される。

　監査役会または監査役及び取締役会は，会社法等の法令の規定により，取締役の職務の執行を監査または監督する権限と責任を有している。取締役の職務の遂行を監査または監督するうえで，監査役会もしくは監査役または取締役会が内部統制の運用状況ならびに不正及び誤謬による財務諸表の重要な虚偽の表示の可能性を監視することは有用である。

　次に，監査人の責任についてみてみる。監査人の責任は，経営者が作成した財務諸表が，一般に公正妥当と認められた企業会計の基準に準拠して，企業の財政状態，経営成績及びキャッシュ・フローの状況を，すべての重要な点において適正に表示しているかどうかについて，一般に公正妥当と認められた監査の基準に準拠して，監査人が自ら入手した監査証拠に基づいて判断した結果を監査意見として表明することにある。財務諸表の表示が適正である旨の監査人の意見は，財務諸表には全体として重要な虚偽の表示がないことについて，合

理的な保証を得たとの監査人の判断を含んでいる。このため，監査人は，財務諸表の重要な虚偽の表示を看過することなく発見できるように，不正及び誤謬による重要な虚偽の表示が財務諸表に含まれる可能性を評価し，その評価に基づき，監査計画を策定し，監査を実施しなければならない。

しかし，監査意見は，不正または誤謬が皆無であることを保証するものではない。財務諸表に重要な虚偽記載が含まれていたことが監査意見を表明した後になって判明した場合でも，そのこと自体，監査が適切になされなかったことを示すものではない。監査が適切になされたか否かは，立案した監査計画，実施した監査手続，入手した十分な監査証拠及びその監査結果の評価に基づき表明した監査意見が，その状況において妥当であったか否かによって決定される。

② 違法行為

違法行為とは，故意もしくは過失または作為もしくは不作為を問わず，被監査会社が関係する法令違反となるものをいう。違法行為は，経営者，従業員または第三者によって行われた法令違反行為であって，会社の経営活動に全く関係しない法令違反行為は含まれない。また，違法行為として確定した行為だけでなく，監査人が違法の疑いが強いと判断した行為も対象となる。

違法行為に関する経営者の責任についてみてみる。経営者は，企業を経営するうえで法令を遵守することについての責任を有している。その責任は，経営者として自ら誠実に業務を執行するだけでなく，適切な内部統制を構築し，維持することにより遂行される。

次に，監査人の責任についてみてみる。財務諸表の監査は，すべての違法行為を発見することを予定していない。一般的に，会計処理に影響を及ぼさない違法行為や共謀，文書偽造等の意図的隠蔽行為をともなう違法行為は，監査人が発見できない可能性が高い。

しかしながら，監査人は，会計上の不正及び誤謬による財務諸表の重要な虚偽の表示を看過しないために，職業的専門家としての正当な注意を払い，職業的懐疑心を保持して監査を実施し，財務諸表の重要な虚偽の表示の原因となる違法行為の発生または存在の可能性について検討しなければならない。

監査人は，違法行為の発生または存在の可能性について疑念がない場合には，違法行為を発見するための特別な監査手続を実施する必要はない。ただし，監査の実施過程で，違法行為の発生または存在の可能性に気づいた場合には，違法行為が行われたかどうかを確かめるため，関連書類・資料の閲覧，経営者への質問，法律専門家の意見の聴取等の適切な監査手続を実施しなければならない。発見した違法行為が，当期において会計処理に影響を及ぼさない場合でも，次期以降の財務諸表に影響を与えるかどうかについて検討する必要がある。

　なお，金融商品取引法第193条の3において，監査人に対し不正通報義務が課されている。具体的には，監査人が財務書類に重要な影響を及ぼす不正・違法行為を発見した場合であって，監査役等に報告する等，被監査会社の自主的な是正措置を促す手続を踏んだ上でもなお改善が図られないと考えられるときは，金融庁への報告が義務付けられている。

（注）
(1) 原　征士『株式会社監査論』白桃書房，2001年，2頁。
(2) 加藤恭彦・友杉芳正・津田秀雄編『監査論講義〔第4版〕』中央経済社，2002年，3頁。
(3) 三澤　一『会計監査の理論〔改訂版〕』中央経済社，1986年，4頁。
(4) 友杉芳正『スタンダード監査論〔第3版〕』中央経済社，2009年，34−35頁参照。
(5) 原，前掲書，4頁。
(6) 鳥羽至英『監査基準の基礎〔第2版〕』白桃書房，1994年，113頁。
(7) 原，前掲書，4頁。
(8) 鳥羽，前掲書，148頁参照。
(9) 内藤文雄・那須伸裕「改訂監査基準について」『JICPAジャーナル』（2002年3月号），日本公認会計士協会，2002年，30頁。

第2章

監査制度

> **point**
>
> ① わが国における株式会社の監査制度には、金融商品取引法監査制度、会社法監査制度及び内部監査人監査制度がある。
> ② 金融商品取引法監査制度は、金融商品取引法の規定に基づき公認会計士または監査法人により実施される監査制度であり、これには連結財務諸表監査、中間連結財務諸表監査、四半期連結財務諸表レビュー、個別財務諸表監査、中間財務諸表監査等、そして、内部統制監査がある。金融商品取引法監査制度の意義、目的及び内容についてよく理解する必要がある。
> ③ 会社法監査制度は、会社法に基づいて実施される監査制度であり、これには監査役（会）監査、会計監査人監査、そして監査委員会監査がある。

1 総　　説

　わが国における株式会社の監査制度は，金融商品取引法監査制度，会社法監査制度及び内部監査人監査制度に分類することができる。

　金融商品取引法監査制度は，金融商品取引法の規定に基づき公認会計士または監査法人により実施される監査制度であり，これには連結財務諸表監査，中間連結財務諸表監査，四半期連結財務諸表レビュー，個別財務諸表監査，中間財務諸表監査等，そして，内部統制監査がある。

　会社法監査制度は，会社法に基づいて実施される監査制度であり，これには監査役（会）監査，監査委員会監査，そして会計監査人監査がある。会社法は株式会社に対して会社の機関である監査役（会）・監査委員会による監査の実施を規定し，また，大規模な株式会社に対しては，監査役等の監査だけではなくこれに加えて職業的専門家である公認会計士または監査法人による会計監査人監査を受けることを強制している。

　金融商品取引法監査制度及び会社法監査制度は法定監査制度といわれる。よって，わが国における公認会計士または監査法人による株式会社の財務諸表監査制度は，金融商品取引法監査と会社法に基づく会計監査人監査の2つが併存する二元的監査制度が採られている。

　内部監査人監査制度は，経営者の経営管理の一貫として，その企業内部の監査担当部門によって実施される監査制度であり，これは任意監査制度といわれる。

　監査の理論的枠組みを考えるにあたり，監査を生み出す基盤とそれによる監査人の役割の違いによって，次の2つの基本的な考え方がある。受託者監視説と企業取引担保説である。

　受託者監視説においては，受託者と委託者との利害対立関係が監査の必要性をもたらす。株式会社においては，所有と経営が分離しており，株主たる委託

者は経済的資源や経営の包括的権限を受託者たる経営者に委託する。

　つまり，委託者は，信頼をおいて経済的資源や包括的権限を受託者に委託するのであるが，一方で，受託者が受託責任を誠実に遂行しているかどうかについて委託者が疑念を抱くことも否めない。受託者は自らの受託責任を誠実に遂行したことを説明しても，委託者は受託責任の解除を容易に行い得なく，そこで独立の第三者による受託責任の遂行を保証する監査が必要となるのである。

　受託者監視説における監査人の職務は，経営者が誠実に受託責任を遂行しているかどうかを保証することにあり，これは，第1章第2節で説明した実態監査にあたる。会社法に規定する監査役監査等はまさに実態監査であり，経営者の行為の誠実性を保証する監査であるといえる。

　また，会社法に規定する会計監査人監査も，会計監査人が監査役を補佐して，経営者の受託責任の解除に係る株主の判断基準を提供していると考えれば，金融商品取引法監査が指向する経済的情報としての財務諸表に係る純粋な情報監査として理解すべきではなく，取締役がその会計責任を誠実に遂行していたか否かを監査する実態監査という大きな枠組みのなかにおける情報監査として構想する必要がある。このため，会計監査人に対しては，監査役が行う実態監査を補佐するという実態監査的な役割も課されているといえる[1]。

　会社法に規定する監査役（会）監査，監査委員会監査，そして会計監査人監査は，受託者監視説に基づくものであるといえよう。

　次に，企業取引担保説においては，経営者と利害関係者との利害対立関係が監査の必要性をもたらす。企業と何らかの取引を行っているまたは行おうとしている利害関係者は，企業がいかなる企業リスクに直面しており，そのリスクはどのような範囲で，その程度はいかなるものであるかを知ったうえで企業との取引についての意思決定を行う。

　この取引の安全を確保する手段として，利害関係者は経営者に対して，財務諸表を提出するよう求めるのである。経営者は財務諸表の開示によって利害関係者に情報を開示し，利害関係者は自らの取引の安全を確保するために，財務諸表に基づいて意思決定しようとするのであるが，財務諸表のみでは情報リス

クが散在するため，それだけでは企業との取引の安全を担保する手段としては不十分である。

そこで，企業の公表する財務諸表の質の評定を第三者が行い，企業取引（投資関係も含む。）の円滑化の担保のために監査が必要とされるのである。金融商品取引法に規定する公認会計士または監査法人による財務諸表監査は，企業取引担保説に基づくものといえよう。

2 金融商品取引法監査制度

本節では金融商品取引法（以下，金商法と略す。）監査制度について説明するが，まず第1項においてその前身である証券取引法（以下，証取法と略す。）監査制度の経緯について説明し，次に第2項において現行の金商法監査制度について述べる。

(1) 証取法監査制度の経緯

昭和23（1948）年に証取法が制定され，公開会社に対し公認会計士による会計監査が強制されるまで，わが国の株式会社の監査は，もっぱら商法による監査役によって行われてきた。監査役は株式会社の機関であり，株主総会で選任され，その職務を遂行する。わが国において商法は明治32（1899）年に制定されたが，その際，監査役に関する規定が設けられた。この制度は昭和25（1950）年に商法が改正されるまで約50年間続いた。

同年，証取法の改正が商法の改正とともになされ，同年，監査基準・監査実施準則が設定された。昭和31（1956）年に，監査基準・監査実施基準が改訂され，新たに監査報告準則が設定され，昭和32（1957）年1月1日以後に始まる事業年度より正規の監査へと移行していった。

その後，山陽特殊製鋼等の大企業の倒産が相次ぎ，粉飾決算が明るみになり，監査制度の充実・強化が叫ばれた。昭和41（1966）年に公認会計士法が改正さ

第2章 監査制度

れ，日本公認会計士協会が特殊法人化し，さらに監査法人制度が創設され公認会計士の監査体制の強化が図られた。昭和49（1974）年の商法改正により，1年決算制度の確立を受けて，昭和52（1977）年に証取法監査として，連結財務諸表監査及び中間財務諸表監査が制度化された[2]。

さらに，関連会社に対する持分法適用の強制化，連結財務諸表の有価証券報告書添付書類から本体書類への組み入れ，連結子会社の範囲に関する10％ルールの撤廃にともなう連結範囲の拡大等の措置が取られ，徐々に連結財務諸表の開示の充実が図られ，連結監査もこれらに対応してきた。そして平成3（1991）年には，監査基準，監査実施準則，監査報告準則が改訂され，旧基準，準則が連結監査を別立てとしていたものを改め，個別・連結の両監査を一体のものとする基準，準則が設けられた。

平成9（1997）年，「連結財務諸表制度の見直しに関する意見書」の公表，新しい連結財務諸表原則の設定がなされ，翌平成10（1998）年，「連結キャッシュ・フロー計算書等の作成基準の設定に関する意見書」，「中間連結財務諸表等の作成基準の設定に関する意見書」も公表され，平成11（1999）年4月1日以後開始する事業年度より新しい連結財務諸表制度が適用されることになった。

これらの制度改正にともない，平成10（1998）年には監査基準，準則が改訂され，さらに旧中間財務諸表監査基準が，中間連結財務諸表を主体とした中間監査基準へと改められた[3]。

以上の変遷を経て，平成18（2006）年，「証券取引法等の一部を改正する法律」が成立し，その後平成19（2007）年9月に，名称が「金融商品取引法」に改題され，施行された。

（2） 現行の金商法監査制度

金商法による公認会計士または監査法人の法定監査は，次の同法第193条の2による。すなわち「金融商品取引所に上場されている有価証券の発行会社その他の者で政令で定めるもの（次条において「特定発行者」という。）が，この法律の規定により提出する貸借対照表，損益計算書その他の財務計算に関する書類

で内閣府令で定めるものには，その者と特別の利害関係のない公認会計士又は監査法人の監査証明を受けなければならない。」という規定である。

　金商法における企業内容開示の充実・強化策としては，有価証券報告書の記載内容の適正性に関する代表者確認書の義務化，内部統制報告書制度，四半期報告書制度等が挙げられる。

① 被監査会社

　公認会計士または監査法人の監査を受ける被監査会社は，有価証券の募集または売出しに際して，募集または売出しの要領，会社の概況，経理等の状況を記載した「有価証券届出書」を内閣総理大臣に提出する会社，及び証券流通市場を保護するために「有価証券報告書」を内閣総理大臣に提出する次の会社である。

　　ア．金融商品取引所に上場されている有価証券の発行会社
　　イ．流通状況がア．に準ずる有価証券の発行会社
　　ウ．募集又は売り出しに届入れを要した有価証券の発行会社
　　エ．事業年度又は前4事業年度の末日における所有者数1,000以上の有価証券の発行会社（特定有価証券の発行会社の場合は所有者数500以上）

　監査対象は，発行市場においては有価証券届出書，流通市場においては有価証券報告書，内部統制報告書（有価証券報告書提出会社のうち，上場会社），四半期報告書（有価証券報告書提出会社のうち，事業年度が3ヶ月を超える上場会社），半期報告書（有価証券報告書提出会社のうち，事業年度が6ヶ月を超える上場会社以外の会社）に掲載されている財務諸表である。

② 監　査　人

　監査人の資格は公認会計士または監査法人に限定され，被監査会社との間に特別の利害関係があってはならない。特別の利害関係とは，被監査会社との間に公認会計士法第24条から第24条の4（公認会計士個人の利害関係）または第34条の11第1項に規定する関係（監査法人の利害関係）及び株主や出資者の関係，営業，事業，財産経理に関する関係で，内閣総理大臣が公益または投資者のため必要かつ適当であると認めて内閣府令で定められたものをいう。

③ 監査の実施・報告

　金商法の規定によって提出する財務諸表については，前述したように公認会計士または監査法人の監査証明を受けなければならないが，その監査証明は，内閣府令で定める基準及び手続によって行うべきものとされ（第193条の2第5項），この規定を受けて「財務諸表等の監査証明に関する内閣府令」（監査証明府令）では監査証明は，監査を実施した公認会計士または監査法人が作成する監査報告書によって行うべきこと，及び，その監査報告書は，一般に公正妥当と認められる監査に関する基準及び慣行に従って実施された監査の結果に基づいて作成すべきことが定められている。

　「一般に公正妥当と認められる監査に関する基準」とは，監査証明府令によれば，「企業会計審議会により公表された監査に関する基準」（監査基準，中間監査基準，四半期レビュー基準等）がこれに該当するものと定められている。

　すなわち「監査証明」－「監査報告書」－「一般に公正妥当と認められる監査に関する基準及び慣行」－「企業会計審議会により公表された監査に関する基準」という関連になる[4]。

　また，監査報告書の記載事項については「監査証明府令」及びそのガイドライン四に詳細が規定されている。なお，財務諸表監査における監査意見は「監査の対象となった財務諸表等が当該財務諸表に係る事業年度の財政状態，経営成績及びキャッシュ・フローの状況を適正に表示しているかどうかについての意見」，つまり「財務諸表の適正性」についてである。

3　会社法監査制度

(1)　商法監査制度の経緯

　第2節で述べたように，わが国における戦後の商法による監査制度は，昭和25（1950）年の商法改正によるものが始まりであった。同年の商法改正は株式会社についてアメリカ法を導入したもので，監査制度としては，監査役の職務

権限を従来の会計監査と業務監査を含むものから会計監査に限定し，新たに導入された取締役会が取締役の業務監査を行うものと規定するものであった。

その後，山陽特殊製鋼事件等が起こり，証券取引法における監査制度の見直しが行われたが，昭和49（1974）年に商法が改正され，監査制度の充実・強化が図られた。具体的には，監査役の権限を強化し，取締役の職務執行を監査することにし，かつての監査役による業務監査権を復活させた。

また，商法特例法を制定し，大会社に対して，株主総会前の会計監査人の監査報告が十分機能し反映されるように会計監査人監査が導入された。つまり，大会社においては，監査役監査の他に会計監査人制度を導入し，監査の充実・強化が行われたのである。

昭和56（1981）年改正では，監査役の調査権が拡大された。また会計監査人による監査対象会社の範囲も拡大された。株式会社の規模の基本的枠組みは今までどおり大会社，中会社，小会社であるが，大会社については，監査役による会計監査と業務監査，会計監査人による会計監査が行われ，中会社では，監査役による業務監査と会計監査，小会社では，監査役による会計監査のみが行われることになった。大会社の範囲については，従来の資本金5億円以上の会社に加えて，負債の合計額が200億円以上の株式会社にまで拡大された。

平成5（1993）年改正では，監査役制度が大きく改正され，監査役の任期は2年から3年に変更，大会社の監査役の員数を3人以上にし，そのうち1人以上は社外監査役（就任前5年間，その会社または子会社の取締役または支配人その他の使用人でなかった者。平成13（2001）年の改正により，過去にその会社と一切関係がない者となり，員数も監査役のうち半数以上となる。）とすること，監査役会の新設等が規定された。

平成13（2001）年改正では，連結会計の監査に関して，親会社監査役の子会社調査権の拡大，大会社における会計監査人の子会社調査権の拡大強化が行われた[5]。

平成14（2002）年改正では，委員会等設置会社制度が導入され，監査委員制度と監査役制度の選択ができるようになった。みなし大会社制度の導入もなさ

れ，商法特例法上の大会社ないしみなし大会社のみが委員会等設置会社制度を導入することができた。

その後平成17 (2005) 年に，商法の会社に関わる部分を独立させ，他の会社関連法制と統合し会社法が制定された。その際有限会社法と商法特例法は廃止された。

（2） 現行の会社法監査制度
① 会社法に基づく会社の分類

会社法の制定以来，株式会社は，定款の定めによって，取締役会，会計参与，監査役，監査役会，会計監査人，委員会を置くことができるようになり，その組織形態が多岐にわたっている（第326条第2項）。

そこで，株式会社の組織形態を分類するが，この分類は，第326条，第327条，及び第328条のわずか3つの条文に基づいている。ここでは，公開会社と非公開会社，そして大会社と大会社以外の会社による分類がなされているといえる。

a．公開会社

公開会社は取締役会の設置が義務づけられている（第327条第1項第1号）。取締役会を置く株式会社を取締役会設置会社という（第2条第7号）。

大会社は，監査役会及び会計監査人を置かなければならないが，監査役会を置く代わりに指名，監査，報酬の3委員会を置くこともできる（第328条第1項）。

ここで委員会設置会社について説明する。委員会設置会社とは，米国をモデルとする新しい企業統治（コーポレートガバナンス）の仕組みで，取締役会の下に，社外取締役（第2条15号）を主体とした指名，監査，報酬の3つの委員会を置く組織形態である（第2条12号）。この制度では執行役を置き，日頃の業務執行は執行役が担当し，取締役会は監督に徹し，執行と監督が分離されている。よって，代表取締役制度は廃止され，代わりに代表執行役制度が導入されている。3つの委員会を設けるため，監査役を置くことはせず，監査委員会は監査役制度に代わるものである。

大会社以外の会社は，監査役あるいは監査役会を置くことができ，必ずしも

会計監査人を置く必要はない。ただし，委員会設置会社を選択した場合は会計監査人を置かなければならない（第326条第2項，第327条第5項）。

b．非公開会社

大会社の場合，公開会社との違いは，取締役会，監査役会の代わりに，それぞれ取締役，監査役を置くことができる点である（第326条第2項，第327条第2項）。

大会社以外の会社の場合，公開会社との違いは，まず大会社の場合と同様に，取締役会，監査役会の代わりに，それぞれ取締役，監査役を置くことができる点である。さらに，監査役を置かないこともできる（第326条第2項，第327条第2項）。また，監査役，監査役会の代わりに，会計監査限定監査役を置くこともできる。なお，会計監査限定監査役とは，監査の範囲を会計に関するものに限定された監査役をいう（第389条第1項）。

つまり，公開会社かつ大会社においては，監査役会あるいは監査委員会の設置が強制されているが，公開会社では非大会社，非公開会社では大会社であれ非大会社であれ，監査役を選択することができ，さらに非公開会社かつ非大会社においては，会計監査限定監査役を選択することや，監査役を置かないこともでき，利害関係者数や会社規模に応じて監査の軽減措置がとられているといえる。

なお，公開会社であれ非公開会社であれ，さらに会計参与の設置も選択できる（第326条第2項）[6]。会計参与制度は，主に中小企業に対し，計算書類の適正性を担保する観点から導入されたもので，会計参与は取締役と共同して計算書類を作成する。会計参与は，公認会計士あるいは監査法人又は税理士あるいは税理士法人でなければならない（第333条第1項，第374条第1項）。

②　監査役監査

監査役は，取締役（会計参与設置会社では，取締役及び会計参与）の職務の執行を監査する（第381条第1項）。監査役も，取締役や会計参与及び会計監査人同様，株主総会の決議によって選任される（第329条第1項）。その株主総会の定足数については，議決権を行使することができる株主の議決権の3分の1未満にする

ことはできないことになっており，その定足数以上の株主が出席し，その過半数をもって選任される。なお，この規定は取締役の選任の場合と同様である（第341条）。

監査役の解任は特別決議により，議決権を行使することができる株主の過半数が出席し，その出席した株主の議決権の3分の2以上の議決をもってなされる。通常，取締役の解任は普通決議によるが，累積投票により選任された取締役の解任については，監査役と同様特別決議による（第309条第2項第7号）。

監査役は兼任が禁止され，当該会社もしくはその子会社の取締役もしくは支配人その他の使用人又は子会社の会計参与もしくは執行役を兼任することはできない（第335条第2項）。また，監査役は会計参与になることはできない（第333条第3項第1号）。

監査役の任期は原則4年である（第336条第1項）。非公開会社においては定款により10年とすることができる（第336条第2項）。

監査役は取締役（会計参与設置会社にあっては，取締役及び会計参与）の職務の執行を監督する（第381条第1項）。監査役は会計監査権と業務監査権を持つ。

監査役の会計監査は，会社が毎決算期に作成する計算書類及び事業報告並びにこれらの附属明細書を監査することである。監査役は計算書類等の受領後4週間以内に監査報告書を取締役に提出しなければならない（第436条第1項，会社計算規則第152条第1項第1号イ）。なお，会計監査人設置会社においては，会計監査人による会計監査報告を受領した日から1週間以内に，取締役及び会計監査人に対し監査報告の内容を通知しなければならない（会社計算規則第160条第1項）。

監査役による取締役等の業務執行一般についての業務監査は，一般的には，取締役等の業務執行が法令・定款に違反していないかどうかという違法性監査と考えられているが，業務執行の妥当性の観点から監査すべきであるという考え方もある。

具体的には，業務・財産の調査権（第381条第2項），子会社調査権（同条第3項），取締役への報告義務（第382条），取締役会への出席・意見陳述義務（第383条第1項），取締役会招集請求権（同条第2項），取締役会招集権（同条第3項），

株主総会提出議案等への調査義務並びにその報告義務 (第384条), 取締役の違法行為の差止請求権 (第385条) 監査報告作成義務 (第381条第 1 項, 第389条第 2 項) 等がある。

また, 公開大会社 (委員会設置会社は除く) は監査役会の設置が義務づけられている (第328条第 1 項)。委員会設置会社以外の会社は, 定款の定めにより監査役会を設置することができる (第326条第 2 項)。監査役会は, 3 人以上で, かつそのうち半数以上は社外監査役 (第 2 条16号) でなければならない (第335条第 3 項)。監査役会の職務は, 監査報告の作成, 常勤の監査役の選定及び解職, 監査の方針, 監査役会設置会社の業務及び財産の状況の調査の方法その他の監査役の職務の執行に関する事項の決定である (第390条第 2 項)。監査役会は, 監査役の中から常勤の監査役を選定しなければならない (同条第 3 項)。また, 監査役は, 監査役会の求めがあるときは, いつでもその職務の執行の状況を監査役会に報告しなければならない (同条第 4 項)。

監査役会設置会社においても, 監査役は一人一人が独立性を保持し職務を執行し, 監査役会は, 監査役の権限の行使を妨げることはできない (第390条第 2 項但書)。監査役会は監査情報の共有化より, 監査の効率化を図るための機関であるといえる。

ちなみに, 取締役と取締役会の関係についていえば, 取締役会設置会社においては, 取締役は会社の機関ではなく取締役会の単なる構成員となり, 監査役と監査役会の関係とは異なる。

③ 会計監査人監査

大会社 (公開会社であれ非公開会社であれ) は毎決算期に作成される計算書類及びその附属明細書, 臨時計算書並びに連結計算書類について監査役の監査のほか, 会計監査人の監査を受けなければならない (第396条第 1 項)。会計監査人の資格は, 公認会計士または監査法人に限られている (第337条第 1 項)。

会計監査人は監査役会の同意を得て株主総会にて選任される (第329条第 1 項, 第344条第 1 項), その任期は就任後 1 年以内の最終の決算期に関する定時総会の終結の時までとなっている (第338条第 1 項)。

会計監査人は選任の場合と同様，株主総会の決議（普通決議）により解任することができる（第339条第1項）。さらに，職務上の義務違反や職務懈怠等があった場合，監査役は会計監査人を解任することができる。その解任は，監査役が2人以上ある場合には，監査役の全員の同意によって行わなければならない（第340条第1項，第2項）。

会計監査人の監査権限は会計監査に限られている。会計監査人は，いつでも，会計の帳簿及び書類の閲覧もしくは謄写をし，又は取締役及び会計参与並びに支配人その他の使用人に対して会計に関する報告を求めることができる（第396条第2項）。

また会計監査人は，その職務を行うため必要があるときは，会計監査人設置会社の子会社に対して会計に関する報告を求め，又は会計監査人設置会社もしくはその子会社の業務及び財産の状況の調査をすることができる（第396条第3項）。

さらに，取締役の職務遂行に関する不正行為又は法令定款に違反する重大な事実については，会計監査人がその職務を行うに際してこれらの不正行為等を発見した場合，これを監査役会に報告する義務が課されている（第397条第1項，第3項）。逆に監査役も，その職務を行うため必要がある場合には，会計監査人に対しその監査に関する報告を求めることができる（同条第2項）。

④ **監査委員会監査**

監査委員会は，執行役等（執行役及び取締役をいい，会計参与設置会社にあっては，執行役，取締役及び会計参与をいう）の職務の執行の監査及び監査報告の作成，株主総会に提出する会計監査人の選任及び解任並びに会計監査人を再任しないことに関する議案の内容の決定を行う（第404条第2項）。

監査委員会は，他の指名，報酬委員会と同様，委員3人以上で組織され，委員は取締役の中から取締役会の決議によって選任される。委員の過半数は，社外取締役でなければならない。監査委員会の委員は，委員会設置会社もしくはその子会社の執行役もしくは業務執行取締役又は委員会設置会社の子会社の会計参与もしくは支配人その他使用人を兼ねることができないと，兼任禁止規定

がある（第400条）。

監査委員会も，監査役と同様，会計監査権及び業務監査権を持つ。会計監査については，その職務内容は監査役と同様である（第436条第2項）。

業務監査については以下のようである。委員会設置会社の取締役会は監査委員会の職務のために必要な事項を決定し，監査委員会はその職務を執行する（第416条第1項第1号ロ，第2項）。その必要事項とは，執行役及び使用人が監査委員会に報告するための体制その他の監査委員会への報告に関する体制，その他監査委員会の監査が実効的に行われることを確保するための体制であり，いわゆる内部統制システムの一部であるといえる（会社法施行規則第112条第1項第3号，第4号）。

つまり，委員会設置会社においてはいわゆる内部統制システムの構築が義務づけられており（第416条第2項），監査委員会は，監査役とは違い，自ら監査権限を行使するというのではなく，この内部統制システムを通じてその職務を遂行するものといえる。

また，監査役会のように常勤の監査役を選定しなければならないという規定（第390条第3項）は，監査委員会にはない。

さらに監査役との相違についていえば，監査委員は取締役であるので，違法性監査のみならず妥当性監査にまで範囲が及ぶとみることができる。

監査委員会の具体的権限についてみる。

監査委員会が選定する監査委員は，いつでも，執行役等及び支配人その他の使用人に対し，その職務の執行に関する事項の報告を求め，又は委員会設置会社の業務及び財産の状況の調査をすることができる（第405条第1項）。

また，監査委員会の職務を執行するため必要があるときは，委員会設置会社の子会社に対して事業の報告を求め，又はその子会社の業務及び財産の状況の調査をすることができる（同条第2項）。

今みた同条第1項及び第2項の監査委員は，当該各項の報告の徴収又は調査に関する事項についての監査委員会の決議があるときは，これに従わなければならない。この規定は，監査役が一人一人独立性を保持し職務を遂行するのと

は違い,執行役等の職務執行についての調査権限は各監査委員にではなく監査委員会に付与されていることを意味している⁽⁷⁾。

(注)
(1)　鳥羽至英『監査基準の基礎〔第2版〕』白桃書房,1994年,111頁。
(2)　原　征士『株式会社監査論』白桃書房,2001年,13－15頁参照。
(3)　山浦久司『会計監査論〔第5版〕』中央経済社,2009年,82－83頁参照。
(4)　石田三郎編『監査論の基礎知識〔三訂版〕』東京経済情報出版,2002年,41－42頁参照。
(5)　原,前掲書,15－20頁参照。
(6)　非公開会社で会計参与を設置した場合,取締役会設置会社であっても監査役を置く必要はない(第327条第2項)。
(7)　田邊光政『新版　会社法要説』税務経理協会,2006年,273頁参照。

第3章

監査基準

point

① 監査基準は，本書全体において，非常に重要なところである。まず，監査基準の意義及び性質を理解する必要がある。

② 平成14（2002）年に監査基準の抜本的な見直しがなされたが，これまでの監査基準をめぐる経緯を学び，特に平成3（1991）年改訂と平成14（2002）年改訂の内容をよく理解する必要がある。

③ 平成14（2002）年改訂基準では，監査の目的，一般基準，実施基準，報告基準の4つの区分が設けられ，監査実施準則と監査報告準則が廃止された。改訂の全体像を概観すれば，監査目的の明示，財務諸表の重要な虚偽の表示の原因となる不正を発見する姿勢の強化，継続企業の前提（ゴーイング・コンサーン）問題への対処，リスク・アプローチの徹底，新たな会計基準への対応及び監査報告書の充実等が重要なポイントとしてあげられる。

④ 平成14（2002）年改訂基準における一般基準は，主に純粋に人的な基準としての性格づけがなされていた改訂前の4つの基準に，重要な虚偽の表示の可能性に対する考慮（一般基準4），監査調書（一般基準5），及び監査の質の管理（一般基準6）の3つの基準が加えられた。さらに平成17（2005）年の改訂において，監査の質の管理の基準が2つの基準になり，それは監査の品質管理（一般基準6）と品質管理の実施状況（一般基準7）である。よって一般基準は8つの基準からなる。

⑤ 平成14（2002）年改訂基準における実施基準は，基本原則と個別原則（監査計画の確定，監査の実施，他の監査人等の利用）から成り立つ。5つの基本原則には，リスク・アプローチの徹底，不正発見の姿勢の強化，継続企業の前提に対する監査の対応が強く現れている。

⑥ 平成14（2002）年改訂基準における報告基準は，基本原則と個別原則（監査報告書の記載区分，無限定適正意見の記載事項，意見に関する除外，監査範囲の制約，継続企業の前提，追記情報）から成り立つ。

⑦ 平成14（2002）年の抜本改訂以降，平成17（2005）年及び平成21（2009）年に監査基準の改訂が行われている。平成17（2005）年改訂の主なものは，実施基準におけるリスク・アプローチ（事業上のリスク等を重視したリスク・アプローチの導入）のところであった。平成21（2009）年改訂の主なものは，継続企業の前提に関するところで，実施基準及び報告基準が改訂された。なお，国際監査基準（ＩＳＡ）との整合性を考慮し，監査報告書の記載区分や追記情報について報告基準の改訂がなされる予定である。

1 総　　説

(1) 監査基準の意義

　監査基準とは，職業的監査人が財務諸表監査を実施する場合に準拠すべき「一般に公正妥当と認められる監査基準」をいう。

　わが国における監査基準は，アメリカ公認会計士協会の「監査基準試案」((昭和22 (1947) 年) を参考として，昭和25 (1950) 年に当時の経済安定本部企業会計審議会によって文言化されたもので，公認会計士が財務諸表の監査を行うための規範を設定したものである。

　企業会計審議会は，「監査基準の設定について」(昭和31 (1956) 年) において，監査基準を以下のように定義している。

　「監査基準は，監査実務の中に慣習として発達したもののなかから，一般に公正妥当と認められたところを帰納要約した原則であって，職業的監査人は，財務諸表の監査を行うに当り，法令によって強制されなくとも，常にこれを遵守しなければならない。」

　監査基準とは，ある特定の時点における一般に公正妥当と認められた監査実務の質を定め，かつ，規制するうえで必要とされる監査に関する原則，規則及び手続等から成る監査の枠組みを総称したものであるといえる[1]。

　ただ，わが国では，法令ではない監査基準は精神規範的に理解されがちなうえに，監査人の責任を問う裁判も少ないため，係る理解が増幅された観があるが，本来は不法行為法の注意義務の基準と捉えるべきで，より法的かつ実務的概念である。もし，監査人が監査基準に準拠して監査しなかった場合は，注意義務違反として，法的かつ経済的制裁も受けざるを得ないことを意味し，これが監査基準の規範性の現実的な理解であると考えられる[2]。

　財務諸表監査は，企業がその不特定多数の利害関係者に公表する財務諸表に関するものであり，財務諸表の社会的信頼性を高めることによって不特定多数

の利害関係者の正しい意思決定に役立つべきものである。

しかし、財務諸表監査が公表財務諸表の社会的信頼性を高めるためには、何よりもまず財務諸表監査自体が社会的に信頼されるものでなければならない。

「一般に公正妥当と認められる監査基準」は、財務諸表監査の社会的信頼性を確保する有力な手段として設定されるものと考えられる。つまり、監査基準を設定することにより、財務諸表監査における社会的信頼性を確保するために、利害関係者、公認会計士、そして被監査会社に対して、次のような効果をあげることができると期待される。

利害関係者に対しては、公認会計士による財務諸表監査の内容と限界を正しく理解し、過大評価や過小評価による誤解を防ぐことができる。さらに、財務諸表監査の目的たる財務諸表に対する社会的信頼性の付与を可能ならしめる。

公認会計士に対しては、監査基準に準拠して監査を実施することにより社会的に期待される監査水準を実現し、自らの社会的存在意義を確立することができる。また、いかなる内容と水準の監査を実施すれば自らの責任を果たすことができるのかという責任範囲が明確になる。

被監査会社に対しては、公認会計士が行う監査業務の内容と性質を知ることができ、監査に対する無用な不安、疑念から解放され、受入協力体制を確保することができる。

(2) 監査基準の性質

「監査基準の設定について」の文言から明らかなように、監査基準として具体化された内容は、監査実務において監査慣行として行われてきたもののうち、一般に公正妥当と認められる慣行を要約したもの、つまり、監査経験の蒸留であり、しかも職業的監査人の規範となるものであることを示している。

前述した監査基準の意義より、監査基準の性質は次のようなものであるといえる。

監査基準は、監査実務における慣習に基づいて機能的に設定されるものであることから、監査実務における行為指針として実践できるだけの実践可能性を

有している。

　また，監査基準は，監査報告書利用者，監査人，被監査会社，学識経験者等監査関係者の代表者によって偏りなく設定されているので，いかなる監査関係者からも受け入れられる公正妥当性を有している。

　さらに，財務諸表監査は監査基準に準拠して初めて社会的信頼性を確保することができることから，監査基準は財務諸表監査制度の社会的存立基盤となり，職業的監査人が遵守すべき規範性を有している。

　一方，監査基準は監査人を制約するものではなく，むしろ監査をめぐる利害を妥当に調整するものであり，全ての監査関係者にとって有益なものとして社会的合意を得た監査のルールであるといえる。「監査基準の設定について」においても，次のように述べている。

　「監査基準の設定は，徒らに監査人を制約するものではなくして，むしろ監査人，依頼人及び一般関係人の利害を合理的に調整して，監査制度に確固たる基準を与え，その円滑な運営を図ろうとするものである。」

2　監査基準の設定

(1)　監査基準の設定方式

　わが国の監査基準は，アメリカの監査基準を模範として設定されている。アメリカにおいては，監査基準の設定が長年の監査実践の蓄積のもとに行われ，公認会計士団体であるアメリカ公認会計士協会自らが設定主体となっていた。この方式は，プライベート・セクター方式とよばれる。

　しかし，アメリカでは，いわゆるエンロン事件を機に，平成14(2002)年7月30日に企業改革法（サーベインズ＝オックスリー法（ＳＯＸ法））が成立し，証券取引委員会（ＳＥＣ）のもとに公開会社会計監視委員会（Public Company Accounting Oversight Board：PCAOB）が創設され，PCAOBに監査基準等の設定権限が委ねられ，パブリック・セクター方式の色彩を帯び始めている。

第3章　監査基準

　一方，わが国では，監査基準設定当初，財務諸表監査に対する社会一般の理解は十分ではなく，監査の担い手である公認会計士もあまり育っていない状況であったため，第三者機関である大蔵省（現在は金融庁）企業会計審議会が設定主体となり，社会一般への啓蒙と監査人の実施規範の両面を兼ね備えた監査基準が設定された。この方式は，パブリック・セクター方式とよばれる。

　平成3（1991）年改訂以降は，監査に関する規定のうち，監査基準等基本的事項については企業会計審議会が担当し，具体的指針等個別的事項については日本公認会計士協会が担当するという役割分担がなされている。

(2)　監査基準設定の理由

　監査基準は，一般基準，実施基準，及び報告基準の3つの基準からなっており，昭和31（1956）年に発表された監査基準の前文「監査基準の設定について」において，監査一般基準，監査実施基準及び監査報告基準について次のように述べられている。

　「監査一般基準は，監査人の的確性の条件及び監査人が業務上守るべき規範を明らかにする原則であり，監査実施基準は，監査手続の選択適用を規制する原則であり，監査報告基準は，監査報告書の記載要件を規律する原則である。」

　では，一般基準，実施基準及び報告基準について設定される理由を，「監査基準の設定について」に基づいてみてみる。

　一般基準が設定される理由は次のとおりである。

　「監査は，何人にも容易に行いうる簡単なものではなく，相当の専門的能力と実務上の経験を備えた監査人にして初めて，有効適切にこれを行うことが可能である。又監査は何人にも安じてこれを委せうるものではなく，高度の人格を有し，公正なる判断を下しうる立場にある監査人にして初めて，依頼人は信頼してこれを委任することができるのである。従って，監査人の資格及び条件について基準を設けることは，監査制度の確立及び維持のために欠くべからざる要件である。」

このように，一般基準の設定の理由は，監査制度の確立及び維持のために，監査主体について明確な資格及び条件について基準を設けることにある。

次に，実施基準が設定される理由は次のとおりである。

「監査人が選択適用する監査手続は，企業の事情によって異なるので一律にこれを規定することは不可能であり，監査人の判断によるところが大である。しかしながら監査の能力と経験は個々の監査人によって差異があるから，一切をあげて監査人の自由に委ねることは，必ずしも社会的信用をかちとる所以ではなく，監査に対する信頼性を高めるために監査人の判断を規制すべき基準が必要である。また，監査人の公正妥当な任務の限界を明らかにして，監査人の責任をやたらに過重ならしめないように任務の範囲を限定する一定の基準が必要である。」

このように，実施基準の設定の理由は，実施される監査手続は監査人の判断によって企業ごとに相違はあるが，監査の能力や経験は監査人によって差異があるため，すべてを監査人の自由に委ねることは必ずしも社会的信用を得ることにはならないし，また，監査人に対し過重な責任の負担をもたらさないように，監査の実施についての公正妥当な任務の限界を明らかにする必要があること等から，監査の果たしうる限界を明らかにし，監査に対する信頼性を高めるため，監査人の監査実施における判断を規制することにある。

最後に，報告基準が設定される理由は次のとおりである。

「監査報告書は，監査の結果として，財務諸表に対する監査人の意見を表明する手段であるとともに，監査人が自己の意見に関する責任を正式に認める手段である。従って，その内容を簡潔明瞭に記載して報告するとともに責任の範囲を明確に記載して意見を表明することは，利害関係人ばかりでなく，監査人自身の利益を擁護するためにも重要である。それ故，監査報告書の記載要件につき一定の基準を設け，監査人をしてこれを厳重に守らしめなければならない。」（一部省略）

このように，報告基準の設定理由は，利害関係者のみならず監査人自身の利益をも擁護するために，監査報告書の記載要件について一定の基準を設けるこ

とにある。つまり，監査報告書は監査意見の表明手段であると同時に，監査意見についての責任を正式に認める手段であるため，その内容を簡潔明瞭に記載して報告し，責任の範囲を明確に示す必要がある。

なお，平成14（2002）年の監査基準の改訂までは，わが国の監査基準の体系は，一般的，抽象的な基準に対してより具体的な要件を定めるべく，実施基準を補足するものとして監査実施準則が，報告基準を補足するものとして監査報告準則が設定されていた。

3 監査基準の改訂

(1) 監査基準改訂の経緯

わが国における監査基準の改訂の経緯は，次のようにまとめられる。

昭和25（1950）年，経済安定本部企業会計審議会により，監査基準及び監査実施準則が設定された。これは，昭和26（1951）年の証券取引法に基づく財務諸表開示制度の暫定的導入に対応したものであった。

昭和31（1956）年，大蔵省企業会計審議会により，監査基準及び監査実施準則が改訂され，監査報告準則が設定された。これは，昭和32（1957）年の正規の財務諸表監査の開始に対応したものであった。

昭和40（1965）年，監査実施準則が改訂された。引き続き翌昭和41（1966）年，監査基準及び監査報告準則が改訂された。これは，山陽特殊製鋼事件をはじめとする粉飾決算が明るみにでて，実査，立会，確認等の監査手続が強化され，監査体制の充実・強化が図られたものであった。

昭和51（1976）年，監査実施準則及び監査報告準則が改訂された。これは，連結財務諸表の導入に備えたものであった。翌昭和52（1977）年，中間財務諸表監査基準が設定され，中間財務諸表作成基準とともに公表された。

昭和58（1983）年，後発事象の監査手続が追加され，監査実施準則が改訂された。平成元（1989）年，財務諸表に重要な影響を及ぼす不正行為等の発生の

可能性に対処するため，相対的に不正発生の危険が高い財務諸表項目の監査手続が充実・強化され，監査実施準則が改訂された。

平成3（1991）年，諸監査環境の変化に対応するため，監査基準，監査実施準則，監査報告準則が全面改訂された。ここでは，いわゆるリスク・アプローチの考え方が採用され，新たな内部統制概念の導入，監査報告書における特記事項の記載，経営者確認書の入手の義務づけ等による監査基準の充実・強化と，個別具体的な監査手続の削除による監査基準の純化が図られた。

平成10（1998）年，連結主体の企業内容開示への移行及び連結キャッシュ・フロー計算書の導入に対応し，監査基準，監査実施準則，監査報告準則が改訂された。また同年，中間連結財務諸表制度が導入され，それに対する公認会計士または監査法人の監査が義務づけられ，これにともない中間監査基準が設定された。

平成14（2002）年，監査を取り巻く社会経済の環境の著しい変化に対処するため，企業会計審議会より「監査基準の改訂について」が公表され全面的な改訂が行われた。ここでは，監査実施準則と監査報告準則が廃止され，監査基準という1つの枠組みにおいて，①監査の目的，②一般基準，③実施基準，④報告基準の4つの区分が設けられている。

平成14（2002）年の抜本改訂以降，平成17（2005）年，平成21（2009）年に改訂が行われ，平成23（2011）年に監査基準の改訂予定である。

平成17（2005）年改訂の主なものは，実施基準におけるリスク・アプローチ（事業上のリスク等を重視したリスク・アプローチの導入）のところであった。

平成21（2009）年改訂の主なものは，継続企業の前提に関するところで，実施基準及び報告基準が改訂された。

なお，ＩＳＡとの整合性を考慮し，監査報告書の記載区分や追記情報について報告基準の改訂がなされる予定である。

では，平成3（1991）年及び平成14（2002）年の抜本改訂について，その詳細をみていこう。

（2） 平成3（1991）年改訂の内容

　昭和40（1965）年，昭和41（1966）年における監査基準・監査報告準則の全面改訂から25年間が経過し，この間，監査環境や監査主体の変化がみられるようになった。この監査環境の変化について，企業会計審議会は「監査基準，監査実施準則及び監査報告準則の改訂について」（平成3（1991）年）において次のように述べている。

　　「監査基準及び準則の全面的改訂が行われた昭和40年代以降の監査環境の変化を省みると，我が国経済の飛躍的発展と共に企業規模は急速に拡大し，また，その経営活動の内容も著しく複雑・多様化し，証券・金融市場も国際化してきている。更に，急速な技術革新に伴う情報化社会の到来により企業の会計システムも著しく高度化してきている。

　　他方，監査制度の面では，昭和49年4月に『株式会社の監査等に関する商法の特例に関する法律』の制定によって会計監査人監査制度が導入され，更に学校法人監査，労働組合監査，公益法人監査等監査人による監査領域も拡大してきている。また，昭和41年6月の公認会計士法の改正により，日本公認会計士協会が同法上の法人となり，監査法人制度も創設された。

　　このような監査環境の変化に対応して，監査人による監査事務及び監査水準も大幅に向上し，公正な監査慣行が広く形成されてきているが，近年，監査基準等の国際的調和，会計上の不正に対する適切な措置等監査規範の面での新たな対応も求められてきている。

　　今回，監査基準及び準則の全面的な見直しとその改訂を行ったのは，以上のような監査環境の変化に適切に対応し，併せて公正な監査慣行を新たに明文化する等により，我が国監査制度の一層の充実とその有効かつ円滑な運営を図るためである。」

　つまり，企業規模の拡大，経営活動の複雑かつ多様化，証券・金融市場の国際化，そして高度情報化社会の到来による会計システムの高度化等により，監査領域が拡大し，これにともない監査業務の水準も向上する必要があり，会計上の不正に対して適切な措置も不可避となって，監査基準・監査報告準則の全

面改訂に至ったのである。

改訂の主な内容をあげてみる（①～⑤）。

① 監査基準のうち，実施基準については，その体系の変更，新たな内部統制概念の導入等の改訂を行った。

② 監査基準のうち，報告基準については，財務諸表に対する意見の表明の差控と特記事項に関する規定を新設し，従来の補足的説明事項に関する規定を削除した。ちなみに，従来の補足的説明事項とは，旧監査報告準則の三及び五において，合併，重要な営業の譲渡・譲受，火災等による重大な損害の発生等次期以降の財務諸表に重要な影響を及ぼす事項で，貸借対照表日後監査報告書の作成の日までに発生し，かつ，監査の対象となった財務諸表に記載されていないものとされていた。

③ 監査実施準則については，改訂前の監査実施準則のうち「第二　通常の監査手続」を削除し，通常実施すべき監査手続に係る基本的事項を定め，併せて経営者による確認書の入手を義務づけた。

④ 監査報告準則については，報告基準の改訂を受けて，監査報告書における特記事項の記載を新設したほか，個別記載事項に係る除外事項の記載要件の整備等の改訂を行った。

⑤ 監査実施準則では，特に，不正問題に関しての役割期待に対応し，監査上の危険性に対する十分な考慮がなされ，さらに，監査要点として取引記録の信頼性を掲げ，監査手続に分析的手続を加える等の改訂も行った。

また，監査主体については，第2節にて述べたが，監査に関する規定のうち，基本的事項は企業会計審議会が担当し，監査基準・準則にはできるだけ長期的で普遍的な視点にたち，各種の監査領域に適応可能な一般性，普遍性を持たせるようになったのに対し，個別的事項は日本公認会計士協会が担当し，同協会は自主規制機関として公正な監査慣行を踏まえ，会員の遵守すべき具体的な指針を制定する役割を担うことになった[3]。

通常実施すべき監査手続については，その基本的事項のみを監査実施準則に定め，その具体的内容は同協会の自主規制に委ねることになった。92年10月以

第3章 監査基準

降，同協会は次のような監査基準委員会報告書を公表していく。ちなみに，新しい監査基準委員会報告書が公表されるにあたり，過去に公表された同報告書が廃止されるケースあるいは改正されるケースもある。

「分析的手続」，「特記事項」，「経営者による確認書」，「内部統制」，「監査上の危険性と重要性」，「監査計画」，「十分な監査証拠」，「他の監査人の監査結果の利用」，「試査」，「不正及び誤謬」，「違法行為」，「監査の品質管理」，「会計上の見積りの監査」，「専門家の業務の利用」，「内部監査の実施状況の理解とその利用」，「監査調書」，「中間監査」，「委託業務に係る内部統制の有効性の評価」，「確認」，「統制リスクの評価」，「十分かつ適切な監査証拠」，「継続企業の前提に関する監査人の検討」，「企業の事業内容及び企業内外の経営環境の理解」。

(3) 平成14（2002）年改訂の内容

平成3（1991）年改訂から10年余りが経過し，わが国においてもその後さらに大きく監査環境が変化した。企業会計審議会は「監査基準の改訂について」（平成14（2002）年）において次のように述べている。

「我が国企業の活動の複雑化や資本市場の国際的な一体化を背景として，公認会計士監査による適正なディスクロージャーの確保とともに，公認会計士監査の質の向上に対する要求が国際的にも高まってきている。さらに，最近，経営が破綻した企業の中には，直前の決算において公認会計士の適正意見が付されていたにも関わらず，破綻後には大幅な債務超過となっているとされているものや，破綻に至るまで経営者が不正を行っていたものもある。こういった事態に対し，なぜ，公認会計士監査でこれらを発見することができなかったのか，公認会計士監査は果たして有効に機能していたのか等の厳しい指摘や批判が行われている。

このような状況を背景として，平成11年10月に開催された当審議会総会において，『監査基準等の一層の充実』を審議事項とすることが決定され，第二部会において審議が行われることとなった。」

平成14（2002）年改訂の内容について簡単にまとめてみる。

前述したように，監査実施準則と監査報告準則が廃止され，監査基準という1つの枠組みにおいて実施基準と報告基準が設けられ，それらの具体的内容は監査基準委員会報告書に委ねられた。また，平成3（1991）年の改訂時に導入された「特記事項」が廃止され，報告基準において「追記情報」が新設された。

　「監査基準の改訂について」では，経緯，改訂監査基準の性格，構成及び位置づけ，主な改正点とその考え方が示され，監査人である職業専門家のみならず社会一般の理解が得られるよう，啓蒙的な説明が述べられている。

　さらに，監査基準と日本公認会計士協会が設定する具体的な指針の両者がわが国における「一般に公正妥当と認められる監査の基準」を構成するとされたことから，監査の規範体系には，日本公認会計士協会が設定する具体的な指針（監査基準委員会報告書）が含まれることになった。

4　監査基準の体系及び内容

（1）　平成14（2002）年改訂以降の監査基準の全体像の概観

　平成14（2002）年の監査基準の改訂は平成3（1991）年の改訂の趣旨を徹底し，かつ国際的な監査基準の規定内容にあわせるための全面的な改訂であった。

　まず，平成3（1991）年監査基準の体系を簡単に説明する。

　監査基準は，一般基準，実施基準，報告基準の3基準から成り立っている。一般基準は，監査人の適格性の基準，公正不偏性の基準，正当な注意の基準そして守秘義務の基準について定めている。実施基準は，合理的な基礎の基準，監査計画設定と組織的監査の基準そして監査計画のための考慮要件の基準について定めている。報告基準は，監査報告書の基本構造の基準，監査意見の基準，意見差控の基準そして特記事項の基準について定めている。

　さらにこの監査基準に対し，監査実施準則と監査報告準則が設けられている。

　監査実施準則は，実施基準における一般的かつ抽象的な基準を補足するものとして設定された。具体的には，通常実施すべき監査手続と合理的な基礎，監

査要点，監査技術，監査計画，リスク・アプローチ，組織的監査，他の監査人，監査調書そして経営者による確認書について規定されている。

監査報告準則を設定した趣旨も同様で，報告基準における根本的かつ一般的な基準を補足するために設けられた。具体的には，監査報告書の基本構造，範囲区分の記載事項，意見区分の記載事項，意見差控，特記事項そして連結財務諸表に係る監査報告書について規定されている。なお，連結財務諸表に係る監査報告書についての規定は，平成10（1998）年改訂の際に削除された。

これに対し，平成14（2002）年改訂以降の監査基準の体系は以下のようである。

第1章でみたように，一般基準に入る前に，監査の目的を明示した。つまり，監査の役割についての基本的な理解を示すとともに監査基準のフレームワークの中心となる目的を明らかにしたのである。

前述したように，監査目的の規定の後に，一般基準，実施基準，報告基準についての規定があり，4つの区分が設けられた。また，監査実施準則と監査報告準則が廃止され，実施基準及び報告基準について基本原則をおくとともに，項目を区分して基準化する方法が採用された。

具体的には，
「第一　監査の目的
　第二　一般基準
　第三　実施基準
　　　一　基本原則
　　　二　監査計画の策定
　　　三　監査の実施
　　　四　他の監査人等の利用
　第四　報告基準
　　　一　基本原則
　　　二　監査報告書の記載区分
　　　三　無限定適正意見の記載事項

　　　　四　意見に関する除外
　　　　五　監査範囲の制約
　　　　六　継続企業の前提
　　　　七　追記情報」
となっている。

　改訂の全体像を概観すれば，監査目的の明示，財務諸表の重要な虚偽の表示の原因となる不正を発見する姿勢の強化，継続企業の前提（ゴーイング・コンサーン）への対処，リスク・アプローチの徹底，新たな会計基準への対応及び監査報告書の充実等が重要なポイントとしてあげられる。

　ここで，平成3（1991）年及び平成14（2002）年改訂以降の監査基準の体系を［図3－1］にまとめてみる。

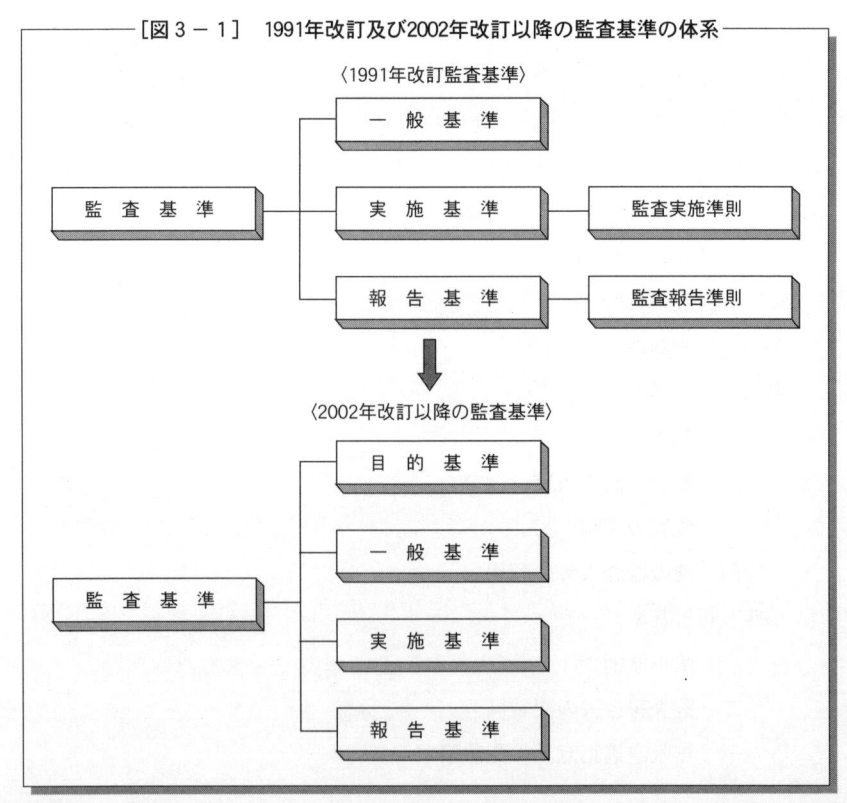

[図3－1] 1991年改訂及び2002年改訂以降の監査基準の体系

〈1991年改訂監査基準〉

監査基準 ─┬─ 一般基準
　　　　　├─ 実施基準 ── 監査実施準則
　　　　　└─ 報告基準 ── 監査報告準則

〈2002年改訂以降の監査基準〉

監査基準 ─┬─ 目的基準
　　　　　├─ 一般基準
　　　　　├─ 実施基準
　　　　　└─ 報告基準

では，一般基準，実施基準，報告基準の内容についてみていくことにする。

（2） 一般基準

平成14（2002）年改訂以前の一般基準は，前述したように4つの基準から成り立ち，監査人の適格性の条件と監査人が業務上守るべき規範を定めていた。平成14（2002）年改訂の一般基準においては，純粋に人的な基準としての性格づけがなされていた改訂前の一般基準にほぼ相当する4つの基準に加え，重要な虚偽表示の可能性評価の基準（一般基準4），監査調書の基準（一般基準5），及び監査の質の管理の基準（一般基準6）という3つの基準が設定された[4]。

これらの追加された3つの基準は，不正発見の姿勢の強化の現れであり，財務諸表監査の目的を達成するために，監査済みの財務諸表には重要な虚偽の表示がないことについて合理的な保証を与えるほどの高い質を確保するための最小限の手段を明記したものであるといえる[5]。

その後平成17（2005）年改訂において，監査の品質管理に関する基準が2つに分かれ，一般基準は7つから8つになり，現在に至っている。

ここで，平成3（1991）年，平成14（2002）年，そして平成17（2005）年改訂監査基準における一般基準の体系を［図3－2］に示す。

では，8つの基準について簡単にみていこう。

① 監査人の資格要件の基準

具体的には「1　監査人は，職業的専門家として，その専門能力の向上と実務経験等から得られる知識の蓄積に常に努めなければならない。」とある。

「監査基準の改訂について」（平成14年）の前文では，さらにこの基準について「監査人は，近年の資本市場の国際化，企業の大規模化や取引活動の複雑化，会計処理の技術的進展，会計基準の高度の専門化等に対応するために，職業的専門家としての能力の維持・研鑽に努め，実務経験を積み，これらの能力や知識を監査の実務に活かすことにより，これまで以上に監査に対する社会の期待に応えることが求められている。」と述べている。

監査を担う公認会計士は，公認会計士試験という国家試験に合格した後も，

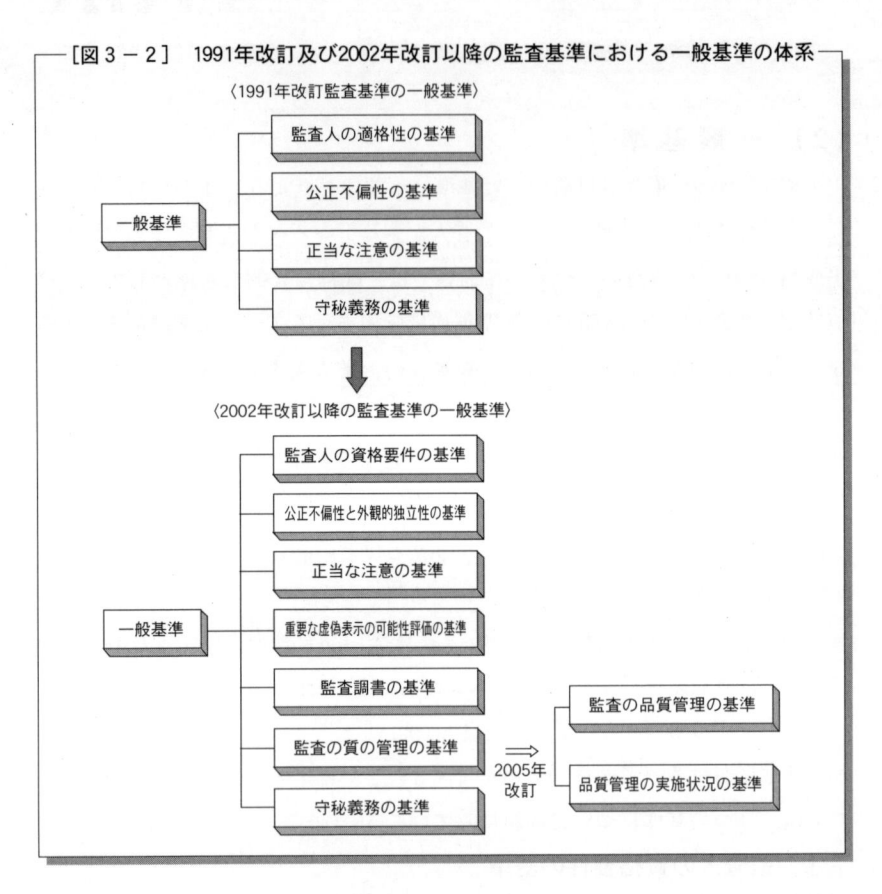

[図3-2] 1991年改訂及び2002年改訂以降の監査基準における一般基準の体系

〈1991年改訂監査基準の一般基準〉

一般基準
- 監査人の適格性の基準
- 公正不偏性の基準
- 正当な注意の基準
- 守秘義務の基準

〈2002年改訂以降の監査基準の一般基準〉

一般基準
- 監査人の資格要件の基準
- 公正不偏性と外観的独立性の基準
- 正当な注意の基準
- 重要な虚偽表示の可能性評価の基準
- 監査調書の基準
- 監査の質の管理の基準 ⇒ 2005年改訂 → 監査の品質管理の基準／品質管理の実施状況の基準
- 守秘義務の基準

平成14（2002）年4月より，継続的専門研修制度（CPE制度）により，職業的専門家としての継続的な教育が義務づけられたが，これは，専門的能力の向上と知識の蓄積に関する基準を具体化したものであるといえる。

② 公正不偏性と外観的独立性の基準

具体的には「2　監査人は，監査を行うに当たって，常に公正不偏の態度を保持し，独立の立場を損なう利害や独立の立場に疑いを招く外観を有してはならない。」とある。

同前文では，さらにこの基準について「監査人は，監査の実施に当たって，精神的に公正不偏の態度を保持することが求められ，独立性の保持を最も重視

しなければならない。そのため，公正不偏な態度に影響を及ぼす可能性という観点から，独立の立場を損なう特定の利害関係を有することはもとより，このような関係を有しているとの疑いを招く外観を呈することがあってはならないことを明確にした。」と述べている。

この基準は，監査人が保持すべき2つの独立性，つまり精神的独立性または実質的独立性と外観的独立性を保持すべきことを求めている。精神的独立性または実質的独立性は，監査の基本的要素であり，監査における事実の認定，処理の判断及び意見の表明という監査プロセスの全般にわたって遵守すべき基準といえる。

外観的独立性は，財務諸表監査において積極的に主張され，監査人と監査を受ける企業との間に特別な利害関係がないことを要求するものである。特別な利害関係がないこととは，被監査会社から地位的・身分的に独立していることと，被監査会社から経済的に独立していること（経済的独立性）という2つの構図が考えられる。その具体的内容は，公認会計士法（第24条から第24条の3，第34条の11から第34条の11の5，公認会計士法施行令第7条，第15条），金融商品取引法（第193条の2第1項から第4項），監査証明省令（第2条）等の法令によって規定されている[6]。

これは，外部の利害関係者の監査に対する信頼を損なうおそれのある監査人の外観的状況を排除して，監査人の公正不偏な判断を確保するという考え方に基づいている[7]。

③ 正当な注意の基準

具体的には「3　監査人は，職業的専門家としての正当な注意を払い，懐疑心を保持して監査を行わなければならない。」とある。

同前文では，さらにこの基準について「監査人としての責任の遂行の基本は，職業的専門家としての正当な注意を払うことにある。その中で，監査という業務の性格上，監査計画の策定から，その実施，監査証拠の評価，意見の形成に至るまで，財務諸表に重要な虚偽の表示が存在する虞に常に注意を払うことを求めるとの観点から職業的懐疑心を保持すべきことを特に強調した。」と述べ

ている。

　ここに「正当な注意」とは，わが国においては，民法上の「善良なる管理者としての注意義務（いわゆる，善管注意義務）」を指すものと考えられる。公認会計士法（第30条第2項）においては，「公認会計士が，相当の注意を怠り，重大な虚偽，錯誤又は脱漏のある財務書類を重大な虚偽，錯誤又は脱漏のないものとして証明した場合には，内閣総理大臣は，戒告又は2年以内の業務の停止の処分をすることができる」と規定されており，ここでの「相当の注意」が「正当な注意」に相当するものといえる。

　また，職業的懐疑心は正当な注意の一部であると考えられ，監査計画の策定から，その実施，監査証拠の評価，意見の形成に至るまで，財務諸表に重要な虚偽の表示が存在する可能性があることに常に注意を払うことを求めるとの観点から，職業的懐疑心の保持が特に強調されているといえる。

④　重要な虚偽表示の可能性評価の基準

　具体的には「4　監査人は，財務諸表の利用者に対する不正な報告あるいは資産の流用の隠蔽を目的とした重要な虚偽の表示が，財務諸表に含まれる可能性を考慮しなければならない。また，違法行為が財務諸表に重要な影響を及ぼす場合があることにも留意しなければならない。」とある。

　第1章第3節において述べたように，平成14（2002）年改訂基準では，監査の目的が明示され，この目的の中には，監査人は重要な虚偽の表示の発見に対する責任を合理的な範囲で受容すべきことが含まれることになった。よって，この基準は，内容的にはどちらかといえば，実施基準に含められるべきものであるが，監査の実施から意見形成の全般にわたって監査人が保持すべき基本姿勢にかかわる基準と理解されて一般基準に加えられたものであるといえる[8]。

　同前文前段では，さらにこの基準について「財務諸表の虚偽の表示は，経営者による会計方針の選択や適用等の際の判断の誤りのみならず事務的な過誤によってももたらされるが，重要な虚偽の表示の多くは，財務諸表の利用者を欺くために不正な報告（いわゆる粉飾）をすること，あるいは資産の流用などの行為を隠蔽するために意図的に虚偽に記録や改竄等を行うことに起因すると考え

られる。そこで、監査人はこのような不正等について特段の注意を払うとともに、監査の過程において不正等を発見した場合には、経営者等に適切な対応を求めるとともに、その財務諸表への影響について評価することを求めることとした。」と述べている。

このことは、虚偽の表示が、誤謬に起因するものであれ、不正に起因するものであれ、財務諸表に重要な影響を与える場合には、これを、監査人は合理的な範囲で保証する義務があり、この義務を遂行すべきことを求めているといえる。

また、同前文後段では、違法行為についての対応が述べられており、「違法行為については、それ自体を発見することが監査人の責任ではなく、その判断には法律の専門的知識が必要となることも多い。また、違法行為は必ずしも財務諸表の重要な虚偽の表示の原因となるものではないが、監査人が重要な虚偽の表示につながる虞のある違法行為を発見した場合には、不正等を発見した場合に準じて適切な対応をとることになる。」となっている。違法行為については、第1章第3節第5項を参照されたい。

まとめると、この基準は、重要な虚偽の表示を結果として表示させるような不正や違法行為の有無については、監査人は正当な注意を払い、それが起因となる重要な虚偽の表示について合理的な範囲で見落としがないよう監査を進めなければならないことを規定しているものといえる。

なお、この基準については、現行の実施基準の基本原則の5及び「監査の実施」の6においてさらに補足されており、この点については後述する。

⑤　監査調書の基準

具体的には「5　監査人は、監査計画及びこれに基づき実施した監査の内容並びに判断の過程及び結果を記録し、監査調書として保存しなければならない。」とある。

同前文では、さらにこの基準について「企業の大規模化や企業活動の複雑化は、とりもなおさず監査人の膨大な作業と高度な判断を要求するが、それらの作業や判断の質を自らあるいは組織的に管理するためには、監査調書の作成が

不可欠である。また，監査人は自らの責任を問われるような事態に対処し，説明責任を果たすためにも，監査計画の策定から意見の形成に至るまでの監査全体について，判断の過程も含めて記録を残すことを求めることとした。なお，今後，コンピューターを利用して監査調書を作成することも視野に入れ，特に，文書による保存という表現は用いていない。」と述べられている。

この基準は，監査人が職業的専門家として正当な注意を持って監査を実施し，監査報告書を作成したことを立証するための資料として，監査人が監査調書を作成し，保存する義務を規定しているが，これは，監査調書を形式的に作成するというのではなく，監査の計画，実施，報告の各プロセスにおいて監査人が行った作業内容や判断内容に関する記録を残すということを意味する[9]。

⑥ 監査の品質管理の基準

平成14（2002）年改訂監査基準においては，監査の質の管理の基準として次のように謳われていた。

「6 監査人は，監査を行うに当たって，指揮命令の系統及び職務の分担を明らかにし，当該監査に従事する補助者に対して適切な指示，指導及び監督を行わなければならない。また，監査人は，自らの組織としても，全ての監査が一般に公正妥当と認められる監査の基準に準拠して適切に実施されるために必要な管理の方針と手続を定め，これらに従って監査が実施されていることを確かめなければならない。」

同前文では，さらにこの基準について「財務諸表の監査に携わる監査人に対して，自らの監査業務の質の確保に十全な注意を払うとともに，組織としても監査業務の質を担保するための管理の方針と手続を定め，さらに，その実効性の確認までを求めることを明確にした。監査業務の質の確保は，監査補助者の監督，他の監査人の監査結果の利用等に関しても同様に求められるものである。また，監査業務の質の確保には，新規に監査契約を締結する際における調査や前任監査人との引き継ぎ等も含まれる。」と述べている。

前述したように，平成17（2005）年改訂において品質管理に関する一般基準が1つ追加され合計2つになった。まず1つ目の基準は次のようである。

「6 監査人は，自らの組織として，すべての監査が一般に公正妥当と認められる監査の基準に準拠して適切に実施されるために必要な質の管理（以下「品質管理」という。）の方針と手続を定め，これらに従って監査が実施されていることを確かめなければならない。」

平成17（2005）年の監査基準の改訂の際に，監査の品質管理がこれまで以上に重要になってきていることや国際的な動向等を踏まえ，一般基準の改訂を行うのみならず，監査に関する品質管理の実施に係る基準を体系的に整備することが適当であると判断され，「監査に関する品質管理基準」（以下，品質管理基準という。）が設けられた。

一般基準6では，この品質管理基準に準拠して，監査事務所に対し，品質管理の目的を達成するための方針を定め，監査業務の各段階における品質管理のシステムを整備及び運用するとともに，品質管理のシステムの監視を求めている。

⑦ 品質管理の実施状況の基準

一般基準6に続き，もう1つの基準である一般基準7では，監査人に対し，監査事務所が設けた品質管理のシステムに準拠して，監査業務を行うこととを求めている。一般基準7は次のようである。

「7 監査人は，監査を行うに当たって，品質管理の方針と手続きに従い，指揮命令の系統及び職務の分担を明らかにし，また，当該監査に従事する補助者に対しては適切な指示，指導及び監督を行わなければならない。」

品質管理基準は，監査基準と一体として適用されるものであり，財務諸表の監査を実施する監査事務所及び監査実施者に，監査業務の質を合理的に確保することを求めるものである。

⑧ 守秘義務の基準

具体的には「8 監査人は，業務上知り得た事項を正当な理由なく他に漏らし，又は窃用してはならない。」とある。

同前文では，さらにこの基準について「監査人が監査業務上知り得た事項を

正当な理由なく他に漏らしたり，窃用することは，職業倫理の上から許されないことは当然であり，そのような行為は監査の受ける企業との信頼関係を損ない監査業務の効率的な遂行を妨げる原因ともなりかねないことから，敢えて一般基準の一つとして維持することとした。ただし，監査人の交代に当たっての前任監査人からの引き継ぎ，親子会社で監査人が異なるときに親会社の監査人が子会社の監査人から情報を入手すること，監査の質の管理のために必要な外部の審査を受けること等は監査業務の充実に関連することであり，そのような場合には，関係者間の合意を得る等により，守秘義務の解除を図る必要がある。」と述べている。

この基準は，秘密保持に関するものであるが，被監査会社の企業秘密を保持することは，監査人として当然払うべき職業上の注意であり，本来ならば前述した「一般基準」の3の正当な注意義務に当然に含まれるものであるといえる。

監査人が財務諸表監査を有効に実施するためには，監査人が必要とする資料が被監査会社からなんら制約なく入手されることが必要となるが，そうした資料のなかには企業秘密に関するものも含まれるため，被監査会社がその提供を拒むことがあっては，監査業務に支障をきたす場合もある。そこで，被監査会社からの信用を確保するために，監査人は業務上知り得た事項を正当な理由なく漏洩しまたは窃用してはならないのである。

このように，円滑な監査を実施できる環境を作り上げるために，秘密保持は非常に重要な問題であり，これをあえて独立に規定したのである。この意味で，この基準は啓蒙的な色彩が強い基準であるといえる。

⑨ 一般基準のまとめ

①から⑧の一般基準についてまとめてみる。一般基準は，平成14（2002）年改訂前からある①監査人の資格要件の基準，②独立性の基準，③正当な注意の基準，③に付随する基準として⑧守秘義務の基準，平成14（2002）年改訂以降にできた④重要な虚偽表示の可能性評価の基準，⑤監査調書の基準，⑥及び⑦の品質管理に関する基準からなる。⑤と⑥及び⑦は，監査業務全般の品質管理とそれを立証する監査調書に関する基準で，両者の関係は密接不可分であると

いえる。

(3) 実施基準

　実施基準は，監査手続の選択適用を規制する原則である。監査の実施は，監査人が財務諸表の適正性に関する監査意見の根拠を得るために実施する一連の立証作業である。この立証作業において，その指針となるとともに監査人の義務と責任とを明らかにする規範が，実施基準であるといえる。

　実施基準の詳細については，第4章「監査実施論」にて述べることにし，ここでは，平成14（2002）年改訂前と平成14（2002）年改訂後の実施基準を簡単にみながら，両者の体系及び内容について検討してみたい。なお，平成14（2002）年改訂前の実施基準は，平成3（1991）年の全面改訂のものが基礎となり，平成10（1998）年の連結キャッシュ・フロー計算書の導入と連結中心の企業内容開示への移行に対応し，平成3（1991）年のものが若干改訂されたものである。

　ここで，平成14（2002）年改訂前及び改訂以降の監査基準における実施基準の体系を［図3－3］に示す。平成14（2002）年改訂後は，実施基準については，平成17（2005）年に，主にリスク・アプローチに関する基本原則及び個別原則が改訂され，平成21（2009）年に，継続企業の前提に対する監査の対応に関する個別原則が改訂され，現在に至っている。

① 平成14（2002）年改訂前の実施基準

　具体的に，平成14（2002）年改訂前の実施基準における3つの基準についてみてみよう。

「一　監査人は，十分な監査証拠を入手して，財務諸表に対する自己の意見を形成するに足る合理的な基礎を得なければならない。

　二　監査人は，適切な監査計画に基づいて，組織的に監査を実施しなければならない。

　三　監査人は，内部統制の状況を把握し，監査対象の重要性，監査上の危険性その他の諸要素を十分に考慮して，適用すべき監査手続，その実施時期及び試査の範囲を決定しなければならない。」

[図3-3] 2002年改訂前及び2002年改訂以降の監査基準における実施基準の体系

〈2002年改訂前の監査基準における実施基準〉

実施基準
監査実施準則
- 合理的な基礎の基準
- 監査計画設定と組織的監査の基準
- 監査計画のための考慮要件の基準

〈2002年改訂以降の監査基準における実施基準〉

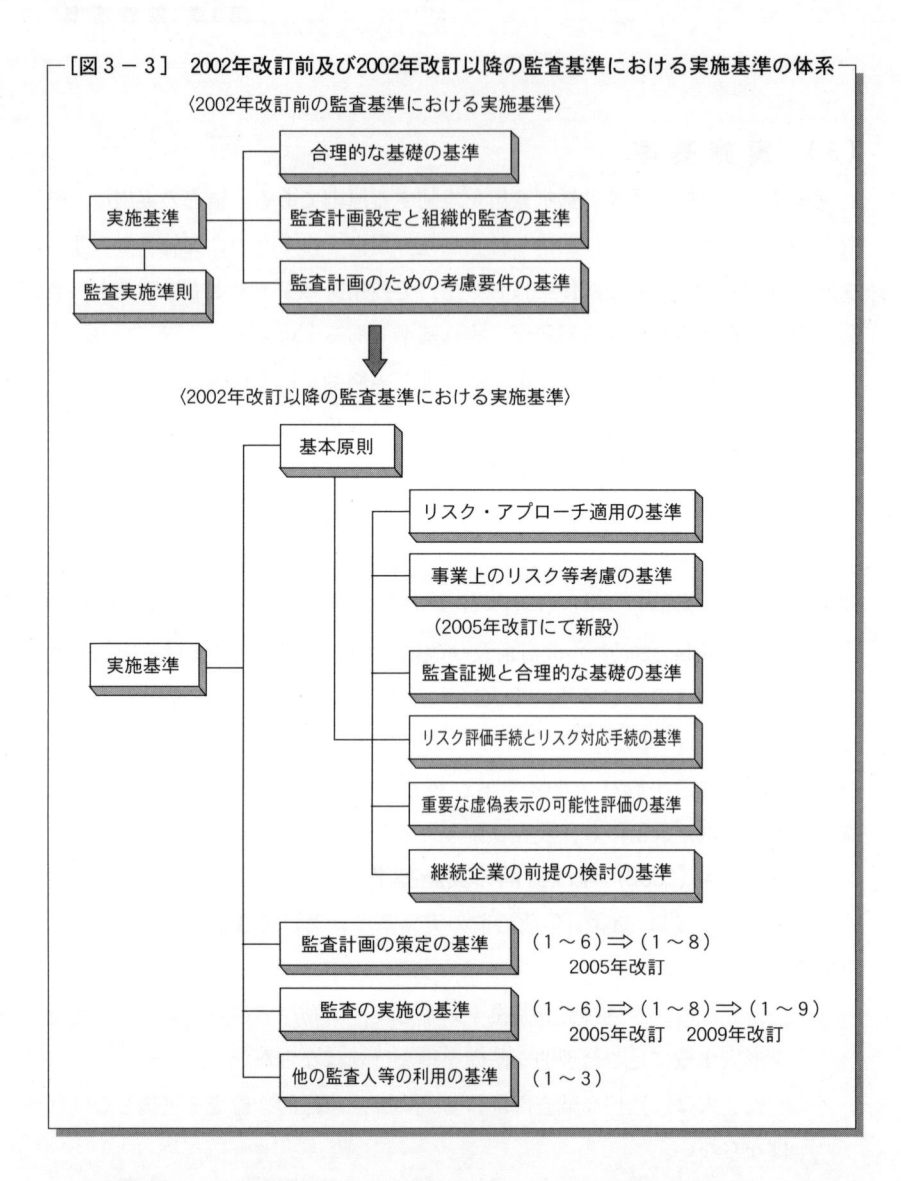

実施基準
- 基本原則
  - リスク・アプローチ適用の基準
  - 事業上のリスク等考慮の基準 （2005年改訂にて新設）
  - 監査証拠と合理的な基礎の基準
  - リスク評価手続とリスク対応手続の基準
  - 重要な虚偽表示の可能性評価の基準
  - 継続企業の前提の検討の基準
- 監査計画の策定の基準　（1～6）⇒（1～8）　2005年改訂
- 監査の実施の基準　（1～6）⇒（1～8）⇒（1～9）　2005年改訂　2009年改訂
- 他の監査人等の利用の基準　（1～3）

　実施基準の一は合理的な基礎に関する基準であり，監査実施過程における目標が，十分な監査証拠を入手して監査意見を形成するに足る合理的な基礎を得ることにあることを明示するものである。

第3章 監査基準

　この実施基準の一における監査業務の基本的骨組みを補足するものとして，監査実施準則一があり，これは，監査人が通常実施すべき監査手続を実施すべきことを義務づけており，具体的には次のようになっている。

　「監査人は，財務諸表監査に当たり，監査基準に準拠して通常実施すべき監査手続を実施しなければならない。

　通常実施すべき監査手続は，監査人が，公正な監査慣行を踏まえて，十分な監査証拠を入手し，財務諸表に対する意見表明の合理的な基礎を得るために必要と認めて実施する監査手続である。」

　そして，監査要点に関する実施準則二と，監査技術に関する実施準則三が続く。さらに，監査基準委員会報告書においては，実施準則一，二に関連して，「十分な監査証拠」(第7号)，「会計上の見積りの監査」(第13号)，「専門化の業務の利用」(第14号) がある。実施準則三に関連して，「分析的手続」(第1号)，「試査」(第9号) がある。

　実施基準の二は，監査計画に関するもので，監査計画設定と組織的監査に関する基準である。

　実施基準の三は，内部統制の把握と試査の範囲等を決定するもので，監査計画のための考慮要件に関する基準である。

　この実施基準の二，三を補足するものとして，実施準則四，五及び六がある。実施準則四，五では，適切な監査計画を行うために，内部統制の状況，監査対象の重要性及び監査上の危険性 (いわゆるリスク・アプローチ) という考慮事項と，適用すべき監査手続，その実施時期及び試査の範囲という決定事項に関する規定がある。実施準則六では，組織的監査についての規定がある。

　さらに，監査基準委員会報告書においては，実施準則四，五に関連して，「監査計画」(第6号)，「内部統制」(第4号)，「内部監査の整理及び実施状況の把握とその利用」(第15号)，「監査上の危険性と重要性」(第5号)，「不正及び誤謬」(第10号)，「違法行為」(第11号) がある。また実施準則六に関連して，「監査の品質管理」(第12号) がある。

　その他，監査実施準則には，実施準則七の他の監査人に関する規定，同八の

監査調書に関する規定，そして同九の経営者による確認書に関する規定がある。監査基準委員会報告書においては，監査実施準則七に関連して「他の監査人の監査結果の利用」（第8号），同八に関連して「監査調書」（第16号），同九に関連して「経営者による確認書」（第3号），「特記事項」（第2号），「中間監査」（第17号）がある。

② 平成14（2002）年改訂以降の実施基準

前述したように，平成14（2002）年改訂以降の実施基準は，基本原則，監査計画の確定，監査の実施，他の監査人等の利用の項目から成り立ち，監査実施準則は廃止された。

ここでは，特に基本原則について解説し，その他の部分については第4章「監査実施論」にて述べることにしたい。

まず平成14（2002）年改訂実施基準の基本原則を示す。

「一　基本原則

1　監査人は，監査リスクを合理的に低い水準に抑えるために，固有リスクと統制リスクを暫定的に評価して発見リスクの水準を決定するとともに，監査上の重要性を勘案して監査計画を策定し，これに基づき監査を実施しなければならない。

2　監査人は，自己の意見を形成するに足る合理的な基礎を得るために，実在性，網羅性，権利と義務の帰属，評価の妥当性，期間配分の適切性及び表示の妥当性等の監査要点に適合した十分かつ適切な監査証拠を入手しなければならない。

3　監査人は，十分かつ適切な監査証拠を入手するに当たっては，原則として，試査に基づき，統制リスクを評価するために行う統制評価手続及び監査要点の直接的な立証のために行う実証手続を実施しなければならない。

4　監査人は，職業的専門家としての懐疑心をもって，不正及び誤謬により財務諸表に重要な虚偽の表示がもたらされる可能性に関して評価を行い，その結果を監査計画に反映し，これに基づき監査を実施しな

けれければならない。
 5 　監査人は，監査計画の策定及びこれに基づく監査の実施において，企業が将来にわたって事業活動を継続するとの前提（以下「継続企業の前提」という。）に基づき経営者が財務諸表を作成することが適切であるか否かを検討しなければならない。」

この5つの基本原則をみると，リスク・アプローチの徹底，不正発見の姿勢の強化，継続企業の前提に対する監査の対応が強く現れていることがわかる。

次に平成17（2005）年改訂実施基準の基本原則を示す。

「一　基本原則
 1 　監査人は，監査リスクを合理的に低い水準に抑えるために，財務諸表における重要な虚偽表示のリスクを評価し，発見リスクの水準を決定するとともに，監査上の重要性を勘案して監査計画を策定し，これに基づき監査を実施しなければならない。
 2 　監査人は，監査の実施において，内部統制を含む，企業及び企業環境を理解し，これらに内在する事業上のリスク等が財務諸表に重要な虚偽の表示をもたらす可能性を考慮しなければならない。
 3 　監査人は，自己の意見を形成するに足る合理的な基礎を得るために，経営者が提示する財務諸表項目に対して，実在性，網羅性，権利と義務の帰属，評価の妥当性，期間配分の適切性及び表示の妥当性等の監査要点に適合した十分かつ適切な監査証拠を入手しなければならない。
 4 　監査人は，十分かつ適切な監査証拠を入手するに当たっては，財務諸表における重要な虚偽表示のリスクを暫定的に評価し，リスクに対応した監査手続を，原則として試査に基づき実施しなければならない。
 5 　監査人は，職業的専門家としての懐疑心をもって，不正及び誤謬により財務諸表に重要な虚偽の表示がもたらされる可能性に関して評価を行い，その結果を監査計画に反映し，これに基づき監査を実施しなければならない。
 6 　監査人は，監査計画の策定及びこれに基づく監査の実施において，

企業が将来にわたって事業活動を継続するとの前提（以下「継続企業の前提」という。）に基づき経営者が財務諸表を作成することが適切であるか否かを検討しなければならない。」

平成17（2005）年改訂の目玉は事業上のリスク等を重視したリスク・アプローチの導入であり、基本原則の平成14（2002）年改訂実施基準との相違はこの点を反映したものであるといえる。具体的には、基本原則の1，2及び4に現れている。

a．リスク・アプローチの徹底

リスク・アプローチは、前述したように、平成3（1991）年の監査基準の改訂の際に採り入れられた考え方であるが、当時、わが国の監査実務においては浸透するに至っておらず、平成14（2002）年改訂基準においては、リスク・アプローチをさらに明確に規定する必要があると考えられ、実施基準の基本原則の冒頭からリスク・アプローチの規定がおかれ、各所に関連規定がおかれている。

リスクの諸概念について簡単に説明しておく。

まず、「監査リスク」は、改訂前までは「監査上の危険性」と表現されていたものであり、監査人が、財務諸表の重要な虚偽の表示を看過して誤った意見を形成する可能性をいう。

この「監査リスク」を構成するのが、固有リスク，統制リスク，発見リスクという3つのリスク要素である。固有リスクとは、関連する内部統制が存在していないとの仮定のうえで、財務諸表に重要な虚偽の表示がなされる可能性をいい、経営環境により影響を受ける種々のリスク，特定の取引記録及び財務諸表項目が本来有するリスクからなる。統制リスクとは、財務諸表の重要な虚偽の表示が、企業の内部統制によって防止または適時に発見されない可能性をいう。発見リスクとは、企業の内部統制によって、防止または発見されなかった財務諸表の重要な虚偽の表示が、監査手続を実施してもなお発見されない可能性をいう。

ここでまず、平成14（2002）年改訂監査基準におけるリスク・アプローチに

第3章 監査基準

ついて説明する。

　基本原則の1においては，財務諸表に対する監査が，リスク・アプローチを適用して行わなければならないことが規定されている。リスク・アプローチに基づく監査の実施においては，監査リスクを合理的に低い水準に抑えることが求められる。すなわち，監査人の権限や監査時間等には制約もあるので，財務諸表の利用者の判断を誤らせることになるような重要な虚偽の表示を看過するリスクを合理的な水準に抑えることが求められるのである。このため，固有リスクと統制リスクとを評価することにより，虚偽の表示が行われる可能性に応じて，監査人が自ら行う監査手続やその実施の時期及び範囲を策定するための基礎となる発見リスクの水準を決定することが求められる。

　つまり，監査済みの財務諸表になおも重要な虚偽表示が発見されずに残っている結果，誤った監査意見を表明してしまう可能性を監査リスクととらえ，監査リスクを合理的に低い水準に抑えることが，監査を実施するうえでの上位の目標となる。この目標を達成するために，監査リスクを構成する固有リスク，統制リスク，発見リスクの水準をにらみながら，監査上の重要性を考慮したうえで監査計画を策定し，そして監査手続を実施することが求められているのである[10]。

　この基準については，さらに，「監査計画の策定」及び「監査の実施」において，その詳細な留意点が規定されている。平成14 (2002) 年改訂の実施基準では，このように，監査の計画とその実施というプロセスを分け，計画と実施のプロセスのなかに，リスク・アプローチの考え方が入れ込まれているのである。

　さらに，基本原則の3において，十分かつ適切な監査証拠を入手するための監査手続の内容と適用方法が規定されており，監査手続は基本的に統制評価手続と実証手続から構成され，これらの手続の適用方法は試査に基づくものであることが定められている。

　また基本原則の2においては，実証手続の実施によって入手すべき監査証拠の内容が規定されており，監査実施の目標が，監査意見形成のための合理的な

基礎を得ることにあることが定められている。入手すべき十分かつ適切な監査証拠は，ここで示された監査要点に基づいて判断されなければならない。なお，監査要点についてはここで示されたもの以外にも，個々のケースにおいて，企業の経営環境や内部統制等の状況に応じて適切な監査要点が設定される必要がある。

では，現行のリスク・アプローチである平成17（2005）年型の「事業上のリスク等を重視したリスク・アプローチ」についてみてみる。

従来のリスク・アプローチでは，監査人は，監査リスクを合理的に低い水準に抑えるため，固有リスクと統制リスクを評価して，発見リスクの水準を決定していたが，固有リスクと統制リスクは実際には複合的な状態で存在することが多く，監査の実務において，監査人は，これらのリスクを明確に分けることが困難であった。

また，従来のリスク・アプローチでは，財務諸表項目における固有リスクと統制リスクの評価と発見リスクの水準の決定との対応関係に重点が置かれているために，監査人は，自己の関心を財務諸表項目レベルに狭めがちであり，かつまた，監査の実務が機械的となり，その結果，監査対象企業の事業の性格，組織，企業環境等に起因して財務諸表に重要な虚偽の表示が生じる可能性や特別な配慮を必要とする虚偽の表示の可能性を見落としがちとなって，監査を失敗する事例があった。

そこで，事業上のリスク等を重視したリスク・アプローチでは，「重要な虚偽表示のリスク」の評価，「財務諸表全体」及び「財務諸表項目」の2つのレベルでの評価，そして，「特別な検討を必要とするリスク」への対応が導入された。

重要な虚偽表示のリスクとは，固有リスクと統制リスクを結合したリスクをいう。固有リスクと統制リスクは複合的な状態で存在することが多く，両リスクが独立して存在する場合であっても，固有リスクと統制リスクを分けて評価することは，必ずしも重要ではないので，原則として，重要な虚偽表示のリスクを評価したうえで，発見リスクの水準を決定する手法を導入した。

第3章 監査基準

具体的には、基本原則の1はリスク・アプローチに関する規定であるが、リスク・アプローチに基づく監査の実施に際し重要な虚偽表示のリスクの概念が用いられている。

さらに、基本原則の2において、内部統制を含む、企業及び企業環境を理解し、これらに内在する事業上のリスク等が財務諸表に重要な虚偽の表示をもたらす可能性を考慮しなければならないとし、事業上のリスク等を重視したリスク・アプローチを規定している。なお、この基本原則は平成17 (2005) 年改訂の際に新設された。

そして、基本原則の4は、平成14 (2002) 年改訂の基本原則の3に相当する規定である。ここでは、試査に基づくところは変わりないが、財務諸表における重要な虚偽表示のリスクの暫定的評価と、リスクに対応した監査手続という表現を用いて、十分かつ適切な監査証拠を入手するための監査手続の内容と適用方法が規定されている。

また、重要な虚偽表示のリスクを財務諸表全体及び財務諸表項目の2つのレベルで評価することになった。財務諸表全体レベルにおいて重要な虚偽表示のリスクが認められた場合には、そのリスクの程度に応じて、補助者の増員、専門家の配置、適切な監査時間の確保等の全般的な対応を監査計画に反映させ、監査リスクを一定の合理的に低い水準に抑えるための措置を講じることとした。一方、財務諸表項目レベルでは、リスク評価手続として、統制リスクの評価に関する実務的な手順を考慮し、まず、内部統制の整備状況の調査を行い、重要な虚偽表示のリスクを暫定的に評価し、次に、リスク対応手続として、内部統制の有効性を評価する手続（運用評価手続）と監査要点の直接的な立証を行う実証手続を実施することとした。

具体的には、基本原則の3において、経営者が提示する財務諸表項目に対して監査要点を設定し、これに適合した十分かつ適切な監査証拠を入手しなければならないと規定されている。さらに、「監査計画の策定」及び「監査の実施」の個別原則において、重要な虚偽表示のリスクを財務諸表全体及び財務諸表項目の2つのレベルで評価する規定がある。

特別な検討を必要とするリスクへの対応は，次のようになる。特別な検討を必要とするリスクとなる代表的な取引の種類には，会計上の見積りや，収益認識等の重要な会計上の判断に関して財務諸表に重要な虚偽の表示をもたらす可能性のある事項，不正の疑いのある取引，関連当事者間で行われる通常ではない取引等の特異な取引等があげられる。このような取引に対しては，監査実施の過程において特別な検討を行う必要があることから，特別な検討を必要とするリスクとして，それが財務諸表における重要な虚偽の表示をもたらしていないかを確かめるための実証手続の実施，及び必要に応じて内部統制の整備状況の調査や運用状況の評価を実施することが求められている。

特別な検討を必要とするリスクへの対応については，「監査計画の策定」及び「監査の実施」の個別原則においてその詳細が規定されている。

b．不正発見の姿勢の強化

不正発見の姿勢については，平成3（1991）年の改訂の際にも監査実施準則において「五　監査人は，監査計画の設定に当たり財務諸表の重要な虚偽記載を看過することなく，かつ，監査を効率的に実施する観点から，内部統制の状況を把握するとともにその有効性を評価し，監査上の危険性を十分に考慮しなければならない。」（一部省略）とあるように，重要な虚偽記載（脱漏を含む）を看過してはならないことを文言をもって示した。

平成14（2002）年改訂基準においては，これをさらに徹底すべく，前述したように「一般基準」の4において，不正な報告，虚偽の記録や改竄，違法行為に起因する財務諸表の虚偽の表示への対応が強化された。これを受けて，実施基準の基本原則の4において，監査計画の策定にあたっては，不正及び誤謬に起因する財務諸表の重要な虚偽の表示の可能性を考慮し，それに基づく監査手続を採用すべきことが規定されている。

平成17（2005）年改訂以降も，この規定は変更されず現在に至っているが，現行では実施基準の基本原則の5に規定されている。この基準に関連して，さらに，「監査の実施」の6において規定がおかれており，監査の実施において，財務諸表における重要な虚偽の表示をもたらす不正又は誤謬を発見した場合の

具体的な手続が定められている。具体的には次のように規定されている。

「6　監査人は，監査の実施において不正又は誤謬を発見した場合には，経営者等に報告して適切な対応を求めるとともに，適宜，監査手続を追加して十分かつ適切な監査証拠を入手し，当該不正等が財務諸表に与える影響を評価しなければならない。」

c．継続企業の前提に対する監査の対応

平成14（2002）年改訂において「継続企業の前提」が新たに基準として設けられた。これは，現行の企業会計を支える会計公準の1つである継続企業の公準について監査人が検討することを求めたものである。さらに，すでにアメリカをはじめとする主要国の監査基準，ならびにＩＳＡは，継続企業の前提に関して監査人が検討を行うことを義務づけていることからも，改訂基準で導入することが適当と判断されたものである。

ちなみに，「継続企業の前提」という言葉は，英語の Going Concern（ゴーイング・コンサーン）の翻訳であるが，従来は，「継続能力」や「継続可能性」といった言葉が用いられてきた。

継続企業の前提の問題は，誰がこの問題に対する役割を担うべきであるかということで，2つのアプローチがある。1つ目は，まず，経営者が，財務諸表の作成，開示の立場で係る情報の開示を行い，できるならばそれに対して監査人もその情報開示の十分性を確認するというやり方である。もう1つ目は，開示においては十分な基準がないためにそれはできないが，その代わりに，監査を担当して企業内容に詳しい監査人が，プラス・アルファの情報として発信するというやり方である。

わが国の場合には，一応，後者の監査側において，社会からの要請に応えようということで，継続企業の前提が導入されたといえるわけで，平成14（2002）年改訂基準においてその要望に応えた形になっているものと思われる[11]。

監査上の判断の枠組みとして，「監査基準の改訂について」の前文三の6(2)において次のように規定されている。

「継続企業の前提に関わる監査基準のあり方としては，監査人の責任はあ

くまでも二重責任の原則に裏付けられたものとしている。経営者は，財務諸表の作成に当たって継続企業の前提が成立しているかどうかを判断し，継続企業の前提に重要な疑義を抱かせる事象や状況について，適切な開示を行わなければならない。従って，継続企業の前提に重要な疑義が認められる場合においても，監査人の責任は，企業の事業継続能力そのものを認定し，企業の存続を保証することにはなく，適切な開示が行われているか否かの判断，すなわち，会計処理や開示の適正性に関する意見表明の枠組みの中で対応することにある。

監査人による継続企業の前提に関する検討は，経営者による継続企業の前提に関する評価を踏まえて行われるものである。具体的には，継続企業の前提に重要な疑義を抱かせる事象や状況の有無，合理的な期間（少なくとも決算日から1年間）について経営者が行った評価，当該事象等を解消あるいは大幅に改善させるための経営者の対応及び経営計画について検討する。」

つまり，監査人の責任は，企業の事業継続能力そのものを認定したり，企業が将来にわたって存続し続けることができると保証することではなく，監査人が検討する継続企業の前提は財務諸表作成にあたっての前提であり，あくまでも経営者が行った判断の結果等が，必要な事項として適切に開示されているか否かを判断することにある[12]。

なお，継続企業の前提に重要な疑義を抱かせる事象や状況としては，同前文において，次のような事項があげられている。

ア．財務指標の悪化の傾向

売上の著しい減少，継続的な営業損失の発生，継続的な営業キャッシュ・フローのマイナス，債務超過

イ．財務破綻の可能性

重要な債務の不履行や返済の困難性，新たな資金調達が困難な状況，取引先からの与信の拒絶

ウ．その他の事項

事業の継続に不可欠な重要な資産の毀損や権利の失効，重要な市場や取

第3章 監査基準

引先の喪失，巨額の損害賠償の履行，その他法令に基づく事業の制約

具体的には，現行基準では基本原則の6に規定されている。ちなみに，平成17（2005）年改訂前までは，基本原則の5に規定されていたが，文言の変更はなく，現在に至っている。

継続企業の前提に対する監査の対応については，平成21（2009）年の改訂の際に，実施基準及び報告基準が改訂されている。実施基準では，個別原則が改訂され，「監査計画の策定」の7及び「監査の実施」の7，8に規定がおかれている。その詳細は，第4章「監査実施論」にてみる。

ここで，継続企業の前提に関する改訂の概要をみてみる。

財務諸表等規則第8条の27において継続企業の前提に関する注記について以下の規定がある。

「貸借対照表日において，企業が将来にわたって事業活動を継続するとの前提（以下「継続企業の前提」という。）に重要な疑義を生じさせるような事象又は状況が存在する場合であって，当該事象又は状況を解消し，又は改善するための対応をしてもなお継続企業の前提に関する重要な不確実性が認められるときは，次に掲げる事項を注記しなければならない。ただし，貸借対照表日後において，当該重要な不確実性が認められなくなった場合は，注記することを要しない。

一 当該事象又は状況が存在する旨及びその内容
二 当該事象又は状況を解消し，又は改善するための対応策
三 当該重要な不確実性が認められる旨及びその理由
四 当該重要な不確実性の影響を財務諸表に反映しているか否かの別」

この財務諸表等規則を受けて，ISAとの整合性も図り，監査基準が改訂された。まず文言の面であるが，改訂前までは「継続企業の前提に重要な疑義を抱かせる事象又は状況」という表現を用いていたが，改訂後は「継続企業の前提に重要な疑義を生じさせるような事象又は状況」という表現になった。さらに改訂後は，「継続企業の前提に関する重要な不確実性」という表現を用いるようになった。

内容面では，改訂前までは一定の事象や状況が存在すれば直ちに継続企業の前提に関する注記を要するとともに，追記情報の対象となっていたが，改訂後は，これらの事象や状況に対する経営者等の対応策等を勘案してもなお，継続企業の前提に関する重要な不確実性がある場合に適切な注記がなされているかどうかを監査人が判断することとなった。

　つまり，継続企業の前提に重要な疑義を生じさせるような事象又は状況があった場合に画一的に注記そして追記情報としていたが，改訂後は重要な不確実性の有無を確認し，監査人は実質的な判断をしなければならなくなったといえる。

　なおこの改訂基準は，平成21（2009）年3月決算に係る監査から適用されている。

（4）報告基準

　報告基準は，監査報告書の記載要件を定めたものである。監査報告書は，監査結果として，財務諸表に対する監査人の意見を表明する手段であるとともに，監査人が自己の意見に関する責任を正式に認める手段であるといえる。

　実施基準と同様に，報告基準の詳細については，第5章「監査報告論」にて述べることにし，ここでは，平成14（2002）年改訂前と平成14（2002）年改訂後の報告基準を簡単にみながら，両者の体系及び内容について検討してみたい。なお報告基準は平成14（2002）年改訂以降，基本原則の5以外は改訂されていない。

　よって現行基準は平成14（2002）年改訂のものとほぼ同じであるが，今後，監査報告書の記載区分や追記情報に関する改訂が予定されている。監査報告書の記載区分や追記情報の改正は，個別原則の改訂でなされており，その詳細は第5章「監査報告論」にてみる。

　基本原則については，その3及び4において，現行では「自己の意見を形成するに足る合理的な基礎」とあるが，改訂では「合理的な」の文言が削除され，「自己の意見を形成するに足る基礎」となる予定である。その他は何ら変更は

ない。

　平成14（2002）年改訂前の報告基準は，実施基準と同様，平成3（1991）年の全面改訂のものが基礎となり，平成10（1998）年の連結キャッシュ・フロー計算書の導入と連結中心の企業内容開示への移行に対応し，平成3（1991）年のものが若干改訂されたものである。

　平成14（2002）年改訂前の報告基準・報告準則と平成14（2002）年改訂報告基準を全体的に比較すると，改訂前はどちらかといえば監査報告書の作成方法に軸をおいて規定されていたが，改訂報告基準では監査意見の形成や監査意見の表明における判断という側面に軸をおいて規定されているといえる。また継続企業の前提に対する監査の対応として，報告基準においてもその規定が特に設けられている。その他，改訂報告基準では，監査意見の表明規準の明確化や特記事項の廃止と追記情報の新設等がなされている。

　ここで，平成14（2002）年改訂前及び改訂以降の監査基準における報告基準の体系を［図3－4］に示す。

①　平成14（2002）年改訂前の報告基準

　具体的に，平成14（2002）年改訂前の報告基準における4つの基準についてみてみよう。

「一　監査人は，財務諸表に添付して公表される監査報告書に，実施した監査の概要及び財務諸表に対する意見を明瞭に記載しなければならない。

　二　財務諸表に対する意見の表明は，財務諸表が企業の財政状態，経営成績及びキャッシュ・フローの状況を適正に表示しているかどうかについてなされなければならない。

　三　監査人は，自己の意見を形成するに足る合理的な基礎が得られないときは，財務諸表に対する意見の表明を差控えなければならない。

　四　監査人は，企業の状況に関する利害関係者の判断を誤らせないようにするため特に必要と認められる重要な事項を監査報告書に記載するものとする。」

報告基準の一は，監査報告書の記載要件の基準であるが，監査報告書の記載

[図3-4] 2002年改訂前及び2002年改訂以降の監査基準における報告基準の体系

〈2002年改訂前の監査基準における報告基準〉

- 報告基準
  - 監査報告書の記載要件の基準
  - 監査意見表明の基準
  - 意見差控の基準
  - 特記事項の基準
- 監査報告準則

↓

〈2002年改訂以降の監査基準における報告基準〉

- 報告基準
  - 基本原則
    - 監査意見表明の基準
    - 監査意見表明の判断の基準
    - 合理的基礎獲得の基準
    - 意見表明をしない旨の基準
    - 監査意見表明の審査の基準
  - 監査報告書の記載区分の基準 （1, 2）
  - 無限定適正意見の記載事項の基準 （(1)〜(3)）
  - 意見に関する除外の基準 （1, 2）
  - 監査範囲の制約の基準 （1〜4）
  - 継続企業の前提の基準 （1〜4）
  - 追記情報の基準 （(1)〜(4)）

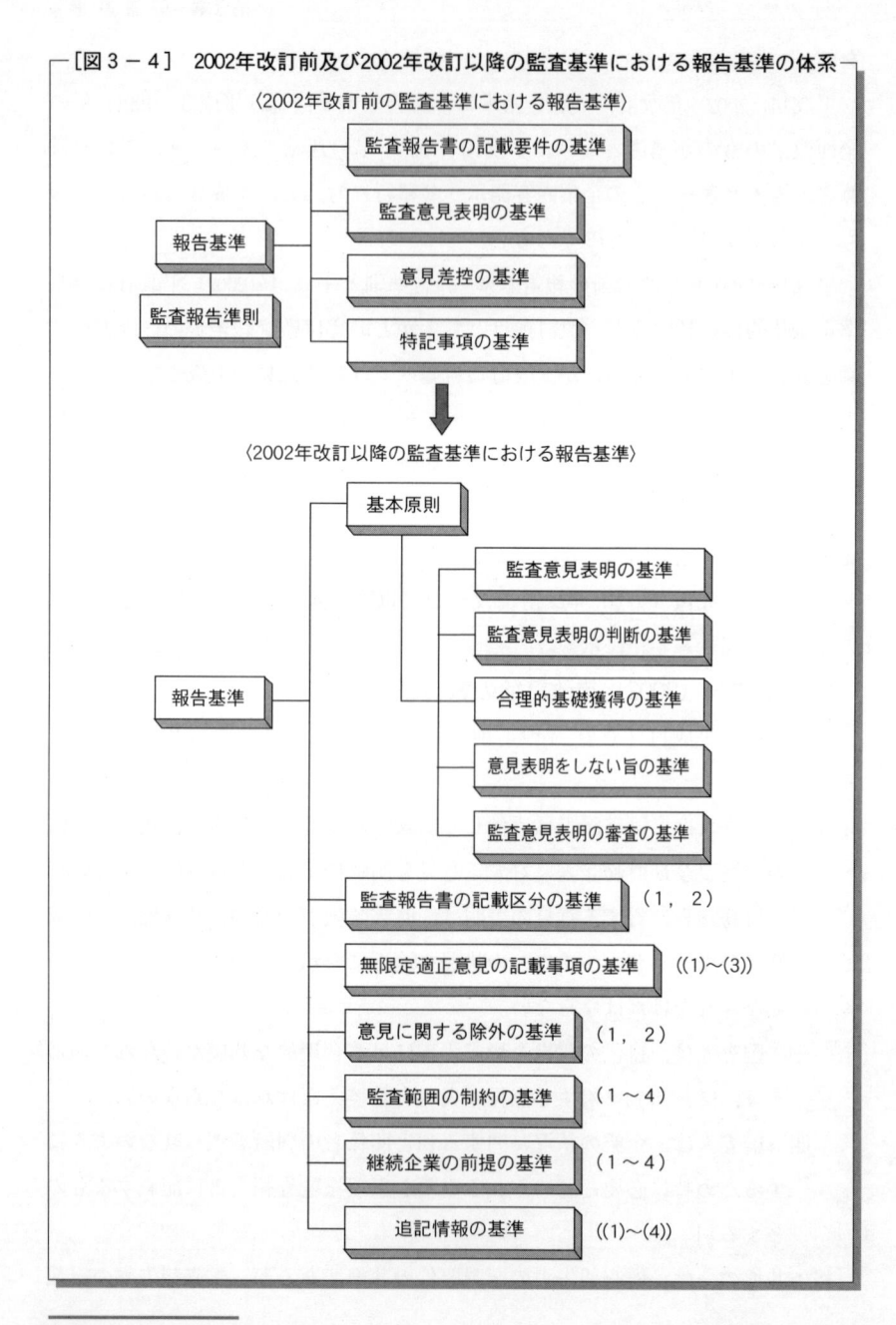

要件として「範囲区分」と「意見区分」を設定し，範囲区分には実施した監査の概要を記載し，意見区分には財務諸表に対する監査人の意見を記載することになる。

　この報告基準の一を補足するものとして，監査報告準則一があり，これには，監査報告書の記載方式についての規定がある。また，監査報告準則二においては，監査の概要，つまり，範囲区分（概要区分）の記載内容についての規定がある。

　報告基準の二は，監査意見表明の基準であるが，意見区分の記載事項についての規定がある。すなわち，財務諸表が企業の財政状態，経営成績及びキャッシュ・フローの状況を適正に表示しているかどうかについての監査意見を表明することになる。具体的な意見表明の様式については，監査報告準則三に定められている。

　監査人は，監査の結果，財務諸表に対する意見表明の合理的な基礎が得られたときは，適正意見ないしは不適正意見のいずれかを総合意見として記載しなければならないことになっている。

　また，監査人は，財務諸表全体としての適正性について意見を表明することにより，財務諸表に社会的信頼性を付与することになるが，監査基準は，総合意見の記載にあたり，会計基準準拠性，会計方針適用の継続性及び表示基準準拠性について個別意見の記載を要求している。

　報告基準の三は，意見差控の基準である。監査意見を差控える場合は，財務諸表に対する意見を表明するための合理的基礎が得られない場合に限られ，十分な監査証拠を入手して，合理的な基礎を得ている場合には，意見を差控えることはできない。

　この報告基準の三を補足するものとして，報告準則四がある。重要な監査手続を実施できなかったこと等の理由により財務諸表に対する意見を形成するに足る合理的基礎が得られない場合は，財務諸表に対する意見の表明を差控える旨及びその理由を記載し，意見差控報告書が提出されることになる。

　報告基準の四は，特記事項の基準である。特記事項とは，財務諸表に注記さ

れている重要な偶発事象，後発事象等で会社の状況に関する利害関係者の判断を誤らせないようにするため，監査人が特に必要と認める事項を監査報告書に重ねて記載することによって強調し，それによって利害関係者へ注意的情報または警報的情報を提供するものである。

この基準は，平成3（1991）年改訂において，補足的説明事項を改訂し，特記事項を新設するというものであった。平成3（1991）年改訂前の補足的説明事項はいわゆる後発事象であって，財務諸表に記載されていないものであったが，偶発事象等も含め，企業の状況に関する利害関係者の判断を誤らしめないため，監査人において特に必要と認めた重要な事項を特記事項（特記事項は財務諸表に記載されている事項である）として，監査報告書に記載されることとなった。監査報告準則五においては，特記事項の具体的な記載対象例として，偶発事象と後発事象があげられている。

② 平成14（2002）年改訂以降の報告基準

前述したように，平成14（2002）年改訂基準の報告基準は，基本原則，監査報告書の記載区分，無限定適正意見の記載事項，意見に関する除外，監査範囲の制約，継続企業の前提，追記情報の項目から成り立ち，監査報告準則は廃止された。

ここでは，特に基本原則について解説し，継続企業の前提や追記情報等その他の部分については第5章「監査報告論」にて述べることにしたい。

平成17（2005）年の改訂の際，報告基準においては，基本原則の5のみが改訂された。具体的には，「監査に関する品質管理基準」の創設に伴い，改訂前の基本原則の5に「この審査は，品質管理の方針及び手続きに従った適切なものでなければならない。」が追加された。

では，現行の基本原則を示す。

「一　基本原則

　　1　監査人は，経営者の作成した財務諸表が，一般に公正妥当と認められる企業会計の基準に準拠して，企業の財政状態，経営成績及びキャッシュ・フローの状況をすべての重要な点において適正に表示し

ているかどうかについて意見を表明しなければならない。
2 　監査人は，財務諸表が一般に公正妥当と認められる企業会計の基準に準拠して適正に表示されているかどうかの判断に当たっては，経営者が採用した会計方針が，企業会計の基準に準拠して継続的に適用されているかどうかのみならず，その選択及び適用方法が会計事象や取引を適切に反映するものであるかどうか並びに財務諸表の表示方法が適切であるかどうかについても評価しなければならない。
3 　監査人は，監査意見の表明に当たっては，監査リスクを合理的に低い水準に抑えた上で，自己の意見を形成するに足る合理的な基礎を得なければならない。
4 　監査人は，重要な監査手続を実施できなかったことにより，自己の意見を形成するに足る合理的な基礎を得られないときは，意見を表明してはならない。
5 　監査人は，意見の表明に先立ち，自らの意見が一般に公正妥当と認められる監査の基準に準拠して適切に形成されていることを確かめるため，意見表明に関する審査を受けなければならない。この審査は，品質管理の方針及び手続きに従った適切なものでなければならない。」

a．監査意見表明の基準

　基本原則の1は意見表明の基準であり，監査基準の第一として「監査の目的」が明示されたことにともない，監査報告書に記載すべき中心事項は監査意見であることを明確にしているものといえる。

　さらに，基本原則の1に関連して，「二　監査報告書の記載区分」，「三　無限定適正意見の記載事項」において，監査報告書の記載についての規定がある。これらによれば，監査報告書には，監査の対象，実施した監査の概要及び財務諸表に対する意見の3つに分類して記載されることが原則となっている。また，財務諸表の表示が適正であると判断し，その判断に関して説明を付す必要がある場合，及び財務諸表の記載について強調する必要がある場合は，追記情報の区分に記載し，財務諸表に対する意見の表明とは明確に区別することが求めら

れている。

なお今後の改訂では，監査報告書の記載区分は，監査の対象，経営者の責任，監査人の責任，監査人の意見の4区分になる予定である。さらに追記情報については，財務諸表における記載を特に強調するために当該記載を前提に強調する強調事項と，監査人の判断において説明することが適当として記載される説明事項について監査報告書にそれらを区分したうえで，情報として追記するものとなる予定である。

b．監査意見表明の判断の基準

基本原則の2は意見表明の判断の基準である。その判断とは，経営者が採用した会計方針が，企業会計の基準に準拠して継続的に適用されているかどうか，会計方針の選択及び適用方法が，会計事象や取引を適切に反映するものであるかどうか，そして財務諸表の表示方法が適切であるかどうかというものである。

これらの3つの判断がすべて肯定的な場合，無限定適正意見の表明といえる。無限定適正意見の場合の記載事項については，前述した「三　無限定適正意見の記載事項」のなかでかなり詳しく監査報告書に盛り込まれる事項が規定されている。

具体的には，まず，監査の対象として財務諸表の作成責任が経営者にあるということと，監査人の責任は，それに対して独立の立場から財務諸表に対する意見を表明するということを明確に記載する。

次に，実施した監査の概要として，一般に公正妥当と認められる監査の基準に準拠して監査を行ったこと，監査の基準は監査人に財務諸表に重要な虚偽の記載がないかどうかの合理的な保証を得ることを求めていること，試査に基づいていること，経営者による会計方針の選択・適用の妥当性ならびに会計上の見積りの合理性を評価していること，財務諸表全体としての適正な表示の評価を行っていることを記載し，意見表明のための合理的な基礎を得るべく監査人が行うべき仕事の内容が非常に簡潔かつ網羅的に示される。

最後に，実施した監査の結果として，意見表明のための合理的な基礎を得たということを記載したうえで，意見を表明するという構成になっている。

一方，上記に示した3つの判断に否定的なものがある場合については，「四 意見に関する除外」と「五 監査範囲の制約」に規定がある。平成14 (2002) 年改訂基準では，意見に関する除外については，「除外事項を付した限定付適正意見」と「不適正意見」という形で明確にされている点が特徴であるといえる。つまり，財務諸表の表示方法に関して不適切なものがあり，無限定適正意見を表明することができず，その影響が財務諸表を全体として虚偽の表示にあたるとするほどには重要ではないと判断した場合には，除外事項を付した限定付適正意見を，財務諸表の表示方法に関して著しく不適切なものがあり，財務諸表が全体として虚偽の表示にあたると判断した場合には，不適正意見を表明することとなった。

ただ実際には，除外事項を付した限定付適正意見は従来のものとどのように変わったのか曖昧な点も多く，限定付適正意見も不適正意見もほとんどみられない。除外事項を付した限定付適正意見をあえて基準のなかに入れた趣旨は，合理的な基礎を得るのに十分かつ適切な証拠が得られず，それでも全体として適正意見を表明する場合は，監査人は意見除外に相当するような除外事項を1つ1つ指摘するべきであるという監査人に対する厳密な姿勢を求めることにあると考えられる。

また，上記に示した3つの判断をするだけの根拠が得られない場合，他の監査人の監査結果に依存できない場合，そして将来の帰結が予測し得ない事象又は状況について，財務諸表に与える当該事象又は状況の影響が複合的かつ多岐にわたる場合等監査範囲の制約について規定がある。

重要な監査手続の実施ができなかったことの財務諸表全体に対する影響の重要性を考慮し，財務諸表に対する意見表明のための合理的基礎が得れないほど重要な場合には意見を表明しない旨が，財務諸表に対する意見表明ができないほどには重要ではないと判断した場合には，当該監査手続を実施できなかった事項を除外事項とし，除外事項を付した限定付適正意見が表明されなければならない。

将来の帰結が予測し得ない，しかも，経営に与える影響，あるいは財務諸表

に与える影響が判断しにくい場合は意見を表明しない，あるいは監査範囲の制約にかかわる問題として，除外事項の対象となることが考えられる。

c．監査意見表明の際の合理的基礎獲得の基準

基本原則の3は，平成14（2002）年改訂基準においてリスク・アプローチの適用が明示されたことにともない，監査リスクを合理的に低い水準に抑え，意見表明の際に合理的な基礎を得なければならないことを規定している。

財務諸表に対して無限定適正意見が表明されれば，監査の対象となった財務諸表に重要な虚偽表示が残存する可能性は合理的に低い水準に抑えられているという保証が与えられており，かつそのような保証の根拠となる合理的な基礎が得られているということを意味する[03]。

d．監査意見を表明しない旨の基準

基本原則の4は，重要な監査手続を実施できなかったことにより，財務諸表に対する意見表明のための合理的な基礎を得ることができなかった場合には，意見を表明してはならない旨を定めたものである。意見を表明しないことは，財務諸表に対する監査意見の表明ではないことから，この基準が設けられている。

監査人が必要と考える合理的基礎に対し，監査証拠に欠落はあるものの，財務諸表全体について意見表明を拒否するほどの重要性がない場合は，その欠落部分を除外事項としたうえで，限定付適正意見を表明するが，欠落部分が重要で，合理的な基礎が得られないと判断した場合は，意見表明を拒否することになる。このような監査報告書は，意見拒否報告書，無意見報告書あるいは意見不表明報告書とよばれる[04]。

e．監査意見表明の審査の基準

基本原則の5は，一般基準の6及び7で品質管理に関する基準に対応して，報告基準においても，監査人が表明する意見について，一般に公正妥当と認められる監査基準に準拠して適切になされているか確かめるため，監査に質の管理の一貫として，意見の表明に先立ち審査を受けなければならないことが規定されているものである。

第3章 監査基準

(注)
(1) 鳥羽至英『監査基準の基礎〔第2版〕』白桃書房，1994年，57頁。
(2) 山浦久司『会計監査論〔第5版〕』中央経済社，2009年，148頁。
(3) 原 征士『株式会社監査論』白桃書房，2001年，41頁。
(4) 山浦，前掲書，157頁参照。
(5) 内藤文雄・那須伸裕「改訂監査基準について」『ＪＩＣＰＡジャーナル』(2002年3月号)，日本公認会計士協会，2002年，30頁参照。
(6) 鳥羽，前掲書，168－169頁参照。鳥羽は，外観的独立性を外見的独立性と称しているものと思われる。
(7) 加藤恭彦・友杉芳正・津田秀雄編『監査論講義〔第4版〕』中央経済社，2002年，82－83頁参照。
(8) 山浦，前掲書，165頁参照。
(9) 加藤・友杉・津田，前掲書，85頁参照。
(10) 同上，88頁参照。
(11) 八田進二・高田敏文『逐条解説　新監査基準を学ぶ』同文舘出版，2002年，93－94頁参照。
(12) 内藤・那須，前掲論文，27－28頁参照。
(13) 加藤・友杉・津田，前掲書，101頁。
(14) 山浦，前掲書，377頁参照。

第4章

監査実施論

point

① 監査実施の基本的なプロセスは，監査人が監査の依頼を受け，監査契約の締結後，監査計画の立案をし，それに基づき監査手続を適用しながら監査を実施し，十分かつ適切な監査証拠を入手しながら，監査意見を形成するに足る合理的な基礎を得，そしてこの形成された監査意見を表明する監査報告書を作成，提出するというものである。

② 合理的基礎，監査要点，監査証拠，監査技術，監査手続，監査計画，監査調書について，これらの用語の定義及び内容をよく理解する必要がある。

③ リスク・アプローチの徹底は平成14（2002）年改訂基準の目玉であり，リスク・アプローチとは，各監査対象項目ごとに監査リスクを分析，評価し，相応の監査手続を選択することによって有効かつ効率的に監査業務を遂行することを意味する。

さらに平成17（2005）年改訂において，事業上のリスク等を重視したリスク・アプローチが導入された。ここでは，固有リスクと統制リスクを結合した重要な虚偽表示のリスクの評価，財務諸表全体及び財務諸表項目の2つのレベルの評価等が導入された。

④ 内部統制とは，企業の財務報告の信頼性を確保し，事業経営の有効性と効率性を高め，企業の財務報告の信頼性を確保し，かつ事業経営に係る法規の遵守を促すことを目的として企業内部に設けられ，企業を構成する者のすべてによって運用される仕組みをいう。

⑤ 監査リスクは，固有リスクと統制リスクを結合した重要な虚偽表示のリスクと発見リスクから構成される。つまり，監査リスク＝重要な虚偽表示のリスク×発見リスクとなる。

⑥ 監査は試査を基礎として行われている。試査とは，特定の監査手続の実施に際して，母集団からその一部の項目を抽出して，それに対して監査手続を実施することである。

⑦ 近年の会計基準の改革により，会計上の取引や事象の認識に関して伝統的な発生主義や実現主義では対応できず，測定についても仮定や見積りのうえに計算される部分が多くなったため，会計上の見積りの監査が重要視されるようになっている。

⑧ 品質管理については，平成14（2002）年改訂基準においてもその重要性は高くなっており，その意義と内容についてよく理解する必要がある。さらに平成17（2005）年に品質管理基準が設定され，品質管理の方針と手続が示された。

⑨ 他の監査人の利用は連結財務諸表の監査において重要であるが，その他，専門家の業務の利用，内部監査人の協力も重要になってきている。

⑩ 経営者による確認書の入手は平成14（2002）年改訂基準において監査手続として位置づけられ，その内容は，財務諸表の作成責任が経営者にあるということが従来よりも明確になった。具体的には，委員会報告書第3号「経営者による確認書」（平成20（2008）年及び平成21（2009）年改正）として公表されている。

⑪ 継続企業の前提は平成14（2002）年改訂基準の目玉の1つであったが，これが計画の策定及び監査の実施にあたり，具体的にどのように影響を与えているかよく理解する必要がある。また，その後平成21（2009）年改訂基準において，継続企業の前提に対する監査の実施について更なる改訂が行われており，その内容をよく理解すること。

1 総　　　説

　本章では，第3章第4節「監査基準の体系及び内容」で既にみた実施基準の「基本原則」の内容をふまえて，実施基準の監査計画の策定，監査の実施，そして他の監査人等の利用を具体的にみながら，監査人が，いかにして十分かつ適切な監査証拠を入手し，財務諸表に対する自己の意見の合理的な基礎を得るのかを中心的な議論とする監査実施論について解説していきたい。

　監査実施の基本的なプロセスは，監査人が監査の依頼を受け，監査契約の締結後，監査計画の立案をし，それに基づき監査手続を適用しながら監査を実施し，十分かつ適切な監査証拠を入手しながら，監査意見を形成するに足る合理的な基礎を得，そしてこの形成された監査意見を表明する監査報告書を作成，提出するというものである。それと同時に，依頼人である経営者より，監査人は経営者の確認書を入手しなければならない。

　監査実施過程における最終的目標は，「財務諸表が企業の財政状態，経営成績及びキャッシュ・フローの状況を適正に表示しているかどうか」という適正性命題を立証する根拠として合理的な基礎を得ることにある。監査人は，適正性命題に関する合理的な基礎を形成するために，上記の監査実施の基本的なプロセスに基づき，監査を実施することになる。

　以下，本章では，このような基本的な監査実施プロセスを念頭においたうえで，現行の監査基準の実施基準を中心に，監査実施論についてみていきたい。

　なお，国際会計士連盟の国際監査・保証基準審議会が行う明瞭性（クラリティ）プロジェクトの動向をふまえ，監査調書，監査証拠，特定項目の監査証拠，監査サンプリング，内部監査の利用，専門家の業務の利用，財務諸表監査における総括的な目的，監査役等とのコミュニケーション，内部統制の不備に関するコミュニケーション，確認，分析的手続，経営者確認書等の項目について，監査基準委員会報告書の新起草方針に基づく改正版への改正が検討されている。

これらの改正版は,「監査基準委員会報告書　第〇号『〇〇〇〇』(中間報告)」という形で公表されているが,未発効であり,実務指針作成作業の進捗状況や諸外国のＩＳＡへの取組みの状況により,適用開始年度も未定であるため,本書ではふれないことにする。

2　合理的基礎の形成

(1)　概　　　説

本節では,まず監査実施過程における最終的目標である合理的基礎についてみていく。

合理的基礎とは,財務諸表の適正性に関する意見表明の根拠をいう。監査人が財務諸表に対して表明する意見は,社会的信頼を受けるに足る保証水準を具備するものでなければならない。そのため,監査人は,論理的に十分な立証過程をふみ,財務諸表の適正性に関する十分かつ適切な根拠を入手し,職業的専門家としての確信を持って意見を表明しなければならない。ここで監査意見の根拠となるのが合理的基礎である。

第3章においてもみたが,実施基準の「基本原則」の3においても,監査意見形成におけるその重要性を明らかにされている。

ここに,監査要点とは,監査人が十分かつ適切な監査証拠により立証しなければならない命題をいう。監査人は,監査を実施して適正性命題を立証しなければならないが,適正性命題は,大局的,抽象的な命題であり,直接立証することはできない。そこで,監査人は,適正性命題を階層的に細分化して直接立証可能な監査要点を導き出し,その立証を重ねて適正性命題を間接的に立証することになる[1]。

つまり,監査要点は,財務諸表について自ら作成責任を有する経営者自身の言明を監査人が監査目標に置き直したものといえる。ここで,経営者自身の言明とは,現在の監査理論では,財務諸表は経営者の主張の集合として認識され,

経営者は財務諸表に各勘定の残高や計上額を記載することによって，債権者や投資者等の利害関係者に対し，ある特定の言明を行おうとしているのであり，この言明を指す。財務諸表を経営者の主張の集合として理解すると，適正性命題に関する監査意見は，個々の主張の妥当性を1つ1つ立証し，それらの結果を統合することによって形成することが可能となるといえる。

わが国の監査基準においては，監査基準書（SAS）や国際監査基準（ISA）と同様，財務諸表の適正性を立証する監査意見形成のプロセスを，①財務諸表の各構成要素において表現されている経営者の主張の1つ1つに関する適正性を立証するプロセス，②①の結果に基づき，財務諸表の各構成要素の適正性を立証するプロセス，③①②の結果に基づき，財務諸表全体としての適正性を立証するプロセスの3つのプロセスに区分して認識している。監査意見形成のアプローチは，主として①と②に対応し，監査人の監査報告書における監査意見表明の対象となるのは③であるといえる[2]。

「基本原則」の3においては，監査要点として，実在性，網羅性，権利と義務の帰属，評価の妥当性，期間配分の適切性，表示の妥当性等をあげているが，監査要点はここに例示されたものに限定されるわけではなく，監査人が個々のケースにおいて，会社の事業内容及び経営環境，組織の構造，情報システム等を考慮して，自らの判断で監査要点を設定することが基本となるといえる。

つまり，経営者の財務諸表に対する言明を受けた後，監査人は，個々のケースに応じて様々な監査要点を導き出し，この監査要点を立証するべく十分かつ適切な監査証拠を，監査手続を通じて入手し，これにより合理的な基礎を得，監査意見を表明することになる。

なお監査基準における「合理的な基礎」の表現について，ISAにおける監査報告の表現（basis）と整合を図るために，今後の改訂にて単に「基礎」とされる予定である。

（2） 平成14(2002)年改訂以降の監査基準における監査要点

ここで，平成14(2002)年改訂基準における監査要点の定義についてもう少

しみてみよう。

改訂前の監査基準においては，監査実施準則にて次のような規定がおかれていた。

「二　監査人は，十分な監査証拠を入手するため，取引記録の信頼性，資産及び負債の実在性，網羅性，評価の妥当性，費用及び収益の期間帰属の適正性，表示の妥当性等の監査要点に適合した監査手続を選択適用しなければならない。」

一方，平成14（2002）年改訂基準においては，その前文において「監査要点と監査証拠」と題して，次のような規定がある。

「監査要点とは，財務諸表の基礎となる取引や会計事象等の構成要素について立証すべき目標であり，実施基準において，実在性，網羅性，権利と義務の帰属，評価の妥当性，期間配分の適切性，表示の妥当性等を挙げるとともに，監査要点に適合した十分かつ適切な監査証拠を入手することを求めている。なお，監査要点は，監査を受ける企業の業種，組織，情報処理システム等に対応して監査人が自らの判断で設定することが基本となる。」

両者を比較すると，平成14（2002）年改訂基準では，「取引記録の信頼性」の規定が監査要点から外されているのがわかる。リスク・アプローチによる監査においては，取引記録，すなわち内部統制が不備であることを理由に，除外事項とすることはないのであるから，取引記録の信頼性が監査要点に含まれるのはおかしいとの批判があり，この点を整理するために削除されたものと考えられるが，本質的な見直しとはいえないと思われる[3]。

その後平成17（2005）年の改訂において，実施基準の基本原則の3にて，「経営者が提示する財務諸表項目に対して」という文言を追加することにより，経営者の提示する財務諸表項目は経営者が責任の主体であるのに対し，監査要点は監査人が設定した立証すべき目標であることを明示することにより，両者の関係を明確にした。

3 監査証拠

(1) 概　説

　では，合理的な基礎の形成のために設定された監査要件の適否に関する判断根拠としての監査証拠について説明する。

　監査証拠とは，監査要点を立証するために監査人が入手する裏づけ証拠を指し，監査技術を適用した結果得られる監査要点に対する「確かめられた心証」をいう。ここに監査技術とは，監査要点について監査証拠を形成するために，監査人が適用した比較行為（照合）の手段をいうが，監査技術については第4節にてみる(4)。

　また，証拠資料という概念があるが，これは，監査証拠を形成するために監査技術を選択，適用すべき素材（財務諸表の基礎となる会計データ及びそれを裏づける情報，電子的媒体によって作成される情報も含む）をいう。監査人は，企業内外に存在する様々な事物を素材として監査要点を立証するが，監査要点を立証するための監査証拠を形成する素材となるのが証拠資料である。

　証拠資料の分類としては，形態別分類や源泉別分類等があげられる。形態別分類とは，入手される証拠資料の形態による分類である。これには，物理的証拠資料（棚卸資産や有形固定資産等の現物，有価証券等），文書的証拠資料（総勘定元帳，伝票，証憑，契約書，取締役会議事録等），そして口頭的証拠資料（経営者や従業員の陳述等）がある。これら3つの証拠資料の証明力は，物理的証拠資料が最も大きく，引き続いて，文書的証拠資料，口頭的証拠資料となる。

　源泉別分類とは，入手される証拠資料の源泉による分類である。これには，外部証拠資料（被監査会社の支配力の及ぶ範囲外に位置する証拠資料）と内部証拠資料（被監査会社の支配力の及ぶ範囲内に位置する証拠資料）がある。入手される監査証拠の証明力は，外部証拠資料の方が内部証拠資料に比べて大きい。

（2） 十分かつ適切な監査証拠

さて，平成17（2005）年3月31日に出された監査基準委員会報告書第31号「監査証拠」（平成18（2006）年3月30日改正）についてみてみよう。なお同報告書が発効されたことにともない，同報告書第21号「十分かつ適切な監査証拠」は廃止された。

これによれば，「監査証拠は，監査人が監査意見を形成するに足る合理的な基礎を得るために利用するすべての情報であり，財務諸表の基礎となる会計記録に含まれる情報及びその他の情報からなる。」とされている。

監査人は，十分かつ適切な監査証拠を入手して，監査意見を形成するに足る（合理的な）基礎を得なければならない。

十分性とは，監査要点の立証に必要な量を有していることであるといえる。それは一般に，監査対象の重要性とリスクの高低との関数であり，重要性の大きい監査対象，あるいは監査対象に係るリスクが高ければより多くの証拠を必要とし，逆であれば，少ない量の証拠で十分であることを意味する[5]。

また適切性とは，監査証拠の質の問題，すなわち，取引，勘定残高，開示等に関連して，財務諸表項目レベルにおける経営者の主張を裏付けたり，または虚偽の表示を発見するために入手した監査証拠の適合性と証明力である。

両者の関係についていえば，必要な監査証拠の量は，虚偽表示のリスクの程度によって影響を受け（リスクの程度が高いほど，より多くの監査証拠が要求される。），またその監査証拠の質によって影響を受けることになる（質が高いほど少ない監査証拠で済む。）。

したがって，監査証拠の十分性と適切性は相互に関連する。しかしながら，通常，質の低い監査証拠を数多く入手したとしても十分かつ適切な監査証拠とはならない。

監査人は，十分かつ適切な監査証拠を入手するため，特定の監査要点に対して複数の情報源からのまたは異なる種類の監査証拠を入手することになる。複数の監査証拠が相互に矛盾がない場合，監査人はこれらの監査証拠を証明力が強い監査証拠と判断できる。しかし，入手した複数の監査証拠が相互に矛盾す

る場合，監査手続を追加して実施する等によりこの矛盾を解消しなければならない。

監査証拠の多くは絶対的のものではなく心証的なものであり，監査人は，職業的専門家としての判断により，十分かつ適切な監査証拠を入手できたかどうかを決定しなければならないことになる。

監査人は，次の監査手続を実施して監査証拠を入手する。

まず，財務諸表全体レベル及び財務諸表項目のレベルの重要な虚偽表示のリスクを暫定的に評価するための内部統制を含む，企業及び企業環境を理解する手続（リスク評価手続という）を実施する。

次に，監査人が必要と判断した場合に，財務諸表項目レベルの重要な虚偽表示を防止又は発見・是正する内部統制の運用状況を評価する手続（運用評価手続）を実施する。

また，財務諸表項目レベルの重要な虚偽の表示を看過しないために実証手続を行う。具体的には，取引，勘定残高，開示等に対する詳細テストと分析的実証手続を実施する。

監査人は，すべての監査において，財務諸表全体レベル及び財務諸表項目レベルのリスク評価の基礎を得るためにリスク評価手続を実施する。また必要に応じて実施する運用評価手続及び実証手続からなるリスク対応手続によって保管する。

監査人のリスク評価において内部統制が有効に運用されていると想定した場合，監査人は，リスク評価を裏付けるため運用評価手続を実施する。また，実証手続だけでは十分かつ適切な監査証拠を入手できない場合に，監査人は，内部統制の運用状況の有効性に関する監査証拠を入手するために運用評価手続を実施する。

監査人は，運用評価手続の結果も含めてリスク評価に応じた実証手続を立案し実施する。しかしながら，監査人が必ずしも重要な虚偽表示のリスクのすべてを正確に識別できるとは限らず，内部統制には固有の限界があるため，重要な取引，勘定残高，開示等に関する実証手続は常に必要となる。

第4章 監査実施論

　監査証拠を入手するために行う監査手続は，情報処理が人手によるかまたは情報技術（IT）を利用しているかによって影響される。情報技術（IT）を利用している情報システムの場合，監査人は，十分かつ適切な監査証拠を入手するため，コンピューターを利用した監査技法を実施するかどうかを検討することが必要となる。

　監査人は，リスク評価手続，運用評価手続そして実証手続として，次のような監査の手法としての監査手続を単独にまたは組み合わせて実施し，監査証拠を入手することになる。なお，監査手続の実施は，原則として試査による。

　具体的な監査の手法としての監査手続は，実査，視察，立会，確認，質問，閲覧，査閲，証憑突合，帳簿突合，計算突合，再実施，分析的手続である。これらの監査手続（厳密には監査技術という）の内容については，第4節にて説明する。

4 監査技術

(1) 概　　説

　監査技術とは，監査証拠を形成するために監査人が証拠資料に対して適応する手段である。監査技術の概念把握に際して留意すべき点は，第1に監査技術には特定の立証目的が既に与えられているということである。第2に監査技術は，監査証拠を得るための手段であり，証拠資料を入手する手段ではないということである[6]。

　平成3（1991）年監査基準では，監査手続を監査技術という意味で用いていたが，平成14（2002）年改訂基準においても，特に監査技術と監査手続の概念を整理しているわけではない。平成14（2002）年改訂基準においては，その前文の8⑶監査手続のところで，「監査手続については，改訂前の『監査実施準則』で，実査，立会，確認，質問，視察，閲覧，証憑突合，帳簿突合，計算突合，勘定分析，分析的手続等として個々の監査の手法を列挙していた。しかし，

平成14（2002）年改訂基準では監査手続を，統制評価手続（平成17（2005）年改訂基準以降では運用評価手続）と実証手続という概念に区分した上で，監査人が選択する具体的な監査の手法の例示は削除した。重要な監査の手法については，日本公認会計士協会が指針において，その種類や適用方法を明確にすることが必要である。」とし，個別的な監査手法については日本公認会計士協会の実務指針に任せるという方針をとった。

（2） 具体的な監査技術

ここでは，特に重要と思われる監査技術について簡単に説明する。

① 実　　査

これは，実物検査の略であり，現金，棚卸商品，有価証券等の現物の存在，金額，量，質，状態を監査人自らが実地に視認しあるいは勘定する手続である。

② 立　　会

これは，主として商品，製品，原材料等の棚卸資産について会社が実地棚卸を行う際に，監査人自らが出席し，その検査方法や手続及び実施状況を観察することによって，かかる業務全体の妥当性を判断し，もって当該資産の実在性，網羅性についての証拠を確かめるための手続である。

③ 視　　察

これは，監査人が会社の棚卸資産，有形固定資産の実在性を検証するために，その現場に出向いて状況を観察する手続である。

④ 観　　察

これは，会社が実施している業務の現場等に監査人が出向いて，業務処理の適否や信頼性，資産の実在性等を確かめる手続である。なお，観察によって得た監査証拠は観察を行った時点のみの監査証拠である。

⑤ 確　　認

これは，財務諸表項目に関連する情報について，監査人が会社の取引先等の第三者に対して文書により問い合わせを行い，その回答を直接入手し評価する手続である。監査人は，確認の実施対象項目及び実施範囲について，監査リス

ク及び監査上の重要性，会社の状況や事業内容及び経営環境，回答の入手可能性等を勘案して決定する。

　確認については，平成13（2001）年，監査基準委員会報告書第19号「確認」が公表された。同報告書は，リスク・アプローチにおける確認の実施について明らかにしたことが最大の特徴で，また，リスク・アプローチとも関連するが，確認と監査要点との関連性，確認に対する経営者による制約に関する取扱い，確認に対する回答が得られない場合の対応及び確認差異への対応を明らかにしている。同報告書は平成14（2002）年に改正された。

　その後，平成22（2010）年4月，ＩＳＡとの整合性を図るため，同報告書の改正に関する草案が公表された。

　同報告書の草案によれば，確認とは，紙媒体，電子媒体またはその他の媒体により，監査人が確認先である（確認回答者）から文書による回答を直接入手する監査手続とし，電子媒体等の媒体もあり得ることも前提としている。さらに，回答の信頼性を検討しなければならない例として，電子的な手段で確認手続が行われる場合や，確認回答者が第三者に確認依頼への回答作業を委託している場合について示されている。確認回答者が第三者に確認依頼への回答作業を委託している場合に監査人が実施する手続は，一部の金融機関等に導入されている実務への監査上の対応を考慮したものである。

　一般に，確認は，監査要点に適合し，その実施時期及び範囲が適切である場合，決定した監査手続上の危険（発見リスク）の程度を低く抑えることができる証明力の高い監査証拠を入手することができる。

　確認は，預金及び金融機関との取引等に関するその他の情報，受取手形，売掛金，貸付金，倉庫業者，運送業者，外注加工業者その他に保管されている棚卸資産，保護預けまたは担保として他に保管されている有価証券，借入金，支払手形，買掛金，偶発債務，リース取引に係る債権・債務等の項目について実施されることが多い。

　確認が適合する監査要点は，主として実在性や期間帰属の適切性である。

　確認には，積極的確認（確認状記載事項に確認先が同意するか，確認先が有する情

報を記入することを依頼し，必ず回答を求める）と，消極的確認（確認状記載の金額や情報に確認先が同意しない場合にのみ回答を求める）の2種類がある。この2種類の選択は，重要な虚偽表示のリスク，重要性等を検討し決定される。

予定した確認を実施するにあたり，経営者から制約を受けた場合，監査人は，当該制約に正当な理由があるかどうかを検討しなければならない。

積極的確認に回答がない場合（回答未記入の場合を含む），原則として，確認状を再発送する等により，確認先に回答を要請する。監査人は，このような要請によっても回答がない場合，代替監査手続を実施しなければならない。代替監査手続は，確認により入手しようとした監査要点に適合する監査証拠を入手できるものでなければならない。

なお，確認差異については差異調整を行い，確認の有効性，差異の内容や量的・質的影響，確認以外の監査証拠との整合性を検討し，重要な虚偽の表示の兆候を示しているときは必要な監査手続を実施し，財務諸表に重要な影響を与えているかどうかを評価しなければならない。

同報告書の草案によれば，単独の実証手続として消極的確認を選択する場合には，以下の4つの条件をすべて満たす場合としている。

ア．監査人が，重要な虚偽表示のリスクを低いと評価し，アサーション（経営者の主張）に関連する内部統制の運用状況の有効性に関して十分かつ適切な監査証拠を入手したこと

イ．消極的確認の対象となる項目の母集団は，多数の少額で同種な勘定残高，取引または条件から構成されていること

ウ．確認差異の割合が非常に低く予想されていること

エ．消極的確認の相手先が確認依頼を無視するであろう状況や条件の存在を監査人が認識していないこと

⑥ 質　　問

これは，財務諸表に関連する情報について，監査人が経営者，従業員または外部の関係者に問い合わせて，説明または回答を求める手続である。質問には，書面による質問と口頭による質問とがある。監査人は，質問に対する回答から，

新たな情報または既に入手していた監査証拠を裏づける情報の入手が可能になることがある。質問に対する回答のみでは十分かつ適切な監査証拠となり得ないことが多いため，それを裏づける情報等の入手が必要である。

⑦ 閲　　　覧

これは，監査人が定款，規定類，契約書，議事録等の文書を通読して，外観的に会社の事業内容及び経営環境を理解したり，取引や会計事象を把握し吟味する手続である。

⑧ 査　　　閲

これは，監査人が文書，会計データ等について比較や分析によって，その正確性や信頼性を概括的に確かめる手続である。

⑨ 証 憑 突 合

これは，監査人が会計データとそれを裏づける証憑書類の照合によって，証憑書類に示された取引が正しく記録されていることを確かめる手続である。ここで使用される証憑書類は，次の4つに分類され，それぞれの監査証拠の証明力が異なる。

　a．第三者によって作成，保存されている証憑書類
　b．第三者によって作成され，会社が保存している証憑書類
　c．会社によって作成，保存されている証憑書類
　d．会社によって作成され，第三者が保存している証憑書類

⑩ 帳 簿 突 合

これは，監査人が会計帳簿間の照合によって，正確な記録が行われていることを確かめる手続である。

⑪ 計 算 突 合

これは，計算調べとも呼ばれ，監査対象である会計帳簿，明細表，証憑書類等の計算の正確性を，監査人自らが確かめる手続である。

⑫ 再 実 施

これは，会社が実施している手続等を監査人が自ら実施することによって，手続等が内部統制上正しく運用されていることを確かめる運用評価手続である。

再実施は，運用評価手続として実施され，コンピュータを利用した監査技法により実施されることもある。

⑬　分析的手続

これは，監査人が財務データ相互間または財務データ以外のデータと財務データとの間に存在する関係を利用して推定値を算出し，推定値と財務情報を比較することによって財務情報を検討する手続である。推定値には，金額のほか，比率，傾向等が含まれる。

分析的手続については，監査基準委員会報告書第1号（平成13（2001）年に改正，さらに平成14（2002）年に改正）が公表された。同報告書の改正は，分析的手続に係る監査実務の推移や国際的な監査基準との整合性を考慮し，分析的手続の監査における実証的な手続としての位置づけをより明確にすることが中心であった。

監査計画の段階における分析的手続の目的は，監査計画の策定に際し，適用すべき監査手続，実施の時期及び範囲の決定に役立たせることである。監査計画の段階における分析的手続は，一般的に財務諸表等の総括的に集約されたデータを用いて行う。

実証手続の実施にあたり分析的手続を適用する場合（分析的実証手続という。），監査実施の効果と効率を勘案して，分析的手続のみを実施するか，または分析的手続をそれ以外の監査手続との組み合わせによって実施するかを選択する。この分析的手続を適用するにあたっては，監査要点との整合性，データ間に存在する関係の合理性及び推測可能性，推定値の算出に利用するデータの入手の容易性及び信頼性，推定値の精度を考慮する必要がある。

最終段階における財務諸表の総括的吟味に用いられる分析的手続は，財務諸表の適否に関する監査人の意見表明に合理的な基礎を与えるに足る十分な監査証拠を入手したかどうかについての監査人の検討に利用される。

その後，平成22（2010）年4月，ＩＳＡとの整合性を図るため，同報告書の改正に関する草案が公表された。

ここでは，分析的実証手続及び全般的な結論を形成するための分析的手続が

中心に記載され，監査計画の段階における分析的手続については，同報告書第38号「企業及び企業環境の理解を通じた重要な虚偽表示のリスクの識別と評価」（中間報告）にてリスク評価手続とリスク対応手続との関係を追加して記載されている。

同草案の個別的特徴について簡単に述べる。

監査人は，企業に関する監査人の理解と財務諸表との整合性について，監査の最終段階において，全般的な結論を形成するために実施する分析的手続を立案し実施しなければならない。

分析的手続により，他の関連情報と矛盾する，または推定値と大きく乖離する変動もしくは関係が識別された場合，監査人は，質問その他の必要な監査手続を実施することにより当該矛盾または乖離の理由を調査しなければならない。

現行の同報告書第1号では分析的手続の手法を例示しているが，草案では例示していない。

5 監査手続

(1) 概　　説

第4節において監査技術についてみたが，わが国の監査基準においては，監査手続と監査技術を明確に識別することなく，監査手続という用語に監査技術の意味も包括させて規定が設けられている。しかし，監査手続に関する概念の整理をする場合には，監査手続と監査技術を明確に区別する必要性が生ずる。

ここで，監査手続を定義すれば，監査手続とは，監査要点を立証するために，監査人が，入手した証拠資料に監査技術を適用することによって監査証拠を形成するプロセスをいう。つまり，監査人が監査証拠を入手するために実施する監査技術の組み合わせである。

監査手続と監査技術の相違は次のようになる。監査手続の概念には，監査人が立証しようとする具体的な要証命題との関連性や，監査人が監査計画の立案

に際して必要とする情報の入手との関連性が常に前提として認識されている。一方，監査技術の概念には，監査証拠や監査計画立案に必要な情報を入手するための技術的な監査用具という意味だけが認識されており，監査技術は具体的な要証命題や必要とされる情報に関連づけて認識されているわけではない[7]。

次に，監査手続の選択と適用について説明する。

監査手続の選択とは，要証命題に対する監査証拠を合理的に入手するため，監査手続の方法や時期等を考慮して最善と思われるものを選ぶことである。

監査手続の適用とは，選択された監査手続をいつ，どこで，どのように用いるのが妥当であるかを考えて，実施することである[8]。

第2節，第3節にて説明した監査要点，監査証拠と監査手続の間に，論理的かつ合理的な整合性が満たされて初めて「十分かつ適切な監査証拠」が得られる。

（2） 平成14(2002)年改訂以降の監査基準における監査手続

さて，監査基準の平成14（2002）年改訂前までは，監査実施準則一において「監査人は，財務諸表の監査に当たり，監査基準に準拠して通常実施すべき監査手続を実施しなければならない。」と規定し，監査手続について，「通常実施すべき監査手続」という概念を用いていた。

わが国では，監査手続を説明する場合，「正規の監査手続」と「その他の監査手続」，「通常の監査手続」と「その他の監査手続」を経て，「通常実施すべき監査手続」という表現が用いられてきた。特に，平成3（1991）年の監査基準・準則の改訂にあたり，「通常の監査手続」を削除し，「通常実施すべき監査手続」を新たに規定した背景には，監査実施準則の純化があげられる。つまり，監査手続をマニュアル的に規定し，教育的，啓蒙的な役割を担ってきた「通常の監査手続」に代わって，「通常実施すべき監査手続」という概念を採用し，実践的，実務的規範については，日本公認会計士協会に委ねることとしたのである[9]。

監査実施準則一に規定された「通常実施すべき監査手続」とは，「監査人が，

公正な監査慣行を踏まえて,十分な監査証拠を入手し,財務諸表に対する意見表明の合理的な基礎を得るために必要と認めて実施する監査手続」を意味した。

しかし,平成14(2002)年改訂基準においてはその前文で,「通常実施すべき監査手続」という概念について,「この表現は,あたかも定型的な監査手続の組み合わせとその適用方法があるかのような誤解を与えることもあるので,使用しないこととした。」とし,「通常実施すべき監査手続」という用語が削除された。

さらに,監査手続については,改訂前の監査実施準則では,実査,立会,確認,質問,視察,閲覧,証憑突合,計算突合,勘定分析,分析的手続等として個々の監査の手法を列挙していたが,平成14(2002)年改訂以降の監査基準では,監査人が選択する具体的な監査の手法の例示が削除された。

監査人が監査を実施するに際して,企業経営を取り巻く事業環境や内部統制に関するリスク評価を通じて,重要な虚偽表示が発生する可能性が高い事項には重点的に監査人員や監査時間を投入することによって,監査を効果的かつ効率的なものにするリスク・アプローチの徹底化という側面が,平成14(2002)年改訂基準の監査手続の概念の変更に現れていたといえる。

つまり,監査人は,統制リスクを暫定的に評価し,財務諸表項目の固有リスクを勘案した統制評価手続に関係する監査計画,及び発見リスクの水準に応じた実証手続に関係する監査計画を策定し,実施すべき監査手続,その実施時期,範囲を決めなければならないというのが,平成14(2002)年改訂基準における監査手続の流れであった[10]。

具体的には,次のように,実施基準「三 監査の実施」の1及び2に規定があった。

「1 監査人は,統制評価手続を実施した結果,暫定的に評価した統制リスクの水準を変更する必要がないと判断した場合には,監査計画において策定した実証手続を実施し,統制リスクの水準が暫定的な評価よりも高いと判断した場合には,発見リスクを低くするために,監査計画において策定した実証手続を修正することにより十分かつ適切な監査証拠を入

手しなければならない。
   2　監査人は，ある特定の監査要点について，内部統制が存在しないか，あるいは統制リスクが高いと判断した場合には，統制評価手続を実施せず，実証手続により十分かつ適切な監査証拠を入手しなければならない。」

　その後平成17（2005）年改訂で事業上のリスク等を重視したリスク・アプローチの導入にともない，実施基準「三　監査の実施」が改訂された。具体的には，以下のように，1及び2が改正され，3（特別な検討を必要とするリスクへの対応）及び4（財務諸表全体及び財務諸表項目の2つのレベルでの評価）が新設された。
「1　監査人は，実施した監査手続及び入手した監査証拠に基づき，暫定的に評価した重要な虚偽表示のリスクの程度を変更する必要がないと判断した場合には，当初の監査計画において策定した内部統制の運用状況の評価手続及び実証手続を実施しなければならない。また，重要な虚偽表示のリスクの程度が暫定的な評価よりも高いと判断した場合には，発見リスクの水準を低くするために監査計画を修正し，十分かつ適切な監査証拠を入手できるように監査手続を実施しなければならない。
  2　監査人は，ある特定の監査要点について，内部統制が存在しないか，あるいは有効に運用されていない可能性が高いと判断した場合には，内部統制に依拠することなく，実証手続により十分かつ適切な監査証拠を入手しなければならない。
  3　監査人は，特別な検討を必要とするリスクがあると判断した場合には，それが財務諸表における重要な虚偽の表示をもたらしていないかを確かめるための実証手続を実施し，また，必要に応じて，内部統制の整備状況を調査し，その運用状況の評価手続を実施しなければならない。
  4　監査人は，監査の実施の過程において，広く財務諸表全体に関係し特定の財務諸表項目のみに関連づけられない重要な虚偽表示のリスクを新たに発見した場合及び当初の監査計画における全般的な対応が不十分であると判断した場合には，当初の監査計画を修正し，全般的な対応を見

直して監査を実施しなければならない。」

次に，平成14（2002）年改訂のポイントの1つである実質的な監査判断の要請について説明しておこう。

具体的には，次に示す現行実施基準の「三　監査の実施」では5にこの規定がある。

「5　監査人は，会計上の見積りの合理性を判断するために，経営者が行った見積りの方法の評価，その見積りと監査人の行った見積りや実績との比較等により，十分かつ適切な監査証拠を入手しなければならない。」

この規定と関連して，報告基準の「一　基本原則」の2に，監査意見表明の判断についての規定がある。

この基準は，監査人が意見を形成するにあたっての判断の基準として，財務諸表の適正性の判断は，実質的な判断に基づかなければならないということを意味するものである。

つまり，監査人は，経営者が採用した会計方針が企業会計の基準のいずれかに準拠し，それが単に継続的に適用されているかどうかについての判断だけではなく，それに加えて，その会計方針の選択や適用方法が会計事象や取引の実態を適切に反映するものであるかどうかの判断が要請されることになる。

実質的な判断は，会計処理や財務諸表の表示方法に関する法令または明文化された企業会計の基準やその解釈に関わる指針等を根拠として行われるのが原則である。しかし，会計事象や取引について適用すべき企業会計の基準等が明確でない場合，経営者が採用した会計方針が当該会計事象や取引の実態を適切に反映するものであるかどうかについては，監査人が自己の判断で評価しなければならない。また，企業会計の基準等において詳細な定めがない場合には，企業会計の基準等の趣旨を踏まえ，監査人が自己の判断で評価することになる[11]。

以上のように，平成14（2002）年改訂以降の基準においては，監査の様々な局面において，監査手続を決定する際，監査人は，職業専門家としての懐疑心を持ちつつ，独自の判断がなお一層求められているといえる。

6 監査計画

(1) 概　説

　監査計画とは，財務諸表の重要な虚偽記載を看過することなく，監査を組織的，効果的かつ効率的に実施するために，監査の基本的な方針を策定し，適用すべき監査手続，その実施時期及び試査の範囲を決定することである。

　監査計画は監査日程や監査手続の全体を体系的に立案するものであり，監査の進捗状況の把握，監査手続の重複や脱漏の防止等，監査の実施過程の適切な管理の役立ち，監査の有効性と効率性を高めるために必要不可欠なものである。監査計画は，監査計画書として文書化される。

　監査計画は，監査人が十分かつ適切な監査証拠を収集して，監査意見の表明に必要な合理的基礎を形成するための監査業務の予定として認識することができる[02]。

　監査計画の分類方法には，監査計画の設定時期による分類，監査計画の設定内容による分類等がある[03]。

　設定時期による分類によれば，計画の対象とする期間または計画時期によって，試験的計画，予定的計画及び前進的計画に分類される。

　試験的計画とは，監査の実施可能性を調査するために，監査契約締結前に監査依頼会社に対して行われるパイロット・テスト用の計画である。パイロット・テストとは，監査契約の締結に先立ち，監査実施の基礎条件が被監査会社に備わっているかどうかの調査をいう。

　予定的計画とは，監査開始の当初から設定される計画であり，継続監査の監査計画に多く採用される。

　前進的計画とは，監査の進行に従い設定していく計画であり，初度監査の監査計画に多く採用される。

　設定内容による分類によれば，通常の連続監査の場合，計画内容の質的相違

によって，監査基本計画及び監査実施計画に分類される。

監査基本計画とは，監査の実施に関連する基本的な事項を定めた計画である。その具体的な内容には，監査対象，監査期間，監査報酬，監査日数，監査チームの構成といった監査契約に関連する基本的な内容，依頼人との特約事項，特に重要な事項やこれに関する監査手続，被監査会社が分担または協力すべき業務，他の監査人の監査結果等の利用に関する事項等が含まれる。

監査実施計画とは，監査基本計画に基づき当期に監査人が実施すべき監査業務の内容を具体的かつ詳細に予定した計画である。

（2） 平成14(2002)年改訂以降の監査基準における監査計画

平成14（2002）年改訂前の監査基準の実施基準二において，合理的な基礎の基準を受けて，監査計画の設定と組織的な監査の実施が規定されていた。さらに実施準則四にて「監査人は，あらかじめ企業の実情に適した監査計画を設定しなければならない。監査計画は，監査の実施の過程において，事情に応じて適時に修正されなければならない。」と，監査計画の設定を義務づけた実施基準二を受け，監査手続を実施する前に，被監査会社の事情に適した監査計画を設定すること，及び，監査計画の設定は弾力的に行わなければならないことが規定されていた。

また，監査計画立案における考慮事項と決定事項について，実施基準三に規定があった。監査計画立案における考慮事項には，内部統制の状況，監査対象の重要性，監査上の危険性，監査手続の秩序性，適時性及び同時性，監査計画の弾力性，監査手続の経済性等があげられる。また，監査計画立案における決定事項には，適用すべき監査手続，その実施時期，試査の範囲等があげられる。

平成14（2002）年改訂基準においては，前述したように，財務諸表の監査はリスク・アプローチによらなければならないことが明確にされ，「監査基準の改訂について」の「三　主な改訂点とその考え方」の8(1)において，「リスク・アプローチのもとでは，各リスクの評価と監査手続，監査証拠の評価ならびに意見の形成との間の相関性が一層強くなり，この間の一体性を維持し，監査業

務の適切な管理をするために監査計画はより重要性を増している。改訂基準では，これらの点に鑑み，リスク・アプローチに基づいた監査計画の策定のあり方を指示した。」とあるように，監査計画の重要性が強調された。

リスク・アプローチの適用にあたっては，監査計画の策定に重点がおかれ，所定の手順を踏むべきことが実施基準の「二　監査計画の策定」の6つの基準によって指示されたわけで，監査計画についても大きく改訂がなされた。なお，監査基準委員会報告書第6号「監査計画」も，監査基準の改訂に合わせて改正されている。

ここで「二　監査計画の策定」を示す。

「1　監査人は，監査を効果的かつ効率的に実施するために，監査リスクと監査上の重要性を勘案して監査計画を策定しなければならない。

2　監査人は，監査計画の策定に当たり，景気の動向，企業が属する産業の状況，企業の事業内容，経営者の経営理念，経営方針，情報技術の利用状況その他企業の経営活動に関わる情報を入手して，固有リスクと統制リスクを暫定的に評価しなければならない。

3　監査人は，企業の内部統制の状況を把握して統制リスクを暫定的に評価し，財務諸表項目自体が有する固有リスクも勘案した上で，統制評価手続に係る監査計画並びに発見リスクの水準に応じた実証手続に係る監査計画を策定し，実施すべき監査手続，実施の時期及び範囲を決定しなければならない。

4　監査人は，企業が利用する情報技術が監査に及ぼす影響を検討し，その利用状況に適合した監査計画を策定しなければならない。

5　監査人は，監査計画の策定に当たって，財務指標の悪化の傾向，財政破綻の可能性その他継続企業の前提に重要な疑義を抱かせる事象又は状況の有無を確かめなければならない。

6　監査人は，監査計画の前提として把握した事象や状況が変化した場合，あるいは監査の実施過程で新たな事実を発見した場合には，適宜，監査計画を修正しなければならない。」

第4章　監査実施論

　以上の6つの基準をまとめると，固有リスクと統制リスクの暫定的な評価，当該評価に基づく統制手続に係る監査計画の策定，発見リスクの水準に応じた実証手続に係る監査計画の策定，企業の情報技術の利用状況に適合した監査の実施，継続企業の前提に関する監査計画の策定，及び事象や状況の変化や新たな事実の発見による監査計画の修正ということができる[14]。

　つまり，このような改訂実施基準によれば，これまでのように被監査会社の内部統制の整備，運用状況の評定結果に基づいて試査範囲を決定し，遵守性テスト及び実証性テストを適用していくのではなく，監査対象項目のリスクの程度に応じて，監査手続の選択，適用にメリハリをつけるような監査計画の立案が可能になるといえる。

　したがって，リスク・アプローチのもとにおける監査計画を立案する際，監査人は，まず被監査会社のおかれている社会的，経済的，政治的状況等を勘案して固有リスクを評価したうえで，内部統制の状況を調査してその有効性を設定し，統制リスク及び発見リスクを適切に評価しなければならない。そのうえで，監査人は，全体としての監査リスクを把握し，監査目的を有効に達成すると同時に，監査資源を効率的に配分できるよう監査計画を立案する必要があるといえる[15]。

　「三　主な改訂点とその考え方」の3(4)において，「リスク・アプローチの考え方は，虚偽の表示が行われる可能性の要因に着目し，その評価を通じて実施する監査手続やその実施の時期及び範囲を決定することにより，より効果的でかつ効率的な監査を実現しようとするものである。これは，企業が自ら十分な内部統制を構築し適切に運用することにより，虚偽の表示が行われる可能性を減少させるほど，監査も効率的に実施され得ることにもなる。したがって，リスク・アプローチに基づいて監査を実施するためには，監査人による各リスクの評価が決定的に重要となる。」とあり，監査人は，景気の動向等「監査計画の策定」の2に規定するような情報を入手することが求められることになる。なお，その手法としては，経営者等とのディスカッションが有効であると考えられている。

その後平成17（2005）年に監査基準が改訂され，前述したように事業上のリスク等を重視したリスク・アプローチにともない，「三　監査の実施」と同様に，「二　監査計画の策定」も改正された。具体的には以下のようであるが，1，6，7及び8はそのままで（但し，7の継続企業の前提に関する基準は，平成21（2009）年の改訂にて文言が若干改正され，「重要な疑義を抱かせる事象又は状況」が「重要な疑義を生じさせるような事象又は状況」となった），2及び4は改正，3及び5が新設された。

2及び4の改正は，平成17（2005）年型リスク・アプローチの重要な虚偽表示のリスクと運用評価手続に関するものである。3の新設は，財務諸表全体及び財務諸表項目の2つのレベルでの評価に関するものである。5の新設は，特別な検討を必要とするリスクに関するものである。

「1　監査人は，監査を効果的かつ効率的に実施するために，監査リスクと監査上の重要性を勘案して監査計画を策定しなければならない。

2　監査人は，監査計画の策定に当たり，景気の動向，企業が属する産業の状況，企業の事業内容，経営者の経営理念，経営方針，情報技術の利用状況その他企業の経営活動に関わる情報を入手し，企業及び企業環境に内在する事業上のリスク等がもたらす財務諸表における重要な虚偽表示のリスクを暫定的に評価しなければならない。

3　監査人は，広く財務諸表全体に関係し特定の財務諸表項目のみに関連づけられない重要な虚偽表示のリスクがあると判断した場合には，そのリスクの程度に応じて，補助者の増員，専門家の配置，適切な監査時間の確保等の全般的な対応を監査計画に反映させなければならない。

4　監査人は，財務諸表項目に関連して暫定的に評価した重要な虚偽表示のリスクに対応する，内部統制の運用状況の評価手続及び発見リスクの水準に応じた実証手続に係る監査計画を策定し，実施すべき監査手続，実施の時期及び範囲を決定しなければならない。

5　監査人は，会計上の見積りや収益認識等の判断に関して財務諸表に重要な虚偽の表示をもたらす可能性のある事項，不正の疑いのある取引，

特異な取引等，特別な検討を必要とするリスクがあると判断した場合には，そのリスクに対応する監査手続に係る監査計画を策定しなければならない。
6　監査人は，企業が利用する情報技術が監査に及ぼす影響を検討し，その利用状況に適合した監査計画を策定しなければならない。
7　監査人は，監査計画の策定に当たって，財務指標の悪化の傾向，財政破綻の可能性その他継続企業の前提に重要な疑義を生じさせるような事象又は状況の有無を確かめなければならない。
8　監査人は，監査計画の前提として把握した事象や状況が変化した場合，あるいは監査の実施過程で新たな事実を発見した場合には，適宜，監査計画を修正しなければならない。」

7　監査調書

(1)　概　　説

　監査調書とは，監査契約の締結から監査報告書の作成に至る過程において，監査人が入手した監査証拠その他の資料を記録，編集したものをいう。監査調書は，監査人が行う立証活動に関連して入手した資料及び立証活動の内容や結果を記録するために作成した文書を含む。

　監査調書は，利用方法または保存期間に基づいて，永久調書と当座調書に分けられる。永久調書とは，監査年度ごとに更新する必要のない永続的利用の可能な情報を収録した調書をいう。具体的には，定款，会社組織図，社則，事業報告書，税務申告書，経理規定，原価計算規定，関係会社等に関する資料等である。

　当座調書とは，監査年度ごとに監査人により作成される当期の監査のみに関連する情報を収録した調書をいう。当座調書は，さらに総括調書と個別調書に分類される。総括調書には，監査意見表明に関する調書や資料，監査意見表明

の対象となる財務諸表等及びこれに関する検討資料，監査業務の総括に関する資料，監査計画及び監査実施結果に関する調書や資料等が含まれる。個別調書には，項目別総括表，監査項目別監査手続書，勘定内訳明細表，売上債権等の確認状，棚卸指示書，棚卸立会調書等が含まれる[06]。

さて，第3章第4節第2項にてみたように，平成14 (2002) 年改訂以降の基準の一般基準に監査調書に関する規定がある。

平成14 (2002) 年改訂前においては，監査実施準則にて，「八　監査人は，監査の実施とその管理を行うため及び次期以降の監査の合理的な実施を図るための資料として監査調書を作成しなければならない。監査調書は，また，監査人が職業的専門家としての正当な注意をもって監査を実施し，監査報告書を作成したことを立証するための資料となる。したがって，監査調書は，完全性，秩序性，明瞭性その他の諸要件を具備しなければならない。」との規定があった。

基本的には，改訂基準における監査調書の基準は，改訂前の監査実施準則八と同様の趣旨を持つものと考えられる。改訂基準の方が旧監査実施準則の規定と比べて，監査調書の意義や機能，そして作成要件の面で規定内容が削除され，抽象化されているといえる[07]。

旧監査実施準則八に関連して，監査基準委員会報告書第16号「監査調書」が公表された。同報告書において，監査調書に関する実務上の指針が提供されたことも，改訂基準の規定が簡素化，抽象化された一因であろう。

これによれば，「監査調書は，書類，電磁媒体，マイクロフィルム等として保存される。」とあるが，今日の監査においては，フロッピィ・ディスク等電磁媒体等により監査調書が保存されるのが一般的になってきている。このようにペーパー・レスの環境に応じて，自ずと監査調書の管理方法も，書面等による監査調書の場合を抜本的に見直す必要があり，パスワード等によるアクセスの管理，データのバックアップ体制の確立等徹底した管理体制が築かれなければならない。

同報告書は平成14 (2002) 年に改正され，改訂基準等の用語や規定等に対応させ，特に国際的な監査基準との整合性を図る観点から，監査調書の内容等を

第4章 監査実施論

決定する際の検討事項にかかる規定が整備された。

その後，平成19（2007）年3月，同報告書第36号「監査調書」が発効され，監査調書に関する実務上の指針が改正され，同報告書第16号が廃止された。

そこで，同報告書第36号に基づいて，監査調書の内容についてみてみよう。

（2）内　　容
① 定　　義
監査調書とは，監査計画及びこれに基づき実施した監査の内容並びに判断の過程及び結果の記録をいう。

② 意　　義
監査人は，以下の事項を満たす監査調書を適時に作成しなければならない。

ア．監査報告書を作成するための合理的な基礎を得たことを示す，十分かつ適切な記録を提供すること

イ．一般に公正妥当と認められる監査の基準に準拠して監査を実施したこと

また，監査人が，監査調書を十分かつ適切な記録として適時に作成することには以下の効果がある。

ア．監査業務の質を向上させる。

イ．査閲を効果的に実施することが可能となる。

ウ．監査報告書の発行前に，入手した監査証拠及び到達した結論をより適切に評価することが可能となる。

③ 作 成 目 的
監査調書を作成する目的として，次の事項があげられる。

ア．監査計画を策定する際及び監査を実施する際の支援とする。

イ．監査責任者が，監査基準委員会報告書第32号「監査業務における品質管理」に準拠して，指示，監督及び査閲を実施する際の支援とする。

ウ．実施した作業の説明根拠にする。

エ．今後の監査に影響を及ぼす重要な事項に関する記録を保持する。

オ．品質管理基準委員会報告書第1号「監査事務所における品質管理」に準

拠した，監査業務に係る審査及び監査業務の定期的な検証の実施を可能にする。

カ．法令等に基づき実施される外部による検査の実施を可能にする。

これらの目的をみると，品質管理に関する基準を踏まえて監査調書の作成目的が規定されているといえる。一般基準でいえば，5の監査調書の基準と6及び7の品質管理に関する基準に相当するが，監査業務全般の品質管理とそれを立証する監査調書の両者が不可分の関係にあることを意味するものといえる。

④ 監査調書の様式，内容及び範囲

監査人は，経験豊富な監査人が，以前に当該監査に関与していなくとも次の事項を理解できるように監査調書を作成しなければならない。ここで，経験豊富な監査人とは，監査のプロセス，一般に公正妥当と認められる監査の基準，企業の事業内容に関連する経営環境，企業の属する産業における監査及び財務報告に関する事項について相当程度理解している監査事務所内または監査事務所外の者をいう。

ア．一般に公正妥当と認められる監査の基準に準拠して実施した監査手続，その実施の時期及び範囲

イ．監査手続を実施した結果及び入手した監査証拠

ウ．重要な事項及び到達した結論

また，監査調書の様式，内容及び範囲は，次の事項を考慮して決定される。

ア．監査手続の種類

イ．識別した重要な虚偽表示のリスク

ウ．実施した作業とその結果を評価する過程での監査人の判断の程度

エ．入手した監査証拠の重要性の程度

オ．検出事項の内容及び重要性の程度

カ．実施した作業結果や入手した監査証拠等の記録のみでは容易に結論が読み取れない場合には，結論や根拠を文書化する必要性

キ．使用した監査の手法及び監査のツール

なお，監査期間中に監査人が検討したすべての事項について文書化する必要

はなく，かつそのような作業は実務的ではないとされる。

⑤ 監査調書の査閲

近年，わが国においても，監査業務の品質管理を重要な課題として取り組んできており，その詳細については第12節で述べることにするが，監査現場での品質管理の鍵となるのが，上級管理者による監査調書の査閲であるといえる。

監査責任者及び監督機能を有する監査補助者は，監査事務所が求める質的水準を確保した監査業務が遂行されたことを確かめるとともに，全ての重要な会計，監査上の問題点を把握するために，監査補助者の監査調書を適時に査閲する必要がある。

なお，監査責任者及び監督機能を有する監査補助者は，監査の実施過程のどの時点で監査調書の査閲を行うことが適切であるかについて配慮し，また，監査調書の査閲は，査閲者と被査閲者との意見または情報交換を行うことにより，その効果を高めることができる。

品質管理基準委員会報告書第1号「監査事務所における品質管理」によれば，より経験のある監査実施者は，経験の浅い補助者が作成する監査調書を査閲する責任を負い，監査調書の査閲を行う場合には，監査基準委員会報告書第32号「監査業務における品質管理」によれば，以下の事項を考慮することとなっている。

ア．職業的専門家としての基準及び法令等に従って作業を行っているかどうか。

イ．より経験のある監査実施者による検討を要する事項が取り上げられているかどうか。

ウ．専門的な見解の問い合わせを適切に実施しており，その結論を文書化し，かつ対処しているかどうか。

エ．監査手続の種類，実施時期及び範囲を変更する必要があるかどうか。

オ．到達した結論は，実施した作業によって裏付けられているか，またそれが適切に文書化されているかどうか。

カ．入手した監査証拠は，十分かつ適切であるかどうか。

キ．監査手続の目的は達成されているかどうか．
⑥　**監査ファイルの最終的な整理**
　監査人は，監査報告書日後，適切な期限内に，監査ファイルの最終的な整理を完了しなければならない．
　また監査人は，監査ファイルの最終的な整理が完了した後，その保存期間が終了するまでは，監査調書を削除または廃棄してはならない．
　監査調書の所有権は，原則として監査を実施した監査人の所有に属する．監査の保管にあたっては，監査人は，監査終了後も，監査調書の保存に関する監査事務所の内部規定に準拠して，監査人としての業務上の必要性を満たすために，相当な期間，安全確実に監査調書を整理保存しなければならない．相当な期間とは，商業帳簿に関する保存期間である10年が参考となるが，監査調書によっては，監査人が法的または実務的配慮に基づき，10年よりも短い保存期間または長い保存期間が適当であると判断するものがあるとされている．
　また，監査人は，監査調書に記録された秘密の保持のため，正当な理由なく監査調書の全部または一部を他に示してはならない．

8　リスク・アプローチ

　平成14（2002）年改訂基準の目玉はリスク・アプローチの徹底であり，今までも随時関連するところで，リスク・アプローチの説明をしてきているが，本節では，前述してきたことを踏まえながら，リスク・アプローチについてまとめてみたい．
　リスク・アプローチとは，各監査対象項目ごとに監査リスクを分析，評価し，相応の監査手続を選択することによって有効かつ効率的に監査業務を遂行することを意味する．リスク・アプローチは，監査リスクを一定の水準に保つことを中心として，監査実施過程を体系化するアプローチ手法である．これにより，限られた監査資源によっても効率的に，かつ，重要な虚偽記載を看過しない有

効な監査を実施することが可能となる。

（1） 平成3（1991)年改訂監査基準のリスク・アプローチ

リスク・アプローチの考え方は，平成3（1991）年の監査基準の改訂で既に取り入れられていた。具体的には，監査実施準則において次のような規定があった。

「五　監査人は，監査計画の設定に当たり，財務諸表の重要な虚偽記載を看過することなく，かつ，監査を効率的に実施する観点から，内部統制の状況を把握するとともにその有効性を評価し，監査上の危険性を十分に考慮しなければならない。

　内部統制の有効性を評価するに当たっては，内部統制組織の整備と運用の状況のみならず，それに影響を与える経営環境の把握と評価を行わなければならない。

　監査上の危険性を評価するに当たっては，監査対象項目に内在する虚偽記載の発生の可能性に留意するのみならず，経営環境を把握し，それが虚偽記載の発生をもたらす可能性を考慮しなければならない。」

しかし，上記の実施準則においては，リスク・アプローチの枠組みが必ずしも明確に示されていたとはいえなかった。

（2） 平成14(2002)年改訂基準のリスク・アプローチ

そこで，平成14（2002）年改訂基準では，リスク・アプローチについて，まず前文の「三　主の改正点とその考え方」の「3　リスク・アプローチの明確化について」にて，リスク・アプローチの意義，リスクの諸概念及び用語法，リスク・アプローチの考え方，そしてリスク評価の位置づけを明示した。また，実施基準「一　基本原則」の1では，監査リスクと監査上の重要性の評価に基づき監査を実施することが規定され，財務諸表の監査はリスク・アプローチによることが明文化された。そして，実施基準「一　基本原則」の3において，十分かつ適切な監査証拠を入手するにあたり，原則として，試査に基づき，統

制評価手続及び実証手続の実施を謳っていた。

リスク・アプローチの適用にあたっては，実施基準「二　監査計画の策定」において，6つの基準が示されていた（この6つの基準の中でも，特に，1，2，3）。

さらに，リスク・アプローチに基づく具体的な監査手続について，実施基準「三　監査の実施」の1及び2において規定されていた。

監査リスクの構成要素は，固有リスク，統制リスク，発見リスクの3つの要素から構成される。監査リスクは，次の算式により評価される。

監査リスク＝固有リスク×統制リスク×発見リスク

固有リスク及び統制リスクは被監査会社側の問題であり，発見リスクは監査人側の問題であるといえる。

次に，監査上の重要性についてみてみる。監査上の重要性は，監査計画の策定と監査の実施，監査証拠の評価ならびに意見形成のすべてに関わる監査人の判断の規準である。重要性の適用については，具体的には，次のように，改訂基準の前文の「三　主の改正点とその考え方」の4に述べられていた。

「(1)　監査人は，監査計画の策定に当たり，財務諸表の重要な虚偽の表示を看過しないようにするために，容認可能な重要性の基準値（通常は，金額的な数値が設けられる）を決定し，これをもとに，達成すべき監査リスクの水準も勘案しながら，特定の勘定や取引について実施すべき監査手続，その実施の時期及び範囲を決定し，監査を実施する。

(2)　監査人は，監査の実施の過程で判明した重要な虚偽の表示につながる可能性のある事項については，その金額的影響及び質的影響（例えば，少額であっても他の関連項目や次年度以降に重要な影響を与える可能性がある）を検討し，必要であれば，監査の実施の結果を見直したり，追加の監査手続を実施するが，このような金額的・質的影響の評価に関わる判断の規準も監査上の重要性の一部となる。

(3)　監査人は，監査意見の形成に当たって，会計方針の選択やその適用方法，あるいは財務諸表の表示方法について不適切な事項がある場合に，当該事項を除外した上で適正とするか又は財務諸表を不適正とするかを

判断するが，この判断の規準も監査上の重要性を構成する。

⑷ 監査人は，監査を実施する上で一部の監査手続を実施できなかったり，必要な証拠の提供を得られないほどの制約を受けた場合に，当該事実が影響する事項を除外した上で意見を表明するか又は意見の表明をしないかを判断するが，この判断の規準も監査上の重要性の一部となる。」

このように，4つの場合における監査上の重要性の適用について述べられているが，監査計画，監査実施，そして監査意見形成という一連の監査プロセスにおいて，この重要性の規準と前述した監査リスクの評価の間には相互作用の関係があり，両者の関係を十分に考慮して，監査を実施することが求められている。

監査リスクの評価，重要性の基準，そして次節にみる内部統制の評価は，平成14（2002）年改訂基準における財務諸表監査の重要なポイントであった。

（3） 平成17（2005）年改訂以降の基準におけるリスク・アプローチ

第3章でみたように，2005年型のリスク・アプローチは，「事業上のリスク等を重視したリスク・アプローチ」と呼ばれる。この特徴は，重要な虚偽表示のリスクの評価，財務諸表全体及び財務諸表項目（アサーション・レベル）の2つのレベルでの評価，特別な検討を必要とするリスクへの対応であった。

本項では，リスク・アプローチに関係する監査基準委員会報告書に触れながら，2005年型のリスク・アプローチについてさらに理解を深めてみたい。まず，同報告書第29号「企業及び企業環境の理解並びに重要な虚偽表示のリスクの評価」を簡単にみてみる。

監査人が，内部統制を含む，企業及び企業環境を理解し，重要な虚偽表示のリスクを評価するために実施する監査手続をリスク評価手続という。監査人は，不正又は誤謬による重要な虚偽表示のリスクを評価するために，またリスク対応手続を立案し実施するために，内部統制を含む，企業及び企業環境について十分理解しなければならない。

企業及び企業環境について理解すべき事項として，ア．産業，規制等の外部要因，イ．企業の事業活動等，ウ．企業目的及び戦略並びにそれらに関連する事業上のリスク，エ．企業の業績の測定と検討，オ．内部統制があげられる。

内部統制を含む，企業及び企業環境を理解するために実施すべきリスク評価手続には，経営者やその他の企業構成員への質問，分析的手続，観察及び記録や文書の閲覧がある。

次に，重要な虚偽表示のリスクを暫定的に評価するが，その手順は以下の通りである。

ア．虚偽表示のリスクに関連する内部統制を含む，企業及び企業環境を理解する過程を通じて，また，取引，勘定残高，開示等を検討することにより，虚偽表示のリスクを識別する。

イ．識別した虚偽表示のリスクが，経営者の主張ごとにどのような虚偽の表示になり得るかを検討する。

ウ．当該虚偽表示のリスクが財務諸表に与える影響の度合いを検討する。

エ．当該虚偽の表示のリスクが財務諸表の重要な虚偽の表示につながる可能性を検討する。

また，次に同報告書30号「評価したリスクに対応する監査人の手続」を簡単にみながら，リスク対応手続について述べる。

財務諸表全体レベルの重要な虚偽表示のリスクの存在を把握した場合には，全般的な対応をとる必要がある。全般的な対応については第3章第4節第3項でみたので参照されたい。

財務諸表項目レベルの重要な虚偽表示のリスクに応じた監査手続には，第3章第4節第3項でみたように，運用評価手続と実証手続があるが，監査人は，評価した財務諸表項目レベルの重要な虚偽表示のリスクに応じて，リスク対応手続，その実施の時期及び範囲を立案し実施しなければならない。その際，監査人は，リスク評価とリスク対応手続，その実施の時期及び範囲との間に明瞭な関連性を構築しなければならない。

リスク対応手続には，記録や文書の閲覧，有形資産の実査，観察，質問，確

認，再計算，再実施，分析的手続等の監査の手法としての監査手続がある。また，実施する監査手続によって，経営者の主張との関連の度合いが異なる。例えば，収益の網羅性に係る虚偽表示のリスクには運用評価手続が最も対応するが，収益の発生に係る虚偽表示のリスクには実証手続が最も対応する。

また，監査人は，リスク評価において内部統制が有効に運用されていると想定する場合，または実証手続だけでは財務諸表項目レベルにおいて十分かつ適切な監査証拠が入手できない場合，運用評価手続を実施する。

監査人は，内部統制の運用状況の有効性に関する心証を得るために監査手続を選択する。監査人は，予定する心証の程度が高いほど，より強い証明力を有する監査証拠を入手する。また，監査人は，内部統制の運用状況の有効性を確かめるため，質問とその他の監査手続を組み合わせて実施しなければならない。

次に，実証手続は，財務諸表項目レベルの重要な虚偽の表示を看過しないために実施され，取引，勘定残高，開示等に対する詳細テストと分析的実証手続をいう。監査人は，重要な虚偽表示のリスクに関する評価に応じた実証手続を立案し実施する。

監査人は，評価した重要な虚偽表示のリスクの程度にかかわらず，重要な取引，勘定残高，開示等の各々に対する実証手続を立案し実施しなければならない。

分析的実証手続は，一般的に，取引量が多く予測可能な取引に対して適応される。詳細テストは，通常，実在性や評価の妥当性等の経営者の主張に関する監査証拠を入手する場合に，より適切である。

監査人は，分析的実証手続だけを実施することにより，重要な虚偽表示のリスクを合理的な低い程度に抑えることが可能であると判断することもある。例えば，監査人は，運用評価手続を実施して入手した監査証拠によって監査人のリスク評価が裏付けられる場合，分析的実証手続だけを実施することによって，評価した取引に関する重要な虚偽表示のリスクに適切に対応していると判断することもある。

9 内部統制

(1) 概　説

　第8節においてリスク・アプローチについて述べたが，このリスク・アプローチにおける内部統制の有効性の評価は非常に重要なものである。リスク・アプローチを採用する場合，アプローチを構成する各リスクの評価が肝要となるが，なかでも統制リスクの評価は監査の成否の鍵となる。

　平成14（2002）年改訂基準においては，その前文の「三　主な改訂点とその考え方」の「5　内部統制の概念について」，実施基準の「一　基本原則」の1及び3，「二　監査計画の策定」の1，2，3，「三　監査の実施」の1，2等において，内部統制について言及していた。

　現行監査基準においては，実施基準の「一　基本原則」の1，2及び4，「二　監査計画の策定」の1，2，及び4，「三　監査の実施」の1，2及び3，等において，内部統制について言及している。

　ここで，平成19（2007）年2月に公表された「財務報告に係る内部統制の評価及び監査の基準」にそって内部統制の概要についてみてみる。

　まず，内部統制の意義についてみてみよう。

　内部統制とは，基本的に，業務の有効性及び効率性，財務報告の信頼性，事業活動に関わる法令等の遵守並びに資産の保全の4つの目的が達成されているとの合理的な保証を得るために，業務に組み込まれ，組織内部のすべての者によって遂行されるプロセスをいう。

　業務の有効性及び効率性とは，事業活動の目的の達成のため，業務の有効性及び効率性を高めることをいう。

　財務報告の信頼性とは，財務諸表及び財務諸表に重要な影響を及ぼす可能性のある情報の信頼性を確保することをいう。

　事業に関わる法令等の遵守とは，事業活動に関わる法令その他の規範の遵守

第4章 監査実施論

を促進することをいう。

資産の保全とは，資産の取得，使用及び処分が正当な手続及び承認の下に行われるよう，資産の保全を図ることをいう。

内部統制の基本的要素は，次の6つの要素からなる。

① 経営者の経営理念や基本的経営方針，取締役会や監査役の有する機能，社風や慣行等からなる統制環境。
② 企業目的に影響を与えるすべての経営リスクを認識し，その性質を分類し，発生の頻度や影響を評価するリスク評価の機能及びそのリスクへの対応。
③ 権限や職責の付与及び職務の分掌を含む諸種の統制活動。
④ 必要な情報が関係する組織や責任者に適宜，適切に伝えられることを確保する情報・伝達の機能。
⑤ これらの機能の状況が常時監視され，評価され，是正されることを可能とするモニタリング（監視活動）。
⑥ 組織目標を達成するために予め適切な方針及び手続を定め，それを踏まえて，業務の実施において組織の内外のＩＴ（情報技術）に対する適切な対応。

内部統制の目的を達成するため，経営者は，内部統制の基本的要素が組み込まれたプロセスを整備し，そのプロセスを適切に運用していく必要がある。それぞれの目的を達成するためには，すべての基本的要素が有効に機能していることが必要であり，それぞれの基本的要素は，内部統制の目的のすべてに必要になるという関係にある。

（2） 平成14(2002)年改訂以降の監査基準における内部統制

まず，平成14（2002）年改訂前の内部統制について，旧監査実施準則や監査基準委員会報告書第4号「内部統制」[08]を参考にしながら簡単にその概略を述べ，さらに平成14（2002）年改訂基準における内部統制について言及してみたい。

改訂前の旧監査基準では，内部統制について，実施基準三及び監査実施準則

五に規定されていた。

また，同報告書第4号では，「内部統制は，経営者が経営管理全般を対象として構築するものであり，内部統制組織とそれに影響を与える内部経営環境から構成される。このうち監査上対象とされる内部統制とは，適正な財務諸表の作成に関連する部分である。」とし，内部統制の構成要素について，内部統制組織とそれに影響を与える内部経営環境から成り立つと指摘している。

内部統制組織とは，適正な財務諸表を作成するために，内部牽制の考え方を基礎として，組織と統制手続とが相互に結びつき一体となって機能する仕組みであり，通常，内部監査もこれに含まれる。統制手続とは，会社の業務を実施するにあたっての承認制度，業務相互間の照合手続，査閲，記録の重複や脱漏を防止するための連番管理等をいい，この統制手続には，他の統制手続が効果的にかつ継続的に実施されているかどうかを監査する手続も含まれる。

そして，適正な財務諸表の作成に関連する内部統制組織とは，会計取引の認識，測定，集計，記録及び報告について経営者がこれらの正確性と網羅性を保持するために設定した仕組みであり，これらの仕組みには資産の保全及び負債の管理にかかわるものも一部含まれる。

内部経営環境とは，経営者の経営理念及び経営方針，取締役会や監査役の有する機能，社風や慣行等内部統制組織に影響を与える会社の内部の要因をいう。

これらの改訂前の内部統制に関するものは，リスク・アプローチの導入にともない，SAS第55号「財務諸表監査における内部統制構造の考慮」及びISA書第400号「危険の評価と内部統制」の両者との整合性を考慮にいれて，わが国においても設定，公表されたものであった[19]。

その後，SASの改訂が行われ，第78号が公表，発効され，わが国における平成14（2002）年改訂基準及び監査基準委員会報告書第20号「統制リスクの評価」の内部統制に関する概念，目的，構成要素等は，この第78号に基づいているものといえる。

アメリカでは，不正な財務報告の防止策を検討することを目的として，アメリカ公認会計士協会が中心となり，財務担当経営者協会，アメリカ会計学会，

第4章　監査実施論

内部監査人協会，管理会計士協会と協力してトレッドウェイ委員会組織後援委員会（Committee of Sponsoring Organizations of the Treadway Commission（COSO））を組織し，同委員会は，「内部統制の総合的枠組み」（Internal Control-Integrated framework）と題する報告書を公表した。これが，一般にCOSO報告書と呼ばれるもので，この公表にともない，上記の第78号が公表，発効されたのである[20]。

ここでは，内部統制を業務統制手続，財務報告統制手続，遵守性統制手続の3つの統制手続からなるとし，さらにその構成要素を，第1項でみた6つの基本的要素の中の資産の保全以外の①統制環境，②リスク評価，③統制活動，④情報と伝達，⑤監視活動の5つとしたのである[21]。

同報告書第20号では，内部統制についてその意義と構成要素に言及した後，内部統制の有効性の程度と限界について次のように述べていた。

「経営者に合理的な保証を提供する内部統制の有効性の程度をどの程度とするかは経営者の判断に委ねられている。通常，経営者は，内部統制の整備・運用に伴う費用とそれから得られる効果とを勘案してその程度を決定するが，一般的に，内部統制の費用と効果の正確な測定は困難であることから，決定する程度は主観的判断に負うところが大きい。

内部統制には，次のような場合には機能しないという限界がある。
・内部統制担当者の判断の誤りや不注意により内部統制からの逸脱が生じた場合
・内部統制を設定した当初は想定していない取引が生じた場合
・内部統制担当者等が共謀した場合
・内部統制責任者自身が内部統制を無視した場合」。

このように，内部統制は，いかに注意深く設計され，うまく運用されていても，企業の内部の仕組みであり，内部統制に依拠することは経営者の責任に依拠することを意味するので，内部統制には上記のような問題点があり，これが内部統制自体が持つ限界であるといえる。

平成17（2005）年改訂以降の監査基準では，内部統制の限界については以下のような表現になっている。

・内部統制は，判断の誤り，不注意，複数の担当者による共謀によって有効に機能しなくなる場合がある。
・内部統制は，当初想定していなかった組織内外の環境の変化や非定型的な取引等には，必ずしも対応しない場合がある。
・内部統制の整備及び運用に際しては，費用と便益との比較衡量が求められる。
・経営者が不当な目的のために内部統制を無視ないし無効ならしめることがある。

また，同報告書では，情報技術（IT）の利用に対応した規定を新設している。情報システムは，従来の人手による仕組みから，人とITとの組み合わせまたはITを全面的に利用した仕組みへと移行している。注文書や請求書のような紙媒体の帳票に記録されていた情報が電子データとなっている場合または統制活動自体がITを利用した情報システムに組み込まれている場合は，内部統制はITに大きく依存する。ITが内部統制に与える影響は，利用されている情報システムの特質及びITの利用状況によって異なってくる。

監査人は，監査計画の策定及び監査の実施に際して，ITの利用状況及び内部統制への影響についても理解し，ITに関連する特別な知識や技術を有する監査補助者を配属させるかまたは専門家を利用するかどうかを検討しなければならないといえる。

次に，内部統制の有効性の評価と実証手続について簡単にみていく。

内部統制の有効性の評価とは，監査人が収集した種々の情報に基づいて，販売，購買，給与，生産・資産管理等の主要な取引サイクルごとの監査要点とそれに関連する統制活動，取引データ量，ITの利用状況，情報システムの複雑性，監査に利用可能な資料等を勘案して，内部統制が財務諸表の虚偽の表示を事前に防止し，適時に発見し修正できるかどうかを評価することである。

第8節「リスク・アプローチ」にもあるように，監査人は，監査に関連する内部統制について理解しなければならない。監査人は内部統制の理解により，①発生する可能性のある虚偽の表示の種類を明確にする。②重要な虚偽表示の

リスクに影響を与える要因を検討する。③リスク対応手続，その実施の時期及び範囲を立案する。

内部統制の理解，すなわち内部統制の整備状況の評価を踏まえ，監査人は，内部統制の運用状況の評価手続を実施する。

その後，監査人は，実証手続における直接の立証目標となる監査要点ごとに，関連する内部統制の有効性の程度に応じた水準の実証手続を立案し実施することになる。

10 試　　　査

(1) 意　　義

十分かつ適切な監査証拠の入手方法のうち，項目の抽出をともなう方法は，項目に対する個別的，詳細な監査手続を，母集団を構成する一部の項目に対して実施する試査とすべての項目に対して実施する精査とに分類される。

試査とは，特定の監査手続の実施に際して，母集団からその一部の項目を抽出して，それに対して監査手続を実施することである。これに対して，精査とは，特定の監査手続の実施に際して，母集団からそのすべての項目を抽出して，それに対して監査手続を実施することである。

試査には，従来より監査理論上，一般に，その方法の区別によって，統計的試査と経験的試査の2種類がある。また，試査による監査手続を適用する対象の区別によって，内部証拠の試査，項目の試査，及び外部証拠の試査の3種類がある[22]。

現行基準においては，実施基準「一　基本原則」の4にあるように，試査を監査手続の原則的実施方法と位置づけており，実施基準において，この基本原則以外では特段の言及はない。報告基準においては，この基本原則を受けて，実施した監査の概要として「監査は試査を基礎として行われていること」の記載を求めている。

117

平成14（2002）年改訂前の監査基準においても，実施基準三で，「監査人は，内部統制の状況を把握し，監査対象の重要性，監査上の危険性その他の諸要素を十分に考慮して，適用すべき監査手続，その実施時期及び試査の範囲を決定しなければならない。」と規定し，さらに，監査実施準則三に，「監査手続の適用は，原則として試査による。」とあり，監査の実施に際しては，原則として試査によって十分な監査証拠を入手することとしていた。よって，試査に関しては，改訂前後で大きな違いはないといえる。

（2）分　　類

試査は，「サンプリングによる試査」と「特定項目抽出による試査」とに分類される。

①　サンプリングによる試査

サンプリングによる試査は，母集団の特性を代表するサンプルに対する監査手続の結果から，母集団全体の一定の特性を推定して母集団に関する結論を得る方法である。

サンプリングによる試査は，さらに，統計的サンプリングと非統計的サンプリングに分類される。統計的サンプリングは，次の2つのすべての要件を満たすサンプリング手法である。

・サンプルの抽出を無作為抽出法を用いて行う。
・サンプルの監査結果に基づく母集団に関する結論（サンプリングリスクの程度の測定を含む。）を出すにあたって確率論の考えを用いる。

上記の要件を1つでも満たさないサンプリング手法は，非統計的サンプリングに分類される。

サンプリングによる試査において監査人は，母集団の性質を代表するサンプルに対して監査手続を実施し，その結果発見した誤謬から母集団全体に存在する誤謬を推定し，母集団に関する結論を形成する。よって，サンプリングによる試査におけるサンプルは，それが母集団を代表すると期待できる方法によって抽出されなければならない。

② 特定項目抽出による試査

特定項目抽出による試査は，母集団に含まれる特定の性質を有する項目を識別して抽出し，これに対して監査手続を実施する方法である。

特定項目抽出による試査における抽出項目は，特定の性質を有する項目のみであり，母集団の特性を代表しない。そのため，特定項目に対して実施した監査手続の結果から母集団全体にわたる一定の特性を推定することは予定されておらず，また，このような推定をしてはならない。

特定項目抽出による試査においては，監査人は，母集団の中から特定項目として抽出されない項目に対しては，特定項目に対して実施する監査手続を実施しない。ただし，抽出されない項目に重要性がある場合には，それらの項目に重要な誤謬が含まれているリスクが無視できるほど低いと考えられる場合を除いて，分析的手続等の他の監査手続を実施し，その結果と特定項目抽出による試査の結果を総合的に勘案して母集団についての結論を形成する。

特定項目抽出による試査は，次のような状況に適合する方法である。

- 母集団に含まれる潜在的誤謬の多くが一定の特性を持つ項目（例えば，異常で特に誤謬が発生しやすい項目または誤謬の発生の経験のある項目）に存在する可能性が高い。
- 母集団に含まれる少数の項目が母集団全体の金額の大部分を占めている。
- 非抽出項目について分析的手続等の他の監査手続の実施が計画されている。
- その他特定項目の抽出によってより効率的に試査を実施できる状況にある。

（3） 試査における監査判断の誤りのリスク

試査においては，母集団を構成する項目のすべてに対して監査手続を実施しないこと等を理由として，母集団に関して誤った結論を形成するリスクがある。

まず，サンプリングによる試査におけるリスクは，サンプリングを原因とするリスク（サンプリングリスク）と，それ以外のリスク（ノンサンプリングリスク）とに分類される。

サンプリングリスクは，サンプルが母集団の特性を正確に反映しないために，

監査人が母集団について誤った結論を形成するリスクである。サンプリングによる試査によって監査手続を実施する場合には，監査人は，母集団を構成する一部の項目に対して監査手続を実施し，その結果に基づいて母集団についての結論を形成することになる。このようにサンプリングによる試査によって得られた結論は，監査人が母集団を構成するすべての項目に対して監査手続を実施した場合に得られる結論とは異なる可能性がある。この可能性からサンプリングリスクが生ずる。サンプリングリスクは，一般にサンプル数を増加させることによって低くすることができる。

また，サンプル数の結成要因としては，サンプリングリスクの受入可能水準（信頼水準の補数：95％の信頼水準であれば，5％がリスク水準），許容誤謬率（内部統制手続からの許容逸脱率や許容虚偽表示金額をいい，許容範囲や金額幅が大きければサンプル数は少なくなる。），予想誤謬率（予想逸脱率や予想虚偽表示金額をいい，予想範囲や金額幅が大きければ，それらが小さい時に比べて母集団の特質を正確に推定するためにサンプル数は多くなる。）がある。信頼水準や許容誤謬率は，当該サンプリングに監査人が依拠しようとする程度，対象項目の重要性や虚偽表示がもたらす可能性（リスク）が高ければ高いほど，高水準かつ厳密なものとする必要があるといえる[29]。

ノンサンプリングリスクは，サンプリングによる試査における抽出行為に起因しないリスクである。監査手続の実施に際しては，監査手続の適用の誤り，監査証拠に対する判断の誤り，誤謬の見落とし等を原因として母集団に関する判断の誤り等のリスクも生じる。これらのリスクは，ノンサンプリングリスクとしてサンプリングリスクとは区別される。ノンサンプリングリスクは，適切な監査計画，補助者に対する適切な指導監督及び監査実務の適切な遂行等によって監査人が必要とする低い水準にまで抑えることができる。

次に，特定項目抽出による試査におけるリスクは，特定項目抽出リスクとよばれる。その主なリスクの要因としては，ノンサンプリングリスクに相当するリスクのほか，母集団の中で特定項目として抽出されない非抽出項目に潜在し得る誤謬について判断を誤ったこと，非抽出項目に対して実施された他の監査

手続や非抽出項目について誤った結論を導いたこと等があげられる。

　特定項目抽出リスクを低くする方法としては，適切な監査計画，補助者に対する適切な指導監督及び監査実務の適切な遂行等のほか，抽出項目を増加させて非抽出項目全体を小さくすることや，非抽出項目に実施される他の監査手続の有効性を高めることが考えられる。

（4）　サンプリングの適用

　サンプリングによる試査の適用領域は，大きく，内部統制の運用評価手続での適用と実証手続での適用の2つに分けられる。

　内部統制の運用評価手続で適用される手法の代表は，属性サンプリングと呼ばれる。属性サンプリングとは，ある属性が母集団に発生している実際の割合を，一定の信頼度と精度のもとで推定する統計的技法であり，頻度推定法ともいう。これは，母集団における一定の内部統制の運用評価手続からの逸脱率の推定により，内部統制の運用評価手続の準拠性，すなわち内部統制の有効性を評価する方法である。

　属性サンプリングは，抽出されたサンプルにおける逸脱率から一定の信頼水準のもとで母集団の逸脱率を推定するために利用され，監査人はそれと前もって定めた許容誤謬率（許容逸脱率）との比較を基礎に当該統制手続への遵守性を判断することになる。

　次に，実証手続においては各種のサンプリング手法が適用されるが，代表的な手法は変数サンプリングと呼ばれる。変数サンプリングとは，母集団の実際金額や虚偽表示の金額を，一定の信頼度と精度のもとで推定する統計的技法であり，変数推定法ともいう。変数サンプリングにはいくつかの種類があるが，金額単位サンプリング法と平均推定法が有力である。

　金額単位サンプリング法は，一定の信頼度のもとで，勘定残高の虚偽表示の最大金額を推定し，予め定めた許容虚偽表示金額とそれを比較することにより，当該勘定残高の適正性を判断する目的で実施され，売掛金や受取手形等の残高に対して適用される[24]。

11 会計上の見積りの監査

　財務諸表に含まれる金額が，将来事象の結果に依存するために確定できない場合または既に発生している事象に関する情報を適時にあるいは経済的に入手できないために確定できない場合に，会計上の見積りが必要となり，当該金額は概算により計上されることになる。

　まず，監査基準委員会報告書において，平成7（1995）年に第13号「会計上の見積りの監査」が公表され，ここでの実務指針は平成14（2002）年改訂基準に取り入れられ，同報告書は平成14（2002）年に改正された。

　その後平成17（2005）年改訂においてリスク・アプローチが改正され，その際，特別な検討を必要とするリスク概念が導入されたが，会計上の見積りはその一つである。

　会計上の見積りは主観的判断をともなうことが多いため，一般に固有リスクが高く，会計上の見積りに関する有効な内部統制は確立しにくい。監査人は，会計上の見積りに係る固有リスクの程度及び統制リスクの程度を評価し，財務諸表に含まれるべき重要な会計上の見積りが漏れなく合理的に行われていることに関する十分かつ適切な監査証拠を入手しなければならず，会計上の見積りについて，①重要な会計上の見積りが適切に財務諸表に反映されているか否か，②会計上の見積りが合理的であるか否かの2つの監査要点について監査手続が実施されることになる。会計上の見積りの全体的な評価を行い，財務諸表に重要な影響を及ぼしている場合は経営者確認書で経営者の見解を確かめ，評価結果は監査調書に記録されることになる。

　平成14（2002）年改訂基準の前文においては，会計上の見積りの合理性と題して「新たな会計基準の導入等により，会計上の認識・測定において，従来にも増して経営者の見積りに基づく要素が重要となってきている。改訂基準では，

会計上の見積りの合理性について，監査人自身も十分かつ適切な監査証拠を入手して判断すべきことを指示し，そのために，経営者が行った見積りの方法の評価ばかりでなく，その見積りと監査人自身の見積りや決算日後に判明した実績とを比較したりすることが必要である場合もあることを明記している。」と述べられていた。さらに，第5節で述べたように，現行実施基準では，「三　監査の実施」の5に規定がある。

このように会計上の見積りの監査が重要視される背景には，近年の会計基準の改革があり，具体的には，市場性のない有価証券の実質価値，棚卸資産の正味実現可能価額，複合的デリバティブ取引の資産・負債価額，受入担保資産の評価額，リース資産の現在価値，退職給付会計基準適用時の退職給付債務，税効果会計適用時の繰延税金資産の実現可能性，減損テストを行う場合の現在価値額等の計算等，会計上の取引や事象の認識に関して伝統的な発生主義や実現主義では対応できず，測定についても仮定や見積りのうえに計算される部分が多くなったことがあげられる。

繰延税金資産の実現可能性については，近年問題となっている金融機関における不良債権の償却にともなう繰延税金資産の査定が会計監査のなかで大きく取り上げられるようになっている。

12 品　質　管　理

品質管理については，第3章第4節「監査基準の体系及び内容」の一般基準の中の監査の質の管理に関する基準及び本章第7節「監査調書」のところで簡単にふれたところである。

平成14（2002）年改訂基準の一般基準における「正当な注意」の要請は，実施基準に指示する監査行為，ならびに第5章で説明する報告基準における監査判断の指針において最低の達成基準としてなされるものであるが，監査業務全体が「正当な注意」基準のもとで管理される必要があり，そのための品質管理

の向上がわが国の監査において重要な課題となっている。また同時に,「正当な注意」を払ったかどうかをめぐり法的責任が問われる可能性を見越して,自己の業務内容を証拠として残すことが必要であり,そのための文書管理や調書管理がさらに徹底される必要がある[20]。

改訂基準では,一般基準の5の監査調書の基準と6及び7の監査の質の管理の基準があるが,このことは,監査業務全般の品質管理とそれを立証する監査調書の両者が不可分の関係にあることを意味するものといえる。

品質管理については,一般基準の6及び7に規定があることは既に述べたとおりである。一般基準の6では,監査事務所に対し,監査業務の各段階における品質管理のシステムを整備及び運用するとともに,品質管理に関するシステムの監視を求めているものといえる。一般基準の7では,監査実施者の責任者に対し,これらに従って監査業務を実施することを求めているものといえる。

わが国においては,平成17 (2005) 年に「監査に関する品質管理基準」が設定され,これがわが国における品質管理に関する指針となっている。ここで,この品質管理基準にそって,品質管理の方針及び手続について簡単にみていく。

品質管理基準の目的は,監査基準と一体として適用されるものであり,財務諸表の監査を実施する監査事務所及び監査実施者に,監査業務の質を合理的に確保することを求めるものである。

同基準における監査事務所及び監査実施の責任者は,監査基準における監査人に相当する。監査事務所とは,個人事務所及び監査法人をいう。監査実施者とは,監査実施の責任者及び監査業務に従事する補助者をいう。

監査の品質管理とは,①監査基準,品質管理基準及び日本公認会計士協会が公表する実務指針,②公認会計士法,同施行令及び日本公認会計士協会倫理規則,③監査事務所としての監査業務の品質管理に係る内部規定に準拠して監査が適切に実施されていることを確かめるために,監査事務所及び監査従事者が継続的に行う監査の管理活動をいう。

監査の品質管理は,監査事務所が遵守すべき品質管理と監査実施者が遵守すべき品質管理の2つの品質管理により構成される。監査事務所としての品質管

理は，個々の監査業務の品質管理を担保することになる。

　品質管理基準では，監査事務所に対して品質管理のシステムの整備及び運用を求めており，監査実施の責任者に対して，監査事務所が設けた品質管理のシステムに準拠して，監査業務を行うことを求めている。

　品質管理のシステムの構成については，監査事務所は，少なくとも，①品質管理に関する責任，②職業倫理及び独立性，③監査契約の新規の締結及び更新，④監査実施者の採用，教育・訓練，評価及び選任，⑤業務の実施，⑥品質管理のシステムの監視に関する方針及び手続からなる品質管理のシステムを設けなければならない。

　品質管理に関する責任については，①監査事務所は，品質管理に関する適切な方針及び手続を定め，品質管理のシステムの整備及び運用に関する責任を負わなければならない。②監査事務所は，品質管理のシステムの整備及び運用に関する責任者を明確にしなければならない。③監査実施の責任者は，監査事務所が定める品質管理の方針及び手続に準拠して監査を実施する責任を負わなければならない。

　職業倫理及び独立性については，監査事務所に，職業倫理及び独立性の遵守に関する方針及び手続を策定すること，監査実施の責任者に，方針及び手続を遵守し，補助者が遵守していることを確かめること等を求めている。

　監査契約の新規の締結及び更新については，次のように規定がある。監査事務所は，監査契約の新規の締結及び更新の判断に関する方針及び手続を定め，監査事務所の規模及び組織，当該監査業務に適した能力及び経験を有する監査実施者の確保の状況，並びに，監査契約の新規の締結及び更新の判断に重要な影響を及ぼす事項等を勘案し，適切な監査業務を実施することができるかを判断しなければならない。

　監査実施の責任者は，監査契約の新規の締結及び更新が監査事務所が定める監査契約の新規の締結及び更新の手続きに従って適切に行っていることを確かめる，当該契約の新規の締結及び更新の適切性に重要な疑義をもたらす情報を入手した場合には，監査事務所に，適宜，伝えなければならない。

監査業務の実施については，監査事務所は，企業の業態や経営状況に応じて，監査事務所が有する情報や監査の手法を，監査実施者に適格に伝達するとともに，監査実施者に適切な指示や指導を行う体制を整備することができるように，監査の実施に関する方針及び手続を求めている。さらに，リスク・アプローチの適用や見積りの要素の増大等により，監査人の判断の部分が多くなっていることから，監査手続書等を整備すること，判断の過程を監査調書に十分に記載することが重要と考えられ，監査調書の記録及び保存の方法等を定めること，及び監査調書を適切に作成することを求めている。

　監査業務に係る審査については，監査事務所は，個々の監査業務に応じて適切な審査がなされるようなルールを整備することが重要であるとともに，こうした審査の内容及び結論は適切に記録及び保存されなければならないと考えられ，監査事務所に，審査に関する方針及び手続を定め，適切な審査の実施を確かめるとともに，監査事務所及び審査の担当者に，審査の内容及び結論を監査調書として記録及び保存することを求めている。

　監査事務所間の引継については，監査事務所が交代する場合には，後任の監査事務所にとって過年度における情報は非常に重要であるため，監査事務所に，監査事務所間の引継に関する方針及び手続を定め，適切な引継を行うことを求めている。なお，前任の監査事務所が重要な虚偽の表示に関わる情報または状況を把握している場合には，それらを後任の監査事務所に適切に引継ぐことが求められている。

13　他の監査人等の利用

（1）　他の監査人の利用

　企業活動の国際化，多角化等にともない，会計監査は監査対象財務諸表の開示企業の監査人だけの業務では対応できなくなり，特に，会計制度も連結会計主体の会計システムに移行し，連結財務諸表の監査にあたっては，国内外のグ

第4章　監査実施論

ループ会社の監査において，他の監査人の監査結果を利用することが合理的であるといえる。

平成14（2002）年改訂基準においても，まずその前文において，「他の監査人の監査結果の利用」と題して，次のように述べられていた。

「企業活動の国際化・多角化及び連結対象会社の増加による監査範囲の拡大に伴い，他の監査人の監査の結果を利用する範囲も拡大することから，主たる監査人と他の監査人との責任のあり方についての議論があるが，改訂基準では従来の考え方を変更していない。すなわち，他の監査人の監査の結果を利用する場合も，監査に関わる責任は主たる監査人が負うものであり，報告基準においても他の監査人の監査の結果を利用した場合に特別の記載を求めることはしていない。

なお，監査範囲の大半について他の監査人の監査の結果を利用しなければならない場合には，実質的には他の監査人の監査を行うという結果となることから，監査人として監査を実施することについて，監査契約の締結の可否を含めて慎重に判断すべきである。」

さらに，監査基準の第三実施基準において，「他の監査人等の利用」と題し，主たる監査人による他の監査人の監査結果の利用の際の基本的な指針として，まず次のような規定がおかれていた。

「1　監査人は，他の監査人によって行われた監査の結果を利用する場合には，当該他の監査人によって監査された財務諸表等の重要性及び他の監査人の信頼性の程度を勘案して，他の監査人の実施した監査が適切であるかを評価し，他の監査人の実施した監査の結果を利用する程度及び方法を決定しなければならない。」

その後，平成17（2005）年の改訂において，品質管理に関する一般基準の改訂があり，それにともない上記の規定も改訂された。

「1　監査人は，他の監査人によって行われた監査の結果を利用する場合には，当該他の監査人によって監査された財務諸表等の重要性，及び他の監査人の品質管理の状況等に基づく信頼性の程度を勘案して，他の監査

人の実施した監査の結果を利用する程度及び方法を決定しなければならない。」

ちなみにこの改訂の中身はほとんど変更はなく，平成14（2002）年改訂基準の「他の監査人の信頼性の程度を勘案して」という表現から，「他の監査人の品質管理の状況等に基づく信頼性の程度を勘案して」という表現になり，品質管理という言葉が加わった。

平成14（2002）年改訂前までも，監査実施準則七において，次のように規定されていた。

「監査人は，他の監査人の監査の結果又は監査報告書を利用するかどうか，また，これを利用する場合におけるその程度及び方法については，当該他の監査人によって監査された財務諸表又は財務諸表項目の重要性及び他の監査人の信頼性の程度その他を勘案して，監査人自らの判断により，これを決定しなければならない。

監査人は，他の監査人の監査の結果又は監査報告書を利用するに当たっては，必要に応じて当該他の監査人に対してその実施した監査手続とその結果について質問等を行い，又は監査手続の追加を要請する等の措置を講じなければならない。」

この旧準則の前段では，他の監査人の監査結果を利用するかどうかの決定にあたり，考慮すべき事柄が規定され，後段では，他の監査人の監査結果を利用するにあたり，監査人のとるべき手続が規定されていた。

平成14（2002）年改訂基準において，前文にもあるように，旧監査実施準則の場合と比較して，主たる監査人と他の監査人との責任のあり方については，従来の考え方を変更してはいないといえる。

「他の監査人」という用語を用いる際は，その対語となる「主たる監査人」という用語を意識する必要があるが，平成14（2002）年改訂基準においてはその前文において「主たる監査人」という用語を使用し，上記の改訂基準の監査人とは，「主たる監査人」を指している。

これは，監査基準委員会報告書第8号「他の監査人の監査結果の利用」にお

いて規定されているものである。同報告書では，他の監査人の定義として，「他の監査人とは，主たる監査人が監査意見を表明する財務諸表に含まれる子会社等の財務諸表等の監査人で，主たる監査人以外の監査以外の者をいう。なお，他の監査人には，主たる監査人が使用するグループ名と同一のグループ名を使用する業務提携関係にある監査人（メンバーファーム）も含まれる。」と述べられている。

　主たる監査人と他の監査人の責任のあり方は，他の監査人の監査の結果を利用する場合も，監査に関わる責任は主たる監査人が負うというのが，旧監査準則並びに改訂基準の考え方であるといえる。

　旧監査報告準則では，平成3（1991）年の改訂までは，「二　監査の概要(4)」として「監査を実施するに当たって，重要な部分について他の監査人の監査の結果又は監査報告書に依拠した場合には，その旨」を監査報告書に記載することとしていたが，これが削除されるという経過をたどっている。これはたとえ他の監査人の監査結果を利用した旨を監査報告書に記載しても，主たる監査人は，関係者に対して自らの責任を限定することはできず，この記載は無意味であるという考え方によるものであった。

　しかし，アメリカの監査報告実務においては，他の監査人との責任分担を前提として，監査報告書上，他の監査人の監査結果を利用した旨を記載することが許容されており，企業活動の国際的多角化が急速に展開されつつある状況を考えた場合に，責任の分担を前提にした他の監査人の利用に係る監査実務は不可欠であると考えられる[20]。

　ここで，監査基準委員会報告書第8号「他の監査人の監査結果の利用」について簡単にみてみよう。同報告書は平成8（1996）年に公表されたが，平成14（2002）年に改正されている。

　本報告書の目的は，監査人（主たる監査人）が，監査意見を表明する財務諸表の一部を構成する子会社，関連会社，支店，部門等の財務諸表又は財務諸表項目について他の監査人の監査結果を利用する場合の実務上の指針を提供することである。

主たる監査人は，他の監査人の監査結果を利用する場合であっても，自らすべての必要な監査手続を実施した場合と同様に十分かつ適切な監査証拠に基づいて監査意見を表明するため，主たる監査人として十分に関与することが必要となってくる。

　したがって，主たる監査人としての関与の程度及び他の監査人の監査結果を利用する程度は，主たる監査人が自らの専門的判断によって決定し，その際，主たる監査人は，他の監査人の監査結果を利用することにより効果的かつ効率的な監査を実施することを考慮しなければならない。

　主たる監査人としての監査契約の受嘱にあたっては，主たる監査人が監査意見を表明しようとする財務諸表における自ら監査する財務諸表等の重要性，他の監査人が監査する子会社等の事業に関する主たる監査人の理解の程度，他の監査人が監査する財務諸表等に重要な虚偽の表示が発生するリスク，他の監査人の監査に関与する程度を検討しなければならない。

　監査計画における監査手続ついては，他の監査人の監査範囲及び手続が主たる監査人の監査目的に照らして適切かつ十分となるように他の監査人に対し一定の手続を実施することとなる。

　また，他の監査人の監査結果に対する監査手続は次のようになる。

　他の監査人の実施した監査が適切かつ十分であることを確かめるために，他の監査人が実施した監査と報告内容を検討し，必要ならば質問等を行い，十分かつ適切な監査証拠を入手できないと判断すれば他の監査人の監査調書を閲覧し，追加手続を依頼したり，主たる監査人自身が追加的監査手続を実施することもある。これらは，主たる監査人が監査意見を表明する財務諸表における他の監査人の監査した財務諸表の割合，重要な虚偽の表示が発生する可能性及び他の監査人の信頼性をもとに判断する。

　監査意見表明のための考慮事項は次のようである。

　主たる監査人は，他の監査人の監査結果を利用した場合においても，自らの判断で監査意見を表明し，他の監査人の監査結果の利用については監査報告書に記載しない。

第4章 監査実施論

　監査対象財務諸表における他の監査人の監査の割合が重要であるが，他の監査人の監査結果を利用できない場合には，主たる監査人は適切な追加的監査手続を実施し，それが合理的な理由で実施できなければ，監査範囲を限定し，限定付適正意見を表明するか意見の差控えを行わなければならない。

　他の監査人が報告した事項または事象が主たる監査人の監査対象の財務諸表で修正または開示されていない場合には，当該事項や事象等が当該財務諸表に与える重要性及び追加的監査手続の結果を考慮して，それによる監査意見への影響を検討しなければならない。

（2）　専門家の業務の利用及び内部監査人の協力

　第1項では，他の監査人の利用について述べてきたが，改訂基準では，「他の監査人等」ということで，他の監査人以外に，専門家の業務の利用と内部監査人の協力について規定されており，具体的に，2及び3として，次のようになっている。

「2　監査人は，専門家の業務を利用する場合には，専門家としての能力及びその業務の客観性を評価し，その業務の結果が監査証拠として十分かつ適切であるかどうかを検討しなければならない。

　3　監査人は，企業の内部監査の目的及び手続が監査人の監査の目的に適合するかどうか，内部監査の方法及び結果が信頼できるかどうかを評価した上で，内部監査の結果を利用できると判断した場合には，財務諸表の項目に与える影響等を勘案して，その利用の程度を決定しなければならない。」

　まず，専門家の業務の利用についてみてみる。近年における会計基準の様々な改正により，退職給付会計でのアクチャリーの利用，金融商品会計の公正価値の利用等，財務の専門家等特定分野の専門家の援助が必要なケースが多くみられるようになってきている。ただこの場合，専門家としての能力やその業務の客観性を評価することはなかなか難しい場合が多く，前述した他の監査人の場合のように監査人としての立場で評価することとは異なるといえる。

次に，内部監査人の協力について説明する。「内部監査」という用語は，監査基準では，平成14（2002）年改訂基準において初めて盛り込まれたものである。監査基準委員会報告書においては，第15号「内部監査の整備及び実施状況の把握とその利用」が平成10（1998）年に公表され，ここで「内部監査」の用語が用いられている。なお，同報告書は平成14（2002）年に改正され，標題も「内部監査の実施状況理解とその利用」に変更されている。

　内部監査は，特に監視活動（モニタリング機能）を通して内部統制の有効な機能を保証する要素である。また，同時に，監査戦略上，被監査人側の内部監査との監査連携やその監査結果の利用は，一定の範囲で極めて有効でもある[27]。

　この点に着目して，同報告書では概ね次のように述べられている。内部監査は，通常，内部統制組織に含まれ，監査人は監査計画の設定にあたり，内部監査の整備及び実施状況を把握することになるが，その際，内部監査の組織上の位置づけ及び活動範囲の制約の有無，目的と実施範囲，内部監査従事者の専門的能力，内部監査の品質管理に特に留意することになる。

　そして，監査人は，内部監査の整備及び実施状況を把握した後に，内部監査の活動の中で監査人の実施する監査手続に影響するものがあるかどうかを検討する。

　アメリカの内部監査人協会では，平成11（1999）年改訂前までは，次のように内部監査を定義しており，この定義は，わが国において現在あてはまるものであるといえる。

　　「内部監査とは，組織体への奉仕として，組織体の活動を検証し，かつ，評価するために，組織体内に設定された独立的評定機能である。内部監査の目的は，組織体内の構成員が自らの責任を効果的に解除することを支援することである。この目的のために，内部監査は，レビューの対象となる活動に関する分析，評定，勧告，助言及び情報を彼らに提供する。監査目的には，合理的な費用で有効な統制を促進することが含まれる。」

　ちなみに，この規定は平成11（1999）年に改正され，「内部監査とは，組織体の業務に価値を付加し，かつ，かかる業務を改善するために設計された独立的，

客観的な保証及びコンサルティング活動である。内部監査は、組織体がリスクの管理、統制及びガバナンスのプロセスの有効性を評価し、改善するために、体系的な、規律ある方法を採用することにより、かかる組織の目標を達成することを支援する。」となった。

つまり、内部監査を、従前のような独立的評価機能としてではなく、保証及びコンサルティング活動としたうえで、内部監査が企業の業務に付加価値を付与することを重視しているものといえる[28]。

わが国における内部監査は、前述したようにアメリカの内部監査人協会の改訂前の定義に基づくものであるが、企業内部の独立性や、目的と権限においても不明確な場合が少なくなく、外部監査人による利用や連携に際しては、独立的評定機能の評価に十分な注意を払わなければならないといえる[29]。

14 経営者による確認書

経営者による確認書については、平成3（1991）年の監査基準改訂の際、1つの目玉として監査実施準則に導入されたものである。経営者による確認書とは、経営者と監査人の財務諸表及び財務諸表監査に対する責任関係を経営者の立場から明らかにする書類である。

監査実施準則九では、具体的に次のように規定されていた。

「監査人は、経営者による確認書を入手しなければならない。確認書には少なくとも次に掲げる事項が記載されなければならない。
(1) 財務諸表の作成責任が経営者にある旨
(2) 監査の実施に必要なすべての資料を監査人に提供した旨
(3) 重要な偶発事象及び後発事象

監査人は、確認書を入手したことを理由として、通常実施すべき監査手続を省略してはならない。」

平成14（2002）年改訂基準では、まずその前文において、「経営者からの書面

による確認」と題して次のように謳っている。

「改訂前の『監査実施準則』における経営者確認書の入手は，それ自体が監査手続の一部を構成するものであるかが曖昧であるとの指摘があり，また，監査人が必要と認めた事項について経営者から書面により陳述を得ることが本来の趣旨であることから，経営者確認書という固定的なものとしてではなく，経営者からの書面による確認を監査手続として明確に位置づけた。したがって，必ずしも経営者からの書面による確認を監査の終了時に限るものではなく，監査人の判断により，適宜，適切に行うことになる。」

つまり，平成14（2002）年改訂基準では，経営者確認書の入手が監査手続として位置づけられることになり，また，財務諸表の作成責任が経営者にあるということが，従来よりも明確に位置づけられたということがいえる。

さらに，現行実施基準の「三　監査の実施」において，次のように規定されている。

「9　監査人は，適正な財務諸表を作成する責任は経営者にあること，財務諸表の作成に関する基本的な事項，経営者が採用した会計方針，経営者は監査の実施に必要な資料を全て提示したこと及び監査人が必要と判断した事項について，経営者から書面をもって確認しなければならない。」

監査基準委員会報告書においても，第3号「経営者による確認書」が，平成14（2002）年改訂基準に対応させるとともに国際的な監査基準との整合性を保つため，平成14（2002）年に改正された。主な改正点は，経営者確認書の入手目的の追加（内部統制を構築・維持する責任が経営者にあること等の確認），絶対的記載事項の追加（内部統制を構築・維持する責任が経営者にあることを承知している旨等），必要に応じて確認する事項の追加（継続企業の前提に重要な疑義が認められる場合の財務諸表を継続企業の前提に基づき作成することが適切であると判断している旨等）等であった。その後，同報告書は平成16（2004）年，平成20（2008）年，平成21（2009）年に改正され現在に至っている。

では，経営者による確認書について，同報告書にそって，簡単にみてみよう。

経営者確認書の意義は，次の2点があげられる。まず，財務諸表の作成に対

する経営者の責任と当該財務諸表の適正表示に関する意見表明に対する監査人の責任とに財務諸表に関する責任を分担しながら，両者は相互に協力し合う関係にあり，このような協力関係を示し，監査制度に対する社会的信頼性をより一層高めていくために，経営者確認書の入手が必要であるということである。

そして，経営者確認書の入手は，一般に公正妥当と認められる監査の基準に準拠した監査の一貫として実施される監査手続であるが，監査人は，経営者確認書を入手したことを理由として，監査の実施において必要と判断した監査手続を省略することはできないということである。

経営者確認書を入手する主な目的は，次のとおりである。
① 財務諸表の作成責任が経営者にあることの確認
② 内部統制を構築・維持する責任が経営者にあることの確認
③ 監査の実施に必要なすべての資料が監査人に提供されたことの確認
④ 重要な偶発事象，後発事象等に関する確認
⑤ 監査実施時の確認事項についての文書による再確認及び追加確認
⑥ 経営者の意思や判断に依存している事項についての確認
⑦ 監査人が発見した未訂正の財務諸表の虚偽の表示による影響が個別にも集計しても，財務諸表全体にとって重要でないことの確認

経営者確認書の入手上の留意事項について述べる。
① 経営者確認書は監査人に対する経営者からの書面であるが，記載される内容はいずれも監査人が必要と認めて経営者に確認を求める事項であり，また，記載内容のいかんによっては監査手続も影響を及ぼすため，通常，監査人が草案を作成し，経営者に内容の説明を行って事前に了解を求めなければならない。なお，監査の過程での質問に対し経営者の行った回答が他の監査証拠と矛盾する場合には，監査人は状況を調査し，経営者によりなされる確認の信頼性について評価しなければならない。
② 経営者確認書は，簡潔かつ明瞭に表現し，曖昧な表現または冗長な記述は避けるよう求めなければならない。
③ 確認すべき事項は，監査契約（監査目的），経営環境，財務諸表の種類，

会計方針，会社の置かれている状況等により異なるが，財務諸表にとって重要と考えられる事項であり，かつ監査意見の表明にあたって必要と認めた事項を記載するよう求めなければならない。確認を求める際に，特定の項目に関する監査人の重要性についての考えを経営者に伝えることが必要となる場合がある。
④　経営者確認書は，監査報告書の交付日に入手しなければならない。
⑤　経営者確認書は，監査報告書を提出する場合には，その都度，入手しなければならない。すなわち，会社法監査報告書を提出する場合や同監査報告書を提出した後に金融商品取引法監査報告書を提出する場合はもちろん，起債等に際し開示する財務諸表に添付される監査報告書を提出するような場合にも，入手しなければならない。
⑥　経営者確認書には，確認事項について最終的な責任を有する経営者，すなわち会社の代表取締役の署名（又は記名捺印）を求めなければならない。また，当該代表取締役以外の取締役が財務諸表の作成業務を担当する部署を所管している場合には，当該取締役の署名（又は記名捺印）を併せて求めなければならない。

経営者確認書における確認事項についてみてみる。
①　監査対象となる財務諸表に係る事項
　ア．財務諸表の作成責任は経営者にある旨
　イ．財務諸表は一般に公正妥当と認められる企業会計の基準に準拠して適正に作成している旨
　ウ．財務諸表及びその作成の基礎となる会計記録に適切に記録していない重要な取引はない旨
　エ．不正を防止・発見し，適正な財務諸表を作成するために，内部統制を構築し，維持する責任は経営者にあることを承知している旨
　オ．不正による財務諸表の重要な虚偽の表示の可能性に対する経営者の評価を監査人に示した旨
　カ．企業に影響を与える不正又は不正の疑いがある事項（経営者による不正

又は不正の疑い，内部統制について重要な役割を担っている従業員による不正又は不正の疑い等）に関する情報が存在する場合，当該情報を監査人に示した旨
　キ．従業員，元従業員，投資家，規制当局又はその他の者から入手した財務諸表に影響する不正の申立て又は不正の疑いに関する情報を監査人に示した旨
　ク．財務諸表に重要な影響を与える違法行為はない旨
② 監査手続上の制約に係る事項
③ 財務諸表に重要な影響を及ぼす事項
④ 財務諸表の開示の網羅性に係る事項
⑤ 監査人が発見した未訂正の財務諸表の虚偽の表示に係る事項
　ア．監査人が発見した未訂正の財務諸表の虚偽の表示による影響が，個別にも集計しても，財務諸表全体にとって重要でない旨
⑥ 継続企業の前提に係る事項
　ア．継続企業の前提に重要な疑義を生じさせるような事象又は状況が存在し，継続企業の前提に関する重要な不確実性が認められるとき
　　・継続企業の前提に重要な疑義を生じさせるような事象又は状況が存在し，継続企業の前提に関する重要な不確実性が認められると判断している旨
　　・継続企業の前提に基づいて財務諸表を作成することが適切であると判断している旨
　　・継続企業の前提に関する事項はすべて財務諸表に注記している旨
　　・財務諸表に注記した継続企業の前提に関する事項を除き，継続企業の前提に関する重要な不確実性が認められる事象又は状況はないと判断している旨
　　・監査人に示した対応策は実行可能であり，継続企業の前提に重要な疑義を生じさせるような事象又は状況を解消（又は改善）するよう努力する旨

イ．継続企業の前提に重要な疑義を生じさせるような事象又は状況が存在するが，継続企業の前提に関する重要な不確実性が認められないとき
　　　・ 継続企業の前提に重要な疑義を生じさせるような事象又は状況が存在するが，監査人に示した対応策により，継続企業の前提に関する重要な不確実性が認められないと判断している旨
⑦　株主名簿における名義貸し等に関し，関連当事者の存在に影響を与える可能性がある場合
⑧　会計方針に係る事項
⑨　経営者の意思や判断に係る事項
　　ア．有価証券の時価が著しく下落しているにもかかわらず減損処理を行っていない場合に，取得原価まで時価が回復するかどうかに関する経営者の見解
　　イ．取立不能の恐れのある債権に係る担保の評価の適正性や貸倒引当金設定の必要性の有無に関する経営者の見解
　　ウ．繰延税金資産の回収可能性に関する経営者の見解
　　エ．退職給付債務算定上の基礎率に関する経営者の見解
　　オ．有価証券の保有目的に関する経営者の見解
　　カ．会計上の見積の基礎となる仮定に関する経営者の見解
　　キ．連結の範囲及び持分法の適用範囲の適正性に関する経営者の見解等
　以上，経営者確認書における確認事項をみてきたが，いずれも財務諸表作成において非常に重要なものであり，経営者に対し，財務諸表の作成責任が経営者にあるということの自覚を促す意味において，非常に大きな意味を持つものであるといえる。
　経営者が確認することを拒否した場合の取扱いは次のようになる。
　監査人が必要と認めて経営者確認書への記載を求めた事項の全部または一部について，経営者が確認を拒否した場合には監査範囲の制約となり，監査人は意見を限定するまたは意見を表明しないことを検討しなければならない。監査報告書上の取扱いを決定するにあたり，監査人は，当該事項の影響の重要性及

第4章 監査実施論

び当該確認の拒否が監査の過程で経営者が行った他の質問に対する回答の信頼性に与える影響を考慮する。なお，経営者が確認を拒否した事項が財務諸表監査の前提となるような事項である場合には，原則として監査人は意見を表明してはならない。

15 継続企業の前提

第3章第4節第3項において，平成14（2002）年改訂基準の目玉の1つである継続企業の前提に対する監査の対応について，その前文及び実施基準の基本原則にそってみたが，本節では，さらに，実施基準の「監査計画の策定」及び「監査の実施」に基づいて，その内容をみることにする。

ちなみに継続企業の前提に対する監査の対応については，平成14（2002）年改訂に引き続き，平成21（2009）年の監査基準の改訂の際に大きく改正されている。

そこで本節では，まず平成14（2002）年改訂の際の継続企業の前提に関する監査の対応について述べ，その後平成21（2009）年改訂の際の改正をみていくことにする。

（1） 平成14(2002)年改訂基準における継続企業の前提

平成14（2002）年改訂の実施基準の「二　監査計画の策定」の5は次のようであった。

「5　監査人は，監査計画の策定に当たって，財務指標の悪化の傾向，財政破綻の可能性その他継続企業の前提に重要な疑義を抱かせる事象又は状況の有無を確かめなければならない。」

また，実施基準の「三　監査の実施」の5は次のようであった。

「5　監査人は，継続企業の前提に重要な疑義を抱かせる事象又は状況が存在すると判断した場合には，当該疑義に関して合理的な期間について経

営者が行った評価，当該疑義を解消させるための対応及び経営計画等の合理性を検討しなければならない。」

なお，報告基準の方でも，継続企業の前提の問題は重要な要素であるが，これについては，第5章「監査報告論」でみることにする。また，監査基準委員会報告書では，第22号「継続企業の前提に関する監査人の検討」が平成14 (2002) 年に公表され，その後平成16 (2004) 年に改正された。

継続企業の前提に関する規定が「監査計画の策定」及び「監査の実施」にあることは，基本原則で求められた監査人の継続企業の前提に基づく財務諸表の作成が適切であるか否かの検討が，監査計画策定の段階から監査の実施過程を通じて行わなければならないことを意味している。

企業の事業活動を取り巻く様々な事象に目を向け，継続企業の前提に係る事象等の兆候を見逃さないようにしなければならず，新たに継続企業の前提に係る事象等の兆候を発見した場合には，監査計画に遡り修正するとともに，監査の実施について見直しが必要となるのである[30]。

つまり，監査人は，監査計画の策定において，継続企業の前提に重要な疑義を抱かせる事象や状況が存在するかどうかを確認し，当該事象や状況が存在する場合にはさらにそれらを検討するための手続を監査計画に盛り込む必要がある。また，監査の実施に際し，継続企業の前提に関する検討が経営者による継続企業の前提に関する評価を踏まえて行われるものであるため，監査人は，合理的な期間（少なくとも貸借対照表日の翌日から1年間）について経営者が行った評価，及び当該重要な疑義を抱かせる事象や状況を解消あるいは大幅に改善させるための経営者の対応ならびに経営計画の合理性を検討しなければならない[31]。

継続企業の前提の問題は，平成14 (2002) 年改訂基準の根底に流れている考え方，すなわち，監査人に対して実質的な判断を求めているという部分の1つであると考えられる。確かに，経営者と監査人の責任には二重責任の原則が貫かれているが，継続企業の前提の問題には，経営者の判断に監査人がかなり立ち入らざるを得ないのが実情で，まさにこのことは，監査人に対して実質的な

判断を求めているといえる。

　第14節「経営者による確認書」で述べたように，平成14（2002）年改訂基準では，経営者に対し，継続企業の前提に関連していくつかの確認を書面をもって求めてはいるが，監査人の役割や責任をかなり重く考えており，継続企業の前提に対する監査はその大きな1つの現れであるといえる。ただし，監査基準委員会報告書第22号によれば，監査人は，企業の存続そのものについて保証を与える責任は有していないと規定されている。

　最後に，同報告書にそって，監査人による経営者の評価の検討について簡単にみてみる。

　継続企業の前提に関する経営者の評価が行われていない場合には，監査人は，経営者に対して遅くとも監査終了までに当該評価を実施することを求めなければならない。

　監査人は，継続企業の前提に重要な疑義を抱かせる事象又は状況を識別した場合には，当該事象又は状況に対する経営計画等が，当該事象又は状況を解消あるいは大幅に改善させるものであるかどうか，実行可能なものであるかどうかについて，十分かつ適切な監査証拠を入手しなければならない。

　さらに，監査人は，経営者が継続企業の前提に基づき財務諸表を作成することが適切であるかどうかについて判断しなければならないが，適切であると判断した場合には，継続企業の前提に関する重要な疑義に関わる事項を注記する必要があるかどうか，また，注記する場合にはその内容が適切であるかどうかについて検討しなければならない。

　継続企業の前提が成立していないことが次のような一定の事実によって明らかな場合には，継続企業を前提として財務諸表を作成することは不適切であると判断しなければならない。

　　ア．更生手続開始決定の取消し，更生計画の不認可等
　　イ．再生手続開始決定の取消し，再生計画の不認可等
　　ウ．整理開始後の破産宣告
　　エ．破産法の規定による破産の申立て

オ．会社法の規定による特別清算開始の申立て
カ．法令の規定による整理手続によらない関係者の協議等による事業継続の中止に関する決定
キ．行政機関による事業停止命令

（2）　平成21(2009)年改訂以降の基準における継続企業の前提

では次に，平成21（2009）年改訂基準にて改正された主な点についてみていく。

まず，「監査計画の策定」及び「監査の実施」における継続企業の前提に関する規定が次のように改正された。

「二　監査計画の策定」の7は次のようである。

「7　監査人は，監査計画の策定に当たって，財務指標の悪化の傾向，財政破綻の可能性その他継続企業の前提に重要な疑義を生じさせるような事象又は状況の有無を確かめなければならない。」

また「三　監査の実施」では7及び8にて次のように規定された。

「7　監査人は，継続企業を前提として財務諸表を作成することの適切性に関して合理的な期間について経営者が行った評価を検討しなければならない。

　8　監査人は，継続企業の前提に重要な疑義を生じさせるような事象又は状況が存在すると判断した場合には，当該事象又は状況に関して合理的な期間について経営者が行った評価及び対応策について検討した上で，なお継続企業の前提に関する重要な不確実性が認められるか否かを確かめなければならない。」

「監査計画の策定」の7では，改訂前の「重要な疑義を抱かせる事象又は状況」という表現から「重要な疑義を生じさせるような事象又は状況」に改正された。「監査の実施」においては，7及び8にて，まず監査人は，継続企業を前提として財務諸表を作成することの適切性に関して合理的な期間について経営者が行った評価を検討し，そして，継続企業の前提に重要な疑義を生じさせ

るような事象又は状況が存在すると判断した場合には，当該事象又は状況に関して合理的な期間について経営者が行った評価及び対応策について検討した上で，なお継続企業の前提に関する重要な不確実性の有無を確認することとされた。

つまり，改訂前では，継続企業の前提に重要な疑義を抱かせる事象又は状況があると判断した場合には，経営者が行った評価，当該疑義を解消させるための対応及び経営計画等の合理性の検討に力点が置かれていたのに対し，改訂後では，不確実性の有無の検討に力点が置かれているものといえる。

この改正の背景には，ISAとの整合性も考慮し，第5章「監査報告論」のところでもみるが，従来は，経営者の評価，継続企業の前提に重要な疑義を抱かせる事象又は状況が存在すると判断し，当該疑義に関して合理的な期間について経営者が行った評価，当該疑義を解消させるための対応及び経営計画等の合理性を検討し，継続企業の前提で財務諸表を作成することが妥当であり，継続企業の前提に関する注記の記載が適切である場合，画一的に追記情報を付した無限定適正意見を出していたことへの反省があるものと考えられる。

つまり，今回の改正では継続企業の前提に重要な疑義を生じさせるような事象又は状況が存在すると判断した場合には，当該事象又は状況に関して合理的な期間について経営者が行った評価及び対応策について検討した上で，継続企業の前提に関する重要な不確実性がない場合には追記情報なしの無限定適正意見を表明することとなったといえる。追記情報を付した無限定適正意見を表明する場合には，重要な不確実性が存在し，継続企業の前提で財務諸表を作成することが妥当で，その注記の記載が適切である場合になったといえる。

(注)
(1)　脇田良一『財務諸表監査の構造と制度』中央経済社，76-79頁参照。
(2)　石田三郎編『監査論の基礎知識〔三訂版〕』東京経済情報出版，2002年，87-88頁。
(3)　八田進二・高田敏文『逐条解説　新監査基準を学ぶ』同文館出版，2002年，103-104頁参照。
(4)　鳥羽至英『監査基準の基礎〔第2版〕』白桃書房，1994年，218頁参照。

(5) 山浦久司『会計監査論〔第5版〕』中央経済社，2009年，(以下，山浦Iと略す) 206頁参照。
(6) 鳥羽，前掲書，229-230頁参照。
(7) 石田，前掲書，107頁。
(8) 加藤恭彦・友杉芳正・津田秀雄編『監査論講義〔第4版〕』中央経済社，2002年，172頁。
(9) 原　征士『株式会社監査論』白桃書房，2001年，58-59頁参照。
(10) 加藤・友杉・津田，前掲書，172-173頁参照。
(11) 内藤文雄・那須伸裕「改訂監査基準について」『JICPAジャーナル』(2002年3月号)，日本公認会計士協会，2002年，31-32頁。
(12) 石田，前掲書，111頁。
(13) 加藤・友杉・津田，前掲書，123-124頁参照。
(14) 内藤・那須，前掲論文，30-31頁参照。
(15) 加藤・友杉・津田，前掲書，128-129頁参照。
(16) 原，前掲書，88-89頁参照。
(17) 山浦久司『会計監査論〔第2版〕』中央経済社，2002年，(以下，山浦IIと略す) 128-129頁参照。
(18) 「内部統制」の報告書は，「統制リスクの評価」の発効をもって廃止された。「統制評価のリスク」の報告書も，「企業及び企業環境の理解並びに重要な虚偽表示のリスクの評価」の発効により，平成18 (2006) 年3月31日をもって廃止された。
(19) 加藤・友杉・津田，前掲書，148-149頁参照。
(20) 「改訂監査基準に対応した監査基準委員会報告書の公表をめぐって (その2)」『JICPAジャーナル』(2002年11月号)，日本公認会計士協会，2002年，26頁参照。
(21) 山浦II，185頁参照。
(22) 加藤・友杉・津田，前掲書，93頁参照。
(23) 山浦I，251頁。
(24) 加藤・友杉・津田，前掲書，192頁参照。
(25) 山浦I，163-164頁参照。
(26) 鳥羽，前掲書，300頁参照。
(27) 山浦I，301頁参照。
(28) 八田・髙田，前掲書，116-118頁参照。
(29) 山浦I，301頁参照。
(30) 内藤・那須，前掲論文，28頁参照。
(31) 加藤・友杉・津田，前掲書，95頁。

第5章

監査報告論

point

① 監査報告書とは，財務諸表に対する監査人の意見を表明する手段であるとともに監査人が自己の責任を正式に認める手段である。

② 報告基準については，平成21（2009）年改訂の際の継続企業の前提に対する監査の対応に関連して改正されたところ以外は，平成14（2002）年改訂基準がほとんど改正されていないので，平成14（2002）年改訂基準を理解することが重要である。

③ 平成14（2002）年改訂基準の監査報告書に関する重要な点の1つは監査報告書の充実ということである。会計基準への準拠性，会計方針の継続性及び表示規則への準拠性という3つの記載要件に関する個別意見，そしてそれを受けての総合意見という意見表明の方法はとらず，これらの3つの項目は，1つの総合的な適正表示の意見を表明する際に考慮すべき要件として規定されることとなった。

④ 監査報告書は，監査の対象，実施した監査の概要及び財務諸表に対する意見の3つの区分から成り立つ。今後，国際監査基準（ＩＳＡ）との整合性を考慮し，監査報告書の区分は，監査の対象，経営者の責任，監査人の責任，監査人の意見の4区分になる予定である。

⑤ 監査人が表明する意見には，無限定適正意見，限定付適正意見，不適正意見，意見不表明がある。

⑥ 除外事項には，範囲区分に関するものと意見区分に関するものがある。

⑦ 追記情報は，平成14（2002）年改訂基準において特記事項に代えて新設されたものである。監査人は，正当な理由による会計方針の変更，重要な偶発事象，重要な後発事象等説明または強調することが適当と判断した事項については追記情報として監査報告書に記載する必要がある。

⑧ 平成21（2009）年改訂の報告基準における継続企業の前提に関する規定について理解すること。

1 総　　説

　第3章「監査基準」第4節第4項において，平成14（2002）年改訂前と改訂後の報告基準について，両者を比較しながらその概要を解説した。平成14（2002）年改訂監査基準では，第3章でみたように，監査実施準則と同様に監査報告準則が廃止され，基本原則，監査報告書の記載区分，無限定適正意見の記載事項，意見に関する除外，監査の制約，継続企業の前提，追記情報の項目から報告基準が成り立っている。本節では，改訂基準の前文「三　主な改訂点とその考え方」の「9　監査意見及び監査報告書」をみながら，報告基準の全体像を明らかにしていきたい。

　なお，本章では，金融商品取引法に基づく監査報告書を取り上げることにする。会社法監査における監査報告書については，本章では取り扱わない。

　さて，監査報告書は，財務諸表に添付して公表され，利害関係者が財務諸表を利用するにあたって，その信頼性を判断するために利用される。したがって，監査報告書は，財務諸表の信頼性に関する監査人の意見を利害関係者に対して表明する手段としての意義を有する。

　また，不特定多数の利害関係者に対して公表される監査報告書は，監査人が自己の責任の範囲，内容を解説する唯一の手段である。そのため，監査人は，実施した監査と意見に関して自己が負担している責任の範囲，内容を明らかにしなければならない。したがって，監査報告書は監査人が自己の責任を正式に認める手段としての意義を有する。

　つまり，監査報告書には，記載事項の利害関係者に対する伝達と，記載事項によって監査人の責任範囲を明確化するという2つの意義があるといえる。このことは，昭和31（1956）年設定の監査基準・準則の前文において，報告基準を「監査報告書の記載要件を規律する原則」と規定し，まさに，その設定理由として記述されている。

第5章 監査報告論

 このように考えると，監査報告書上のメッセージの問題が理論的にも実務的にも難しいのは，「実施した監査の内容についての情報の提供」と「監査人の責任の範囲の明確化」という二律背反的な要請を，限られたメッセージの中で同時に達成しなければならないことであると考えられる[1]。

 改訂基準の前文の「9　監査意見及び監査報告書」は次のようである。

「我が国の監査実務を国際的に遜色のないものとすることは改訂の目的の1つであり，監査報告書の書式の改訂もその一環である。また，近年，監査を巡る社会の関心が高まるなかで，監査がどのように行われ，またいかなる判断が監査人により行われ，その結果としていかなる意見が表明されるかについて，これまで必ずしも社会的な理解が得られていたとは言えない。このような事情を背景として，改訂基準では，自己の意見を形成するに足る合理的な基礎を得て意見を表明することを報告基準においても明確にした。また，改訂前の『監査実施準則』では『適当な審査機能を備えなければならない』との表現をしていた点について，監査の質の管理の一環として設けられる審査機能を踏まえ，報告基準では意見の表明に先立ち審査を受けなければならないことを明確にし，さらに，次のように監査報告に関する抜本的な改革を行った。」

 これが，「監査意見及び監査報告書」についての前文の前置きであるが，抜本的な改訂点として，引き続き，適正性の判断，監査報告書の記載，追記情報，監査報告書の日付及び署名について述べられている。

 本節では，この中で，適正性の判断についてみることにする。前文では次のように述べられている。

「①　監査意見の形成と表明に当たっての監査人による判断の規準を示すことに重点を置いた。これまでの『監査基準』や『監査報告準則』が監査報告書の記載要件を示すことを重視していた点，ならびに，結果として，会計基準への準拠性，会計方針の継続性及び表示方法の基準への準拠性という，適正である旨の意見表明に関する従来の3つの記載要件が，ともすれば形式的な監査判断に陥らせるものとなりがちであった点を改め，

改訂基準は，監査人が意見を形成するに当たっての判断の規準を示すことを重視している。
② 監査人が財務諸表の適正性を判断するに当たり，実質的に判断する必要があることを示した。監査人は，経営者が採用した会計方針が会計基準のいずれかに準拠し，それが単に継続的に適用されているかどうかのみならず，その会計方針の選択や適用方法が会計事象や取引の実態を適切に反映するものであるかどうかを判断し，その上で財務諸表における表示が利用者に理解されるために適切であるかどうかについても評価しなければならない。
③ 会計方針の選択や適用方法が会計事象や取引の実態を適切に反映するものであるかの判断においては，会計処理や財務諸表の表示方法に関する法令又は明文化された会計基準やその解釈に関わる指針等に基づいて判断するが，その中で，会計事象や取引について適用すべき会計基準等が明確でない場合には，経営者が採用した会計方針が当該会計事象や取引の実態を適切に反映するものであるかどうかについて，監査人が自己の判断で評価しなければならない。また，会計基準等において詳細な定めのない場合も，会計基準等の趣旨を踏まえ，同様に監査人が自己の判断で評価することとなる。新しい会計事象や取引，例えば，複雑な金融取引や情報技術を利用した電子的な取引についても，経営者が選択し，適用した会計方針がその事象や取引の実態を適切に反映するものであるかどうかを監査人は自己の判断で評価しなければならない。

なお，財務諸表において収益の認識等の重要な会計方針が明確に開示されることも必要である。」

この前文と関連して報告基準の「基本原則」の1及び2に規定があるが，これについては，第3章第4節第4項（a．監査意見表明の基準，b．監査意見表明の判断の基準）にて述べているので参照されたい。

改訂基準の監査報告書に関する重要な点の1つは，監査報告書の充実ということであるが，従来のように，会計基準への準拠性，会計方針の継続性及び表

示規則への準拠性という3つの記載要件に関する個別意見、そしてそれを受けての総合意見という意見表明の方法はとらず、これらの3つの項目については、1つの総合的な適正表示の意見を表明する際に考慮すべき要件として規定されることとなったのである。

さらに、監査人の実質的な判断を強調したことも重要な点で、このことは第4章「監査実施論」のところでもふれたが、実施準則と連動している。つまり、近年の会計システムの改革にともない、時価会計が色々な側面で採用され、経営者による見積りの問題が非常に重要な要素となり、また、継続企業の前提の問題においても、監査人による実質的な判断が求められており、報告基準においてもこの点が強調されたといえる[2]。

2 監査報告書の種類

監査報告書は、その記載をどの程度詳細に行うかにより、短文式監査報告書と長文式監査報告書に分類される。

短文式監査報告書とは、監査の概要及び結論のみを簡潔に記載した監査報告書をいう。短文式監査報告書は、広く一般に公表するために作成され、外部の利害関係者の保護を目的とし、その記載様式は標準化されている。金融商品取引法監査や会社法監査等の法定監査において採用されており、不特定多数の利害関係者に対し簡潔明瞭な報告がなされるものである。不当な責任追及が回避できるよう監査人の責任範囲が明瞭に示されている。

長文式監査報告書とは、監査の概要及び結論のみならず、必要に応じて適宜詳細に記載した監査報告書をいう。長文式監査報告書は、監査依頼者のみに提出される非公開文書であり、その記載様式は監査依頼者の要求及び監査人の判断によって任意に決定される。長文式監査報告書は、特定の利害関係者の要請に応じて行われる任意監査において採用されており、監査依頼者に対する詳細な指摘、助言、対応策等が記載されている。

なお，監査意見には，無限定適正意見，限定付適正意見，不適正意見，意見不表明があるが，これらの詳細は後述する。

3 監査報告書の構造

まず，平成14（2002）年改訂基準の監査報告書の記載に関する前文をみてみる。

「① 監査報告書は，基本的に，監査の対象，実施した監査の概要及び財務諸表に対する意見という3つの区分に分けて記載することとした。監査の対象には，いわゆる二重責任の原則についても記述することを明記した。また，監査の概要に関する記述を国際的な監査基準に合わせて，より詳細なものとし，監査が試査を基礎として実施されることや経営者によって行われた見積りの評価も含まれること等を明記し，監査の内容に関する利用者の理解を促すようにした。」

また，報告基準においては，「二　監査報告書の記載区分」と題して，次のような規定がある。

「1　監査人は，監査報告書において，監査の対象，実施した監査の概要及び財務諸表に対する意見を明瞭かつ簡潔に記載しなければならない。ただし，意見を表明しない場合には，その旨を監査報告書に記載しなければならない。

2　監査人は，財務諸表の表示が適正であると判断し，その判断に関して説明を付す必要がある事項及び財務諸表の記載について強調する必要がある事項を監査報告書において情報として追記する場合には，意見の表明とは明確に区別しなければならない。」

ここで，平成14（2002）年改訂前及び改訂以降の無限定適正意見の場合の監査報告書の文例をそれぞれ［資料5－1］，［資料5－2］に示すので，以下の議論において参考にされたい。

第5章　監査報告論

[資料5－1]　2002年改訂前の監査報告書の文例

監　査　報　告　書

平成××年×月×日

○○株式会社
　取締役社長　　○○○○　　殿

○○○○　公認会計士事務所
公認会計士　○○○○　印
公認会計士　○○○○　印

　私たち（注1）は，証券取引法第193条の2の規定に基づく監査証明を行うため，「経理の状況」に掲げられている○○株式会社の平成×年×月×日から平成×年×月×日までの連結会計年度の連結財務諸表，すなわち，連結貸借対照表，連結損益計算書，連結剰余金計算書，連結キャッシュ・フロー計算書及び連結附属明細表について監査を行った。

　この監査に当たって，私たち（注1）は，一般に公正妥当と認められる監査の基準に準拠し，通常実施すべき監査手続を実施した。

　監査の結果，連結財務諸表について会社の採用する会計処理の原則及び手続は，一般に公正妥当と認められる企業会計の基準に準拠し，かつ，前連結会計年度と同一の基準に従って継続して適用されており，また，連結財務諸表の表示方法は，「連結財務諸表の用語，様式及び作成方法に関する規則」（昭和51年大蔵省令第28号）の定めるところに準拠しているものと認められた。

　よって，私たち（注1）は，上記の連結財務諸表が○○株式会社及び連結子会社の平成×年×月×日現在の財政状態並びに同日をもって終了する連結会計年度の経営成績及びキャッシュ・フローの状況を適正に表示しているものと認める。

　会社と私たち（注2）との間には，公認会計士法の規定により記載すべき利害関係はない。

以　上

（注1）　監査人が監査法人の場合には，「当監査法人」とする。
（注2）　監査人が監査法人の場合には，「当監査法人又は関与社員」とする。

[資料5-2] 2002年改訂以降の監査報告書の文例

独立監査人の監査報告書

平成×年×月×日

○○株式会社
　取締役会　御中

　　　　　　　　　　　　○○監査法人
　　　　　　　　　　　　　　指　定　社　員　　公認会計士　○○○○　㊞
　　　　　　　　　　　　　　業務執行社員
　　　　　　　　　　　　　　指　定　社　員　　公認会計士　○○○○　㊞
　　　　　　　　　　　　　　業務執行社員
　　　　　　　　　　　　　　　　　　　　　　　　　　　　　（注1）

　当監査法人（注2）は，金融商品取引法第193条の2第1項の規定に基づく監査証明を行うため，「経理の状況」に掲げられている○○株式会社の平成×年×月×日から平成×年×月×日までの連結会計年度の連結財務諸表，すなわち，連結貸借対照表，連結損益計算書，連結株主資本等変動計算書，連結キャッシュ・フロー計算書及び連結附属明細表について監査を行った。この連結財務諸表の作成責任は経営者にあり，当監査法人（注2）の責任は独立の立場から連結財務諸表に対する意見を表明することにある。

　当監査法人（注2）は，我が国において一般に公正妥当と認められる監査の基準に準拠して監査を行った。監査の基準は，当監査法人（注2）に連結財務諸表に重要な虚偽の表示がないかどうかの合理的な保証を得ることを求めている。監査は，試査を基礎として行われ，経営者が採用した会計方針及びその適用方法並びに経営者によって行われた見積りの評価も含め全体としての連結財務諸表の表示を検討することを含んでいる。当監査法人（注2）は，監査の結果として意見表明のための合理的な基礎を得たと判断している。

　当監査法人（注2）は，上記の連結財務諸表が，我が国において一般に公正妥当と認められる企業会計の基準に準拠して，○○株式会社及び連結子会社の平成×年×月×日現在の財政状態並びに同日をもって終了する連結会計年度の経営成績及びキャッシュ・フローの状況をすべての重要な点において適正に表示しているものと認める。

　会社と当監査法人又は業務執行社員（注2）との間には，公認会計士法の規定により記載すべき利害関係はない。

　　　　　　　　　　　　　　　　　　　　　　　　　　　　　　以　上

第5章　監査報告論

(注1) ① 監査人が無限責任監査法人の場合で、指定証明でないときには、以下とする。
　　　　○○監査法人
　　　　　　代表社員
　　　　　　業務執行社員　公認会計士　○○○○　印
　　　　　　業務執行社員　公認会計士　○○○○　印
　　② 監査人が有限責任監査法人の場合には、以下とする。
　　　　○○有限責任監査法人
　　　　　　指定有限責任社員
　　　　　　業務執行社員　公認会計士　○○○○　印
　　　　　　指定有限責任社員
　　　　　　業務執行社員　公認会計士　○○○○　印
　　③ 監査人が公認会計士の場合には、以下とする。
　　　　○○○○公認会計士事務所
　　　　　　公認会計士　○○○○　印
　　　　○○○○公認会計士事務所
　　　　　　公認会計士　○○○○　印
(注2)　監査人が公認会計士の場合には、「私」又は「私たち」とする。

　第3章第4節第4項で述べたように、従来の監査報告書においては、実施した監査の概要と財務諸表に対する意見が記載されることになっていた。前者は、監査の対象となった財務諸表の範囲、監査基準に準拠した旨、通常実施すべき監査手続が実施されたか否か等を記載し、後者は、監査意見の表明をする箇所であった。

　平成14 (2002) 年改訂後においては、前文及び報告基準にあるように、監査報告書は、監査の対象、実施した監査の概要及び財務諸表に対する意見の3つの区分から成り立つ。

　監査報告書の基本構成は、範囲区分（概要区分ともいう）と意見区分から成り立っている。範囲区分は、実施した監査の概要を記載するところで、監査人がいかなる範囲でいかなる内容の監査を実施したかを記載する区分である。この記載により利害関係者は、監査人の実施した監査の質的水準を知り、意見区分において表明される意見がいかなる内容と性質を有するものであるかを理解できることとなる。一方、監査人にとっては、実施した監査の概要を示すことによって、自らの責任範囲を明確化する意義がある。

意見区分は，実施した監査の結果得られた結論として，財務諸表の適正性に対する意見を記載する区分である。実施した監査の概要を受けて，意見区分においては，かかる監査の実施の結果，いかなる結論が得られたかを明示することになる。すなわち，監査人が職業的専門家として自らの責任のもとで表明する意見が明瞭に記載されることになる。この記載により，利害関係者は財務諸表の意思決定情報としての質的水準を把握することが可能となる。

改訂前の監査報告書では，いわゆる範囲区分と意見区分の2つの区分からなる方式が前提であったが，改訂後の監査報告書では，監査の対象という区分が加わり3つの区分から構成されるようになり，いわゆる国際監査基準（ＩＳＡ）と同様の方式が採用されたものとみることができる。監査の対象を記載する部分を導入区分という[3]。

さらに，監査の対象及び実施した監査の概要に記載すべき内容について説明する。ここで，平成14（2002）年改訂基準の報告基準「三　無限定適正意見の記載事項」の内容を説明する。

改訂基準の報告基準では導入区分の記載が要求されるようになったが，ここでは，財務諸表の範囲，二重責任の原則及び監査人の責任が明記されることになった。改訂前の監査報告書では，経営者と監査人の二重責任の原則や監査人の責任を記載することは要求されていない。

また，範囲区分では，具体的に，監査の概要が記載されることになった。ちなみに，「通常実施すべき監査手続」という概念が改訂基準ではなくなったため，改訂前の監査報告書における範囲区分にて記載が要求されていた「通常実施すべき監査手続が実施されたかどうか」という部分は削除された。

意見区分については，前述したように，監査人の財務諸表に対する適正性について実質的な判断を求めるよう改訂が行われた。

上記の報告基準「二　監査報告書の記載区分」の2はいわゆる追記情報についてである。

具体的には，「三　無限定適正意見の記載事項」の規定は次のようである。

「監査人は，経営者の作成した財務諸表が，一般に公正妥当と認められる

企業会計の基準に準拠して，企業の財政状態，経営成績及びキャッシュ・フローの状況をすべての重要な点において適正に表示していると認められると判断したときは，その旨の意見（この場合の意見を「無限定適正意見」という。）を表明しなければならない。この場合には，監査報告書に次の記載を行うものとする。

(1) 監査の対象

　　監査対象とした財務諸表の範囲，財務諸表の作成責任は経営者にあること，監査人の責任は独立の立場から財務諸表に対する意見を表明することにあること

(2) 実施した監査の概要

　　一般に公正妥当と認められる監査の基準に準拠して監査を行ったこと，監査の基準は監査人に財務諸表に重要な疑義の表示がないかどうかの合理的な保証を得ることを求めていること，監査は試査を基礎として行われていること，監査は経営者が採用した会計方針及びその適用方法並びに経営者によって行われた見積りの評価も含め全体としての財務諸表の表示を検討していること，監査の結果として意見表明のための合理的な基礎を得たこと

(3) 財務諸表に対する意見

　　経営者の作成した財務諸表が，一般に公正妥当と認められる企業会計の基準に準拠して，企業の財政状態，経営成績及びキャッシュ・フローの状況をすべての重要な点において適正に表示していると認められること」

では次に，改訂が予定されている監査基準の報告基準に基づいて監査報告書の記載区分の今後について簡単に述べてみたい。

明瞭性（クラリティ）プロジェクトによるＩＳＡとの整合性を考慮して，3区分から，監査の対象，経営者の責任，監査人の責任，監査人の意見の4区分へ変更することが検討されている。

監査の対象の区分では，監査対象とした財務諸表の範囲が記載される。

経営者の責任の区分では，財務諸表の作成責任は経営者にあること，財務諸表に重要な虚偽な表示がないように内部統制を整備及び運用する責任は経営者にあることが記載される。

　監査人の責任の区分では，監査人の責任は独立の立場から財務諸表に対する意見を表明することにあることが記載される。また，一般に公正妥当と認められる監査の基準に準拠して監査を行ったこと，監査の基準は監査人に財務諸表に重要な虚偽の表示がないかどうかの合理的な保証を得ることを求めていること，監査は財務諸表項目に関する監査証拠を得るための手続を含むこと，監査は経営者が採用した会計方針及びその適用方法並びに経営者によって行われた見積りの評価も含め全体としての財務諸表の表示を検討していること，監査手続の選択及び適用は監査人の判断によること，財務諸表監査の目的は，内部統制の有効性について意見表明するためのものではないこと，監査の結果として入手した監査証拠が意見表明の基礎を与える十分かつ適切なものであることが記載される。

　監査人の意見の区分では，現在の財務諸表に対する意見と同様の内容になるが，経営者の作成した財務諸表が，一般に公正妥当と認められる企業会計の基準に準拠して，企業の財政状態，経営成績及びキャッシュ・フローの状況をすべての重要な点において適正に表示していると認められることが記載される。

4 除外事項

　第3節で述べた監査報告書は無限定適正意見の監査報告書であるが，監査の実施過程において，財務諸表の一部ないし全体に対し，その信頼性を保証できない事態が生じることも考え，このような場合，監査人が無限定適正意見以外の監査意見を表明することになる事態が生じ，その原因となる事項を除外事項とよぶ。

　この除外事項には，監査報告書の記載事項のうち，実施した監査の概要を記

載する範囲区分に関するものと，財務諸表に対する意見を記載する意見区分に関するものの2つがある。

（1）範囲区分の除外事項

範囲区分の除外事項については，報告基準「五　監査範囲の制約」において，次のように規定されている。

「1　監査人は，重要な監査手続を実施できなかったことにより，無限定適正意見を表明することができない場合において，その影響が財務諸表に対する意見表明ができないほどには重要でないと判断したときには，除外事項を付した限定付適正意見を表明しなければならない。この場合には，実施した監査の概要において実施できなかった監査手続を記載し，財務諸表に対する意見において当該事実が影響する事項を記載しなければならない。

2　監査人は，重要な監査手続を実施できなかったことにより，財務諸表に対する意見表明のための合理的な基礎を得ることができなかったときには，意見を表明してはならない。この場合には，財務諸表に対する意見を表明しない旨及びその理由を記載しなければならない。」

この規定により，第4章第4節第4項でみたように，監査を実施するうえで様々な制約のために重要な監査手続が実施できなかった場合は，意見不表明監査報告書あるいは限定付適正意見監査報告書を出すことになる。

なお，「重要な監査手続が実施できなかったこと」の「重要な監査手続」とは，特定の監査手続を示すものではなく，その監査手続が実施できなかったことにより無限定適正意見を表明するための十分かつ適切な監査証拠が入手できなかったことを意味するものといえる[4]。

また，改訂基準では，「意見を表明しない」という表現で，いわゆる意見不表明の状況を規定している。このことは，改訂前の報告基準の「三　監査人は，自己の意見を形成するに足る合理的な基礎が得られないときは，財務諸表に対する意見の表明を差控えなければならない。」と謳っていることと表現が異なっ

ているが，意見差控と不適正意見の違いが整理されたものとみることができる。監査を実施しようとしたができなかった，あるいは実施したが結果として十分かつ適切な証拠が入手できなかった場合には，意見を表明することはできないわけで，不適正とは意味合いが全く違うということになるといえる。

除外事項を付した限定付適正意見を表明した場合は，監査範囲の制約に係る除外事項として，実施できなかった監査手続，監査範囲の制約の事実が影響する事項を記載することになる。実施できなかった監査手続は監査概要のところで記載されるわけで，つまり範囲区分における除外事項を意味し，意見表明に直結している除外事項ではないということを監査報告書の中ではっきりと記載させるという意図によるものであると解することができる(5)。

意見不表明を表明した場合は，意見を表明しない旨，その理由を記載することになる。この場合には監査意見が付されていないため，二重責任の原則の記載については，財務諸表の作成責任のみを規制するものとし，意見区分において一般に公正妥当と認められる企業会計の基準に準拠しているか否かの記載はしないものとなる。

監査範囲の制約には，例えば，次のようなことが考えられる。

監査契約の締結時期による制約については，監査人の選任前に実地棚卸が行われ立会が実施できない場合等である。

被監査会社の会計記録が不十分であるという制約については，会社の内部統制に不備があり，会計記録が保存されていない場合，重要な事業所等の会計記録が災害等により消滅した場合等である。

十分かつ適切な監査証拠が入手不能であるという制約については，監査人が長期投資先の評価にあたって投資先の監査済財務諸表を入手できない場合，経営者確認書を入手できない場合，監査証拠の提供を拒否された場合等である。

次に，他の監査人の監査の重要な事項について，その監査結果が利用できない場合の意見表明のあり方についてみてみる。これについては，報告基準において次のような規定がある。

「3　監査人は，他の監査人が実施した監査の重要な事項について，その監

査の結果を利用できないと判断したときに，更に当該事項について，重要な監査手続を追加して実施できなかった場合には，重要な監査手続を実施できなかった場合に準じて意見の表明の適否を判断しなければならない。」

第4章第13節「他の監査人等の利用」でみたように，他の監査人によって行われた監査の結果を利用する場合には，当該財務諸表等の重要性及び他の監査人の信頼性の程度を勘案し当該監査が適切であるかどうかを評価して，利用する程度及び方法を決定すべきであるとされている。

監査計画策定段階及び監査の実施過程において他の監査人等の監査結果を利用しようとする場合でも，当該他の監査人が実施した重要な子会社等についての監査の結果が，監査日程の変更等により利用できない場合等，他の監査人の実施した監査の重要な事項について，その監査の結果を利用できないケースがある。この場合において，さらに当該事項について，重要な監査手続を追加して実施できなかった場合には，重要な監査手続を実施できなかった場合に準じて，意見の表明の適否を判断する必要があることになる。

また，本来，範囲区分でも，意見区分でも除外事項とならないが，監査人が最終的に表明する監査意見に影響を及ぼす事項としていわゆる未確定事項とよばれるものがある。未確定事項とは，監査報告書作成時点における不確実性のために，将来の結果や企業の財政状態，経営成績及びキャッシュ・フローの状況に及ぼす影響を判断できない事項で，通常の会計処理方法が明確でない異常な事項を意味する[6]。

この未確定事項がある場合の監査意見の表明について，報告基準において次のような規定がある。

「4　監査人は，将来の帰結が予測し得ない事象又は状況について，財務諸表に与える当該事象又は状況の影響が複合的かつ多岐にわたる場合には，重要な監査手続を実施できなかった場合に準じて意見の表明ができるか否かを慎重に判断しなければならない。」

この規定は，巨額な損害賠償請求訴訟や係争事件に代表されるような将来の

帰結が予測し得ない事象又は状況について，財務諸表に与える当該事象又は状況の影響が複合的かつ多岐にわたる場合には，監査範囲の制約に該当するかどうかを慎重に判断しなければならないことを求めており，未確定事項については範囲区分の除外事項として捉えられているといえる。

改訂前の監査基準の監査報告準則においては，未確定事項について，「四 財務諸表に対する意見の表明の差控」と題して，「重要な監査手続を実施できなかったこと等の理由により財務諸表に対する意見を形成するに足る合理的な基礎が得られない時は，財務諸表に対する意見の表明を差控える旨及びその理由を記載しなければならない。」と規定していた。

これと比較すると，改訂基準では，未確定事項についてより具体的に記載されており，また，「慎重に判断しなければならない」と表現することにより，安易に意見不表明報告書になることがないように規定されているとみることができる。

なお今後予定される改訂において，監査範囲の制約に関しては，以下のような規定になる予定である。

「1　監査人は，重要な監査手続を実施できなかったことにより，無限定適正意見を表明することができない場合において，その影響が財務諸表に対する意見表明ができないほど全体にわたっていないと判断したときには，除外事項を付した限定付適正意見を表明しなければならない。この場合には，別に区分を設けて，実施できなかった監査手続及び当該事実が影響する事項を記載しなければならない。

2　監査人は，重要な監査手続を実施できなかったことにより，財務諸表に対する意見表明のための基礎を得ることができなかったときには，意見を表明してはならない。この場合には，別に区分を設けて，財務諸表に対する意見を表明しない旨及びその理由を記載しなければならない。」

この改訂では，重要な監査手続を実施できなかった場合，別に区分を設けて，限定付適正意見を付す際は，実施できなかった監査手続及び当該事実が影響する事項，意見不表明を付す際は，財務諸表に対する意見を表明しない旨及びそ

の理由を記載しなければならなくなる。

（2） 意見区分の除外事項

　意見区分の除外事項については，報告基準「四　意見に関する除外」において，次のように規定されている。
　「1　監査人は，経営者が採用した会計方針の選択及びその適用方法，財務諸表の表示方法に関して不適切なものがあり，無限定適正意見を表明することができない場合において，その影響が財務諸表を全体として虚偽の表示に当たるとするほどには重要でないと判断したときには，除外事項を付した限定付適正意見を表明しなければならない。この場合には，財務諸表に対する意見において，除外した不適切な事項及び財務諸表に与えている影響を記載しなければならない。
　　2　監査人は，経営者が採用した会計方針の選択及びその適用方法，財務諸表の表示方法に関して著しく不適切なものがあり，財務諸表が全体として虚偽の表示に当たると判断した場合には，財務諸表が不適正である旨の意見を表明しなければならない。この場合には，財務諸表に対する意見において，財務諸表が不適正である旨及びその理由を記載しなければならない。」
　この規定により，財務諸表に対する意見表明において，監査基準の報告基準「基本原則」の2に規定している3つの判断事項を評価し，不適切な事項がある場合，改訂基準では，限定付適正意見表明と不適正意見表明が明確に区分された。
　そして，監査人は，経営者が採用した会計方針の選択・適用方法，財務諸表の表示方法が企業の実態を適切に反映したものであるかどうかについての評価が必要とされ，財務諸表の適正表示に対する実質的な判断が求められている。
　除外事項を付した限定付適正意見を表明する場合には，財務諸表に対する意見の区分において，除外した不適切な事項及び財務諸表に与えている影響を除き，財務諸表は適正に表示している旨が記載される。

不適正意見を表明する場合には，財務諸表に対する意見の区分において，不適正である旨及びその理由を記載し，当該不適切な事項の財務諸表に与える影響の重要性に鑑み，財務諸表は適正に表示していない旨が記載される。

不適切な事項が財務諸表に与えている影響の記載にあたっては，通常，損益計算書項目（営業損益，経常損益，税金等調整前当期純損益及び当期純損益）に対する影響を記載するとともに，貸借対照表項目またはその他の項目への影響の記載については，不適切な項目の重要性，科目間の関連性を考慮して決定される。

なお，除外事項を付した限定付適正意見または不適正意見を表明する場合，監査の対象，実施した監査の概要については無限定適正意見のものと同様のものが記載される。

意見区分の除外事項について，改訂前の監査基準や廃止された監査報告準則との大きな違いは，いわゆる会計方針の変更の場合である。これまでは，正当な理由に基づく会計方針の変更は意見区分における除外事項の1つとして取り扱われてきた。

しかし，正当な理由に基づく変更に関する記載は，本来，除外事項ではなく財務諸表の比較可能性を確保するための説明事項に過ぎないとの意見があり，また，正当な理由に基づく変更も除外事項として取り扱うことから，変更の正当性判断がないがしろにされる傾向も指摘されてきたところであった[7]。

このような意見をふまえ，改訂基準においては，正当な理由に基づく会計方針の変更は除外事項にはあたらず，追記情報として取り扱うこととされた。

なお今後予定される改訂において，意見に関する除外に関しては，以下のような規定になる予定である。

「1　監査人は，経営者が採用した会計方針の選択及びその適用方法，財務諸表の表示方法に関して不適切なものがあり，無限定適正意見を表明することができない程度に重要ではあるものの，その影響が財務諸表を全体として虚偽の表示に当たるとするほどではないと判断したときには，除外事項を付した限定付適正意見を表明しなければならない。この場合には，別に区分を設けて，除外した不適切な事項及び財務諸表に与えて

いる影響を記載しなければならない。
2 監査人は，経営者が採用した会計方針の選択及びその適用方法，財務諸表の表示方法に関して著しく不適切なものがあり，その影響が財務諸表を全体として虚偽の表示に当たるとするほどに重要であると判断した場合には，財務諸表が不適正である旨の意見を表明しなければならない。この場合には，別に区分を設けて，財務諸表が不適正である旨及びその理由を記載しなければならない。」

この改訂では，経営者が採用した会計方針の選択及びその適用方法，財務諸表の表示方法に関して不適切なものがあり，その影響が財務諸表を全体として虚偽の表示に当たるとするほどではない場合は，別に区分を設けて，除外した不適切な事項及び財務諸表に与えている影響を，その影響が財務諸表を全体として虚偽の表示に当たるとするほどに重要であると判断した場合は，別に区分を設けて，財務諸表が不適正であるとした理由を記載しなければならなくなる。

5 継続企業の前提

(1) 平成14(2002)年改訂基準における継続企業の前提

継続企業の前提は，繰り返し述べているが，平成14（2002）年改訂基準の目玉の1つであったので，まず平成14（2002）年改訂の際の報告基準についてみることにする。

継続企業の前提については，監査基準の前文及び報告基準「六　継続企業の前提」において次のように規定されていた。

前文は，
「③　継続企業の前提に関わる問題については，前述のとおり，監査人の意見表明についての判断の規準と監査報告書において記載すべき事項を示した。」
であった。

報告基準は,
「1 監査人は,継続企業の前提に重要な疑義が認められるときに,その重要な疑義に関わる事項が財務諸表に適切に記載されていると判断して無限定適正意見を表明する場合には,当該重要な疑義に関する事項について監査報告書に追記しなければならない。

2 監査人は,継続企業の前提に重要な疑義が認められるときに,その重要な疑義に関わる事項が財務諸表に適切に記載されていないと判断した場合は,当該不適切な記載についての除外事項を付した限定付適正意見を表明するか,又は,財務諸表が不適正である旨の意見を表明し,その理由を記載しなければならない。

3 監査人は,継続企業の前提に重要な疑義を抱かせる事象又は状況が存在している場合において,経営者がその疑義を解消させるための合理的な経営計画等を提示しないときには,重要な監査手続を実施できなかった場合に準じて意見の表明の適否を判断しなければならない。

4 監査人は,継続企業を前提として財務諸表を作成することが適切でない場合には,継続企業を前提とした財務諸表については不適正である旨の意見を表明し,その理由を記載しなければならない。」
であった。

まず,監査人は,継続企業を前提として財務諸表を作成することが適切であり,かつ,継続企業の前提に重要な疑義が認められないと判断した場合には,無限定適正意見を表明する。

報告基準の六の1についてみてみよう。

監査人は,継続企業の前提に重要な疑義が認められるときに,継続企業を前提として財務諸表を作成することが適切であり,かつ,継続企業の前提に重要な疑義を抱かせる事象又は状況に係る情報の開示が適切であると判断したときには無限定適正意見を表明することになるが,その場合,財務諸表における当該事象又は状況の開示について注意を喚起するため,監査報告書に追記情報として次の事項を記載しなければならない。

第5章 監査報告論

① 継続企業の前提に重要な疑義を抱かせる事象又は状況
② 財務諸表に注記されている事象又は状況は継続企業の前提に重要な疑義を抱かせるものである旨
③ 当該事象又は状況に対する経営計画等が注記されている旨
④ 財務諸表は継続企業を前提として作成されており，継続企業の前提に係る不確実性から生じる可能性のあるいかなる影響も財務諸表には反映されていない旨

このように，平成14（2002）年改訂基準においては，継続企業の前提に関する重要な疑義に関して，経営者が基本的には財務諸表に注記することを求めており，その状況を明確に，利害関係者が判断できる場合には，無限定適正意見ということになった。

報告基準六の2についてみてみよう。

これは，意見に関する除外についての規定である。監査人は，継続企業の前提に重要な疑義が認められるときに，その重要な疑義に関わる事項が財務諸表に適切に記載されていないと判断した場合は，当該不適切な記載についての除外事項を付した限定付適正意見を表明するか，または，不適正意見を表明しその理由を監査報告書に記載する。

除外事項を付した限定付適正意見を表明する場合，監査報告書において，除外事項とした継続企業の前提に重要な疑義を抱かせる事象又は状況の内容及び除外した理由を記載しなければならない。

また，不適正意見を表明する場合，監査報告書において，不適正意見の原因となった継続企業の前提に重要な疑義を抱かせる事象又は状況の内容及び不適正であると判断した理由を記載しなければならない。

このように，継続企業の前提について経営者が適切な開示を行わなかったと監査人が判断した場合には，限定付適正意見あるいは不適正意見を表明することになる。ただこの場合は，継続企業の前提をめぐって，経営者と監査人の間でかなりの意見対立があるものと予想される。

報告基準六の3についてみてみよう。

これは，監査範囲の制約についての規定である。監査人は，経営者から合理的な経営計画等が提示されない場合（提示された経営計画等が合理的でない場合や経営者の評価期間が貸借対照表日の翌日から1年に満たない場合を含む。）には，監査範囲の制約としての除外事項を付した限定付適正意見を表明するかまたは意見表明をしないこととなる。

除外事項を付した限定付適正意見を表明する場合，監査報告書において，除外事項とした継続企業の前提に重要な疑義を抱かせる事象又は状況の内容及び除外した理由を記載しなければならない。

また意見表明をしない場合，監査報告書において，意見表明をしない原因となった継続企業の前提に重要な疑義を抱かせる事象又は状況の内容及び意見を表明しない旨を記載しなければならない。なお，この場合には監査意見が付されていないため，二重責任の原則の記載については，財務諸表の作成責任のみを記載するものとし，意見区分において一般に公正妥当と認められる企業会計の基準に準拠しているか否かの記載はしないものとする。

報告基準六の4についてみてみよう。

これは，報告基準六の2と同様に，意見に関する除外についての規定であるといえる。監査人は，事業の継続が困難であり継続企業の前提が成立していないことが一定の事実をもって明らかであり，継続企業を前提として財務諸表を作成することが適切でない場合において，財務諸表が継続企業を前提として作成されているときは，不適正意見を表明し，その理由を監査報告書に記載しなければならない。

この場合には，監査報告書において，継続企業を前提として財務諸表を作成することが適切でない状況を説明し，それにもかかわらず財務諸表が継続企業を前提として作成されている旨を記載することになる。

（2） 平成21(2009)年改訂以降の基準における継続企業の前提

第4章でも述べたように，平成21(2009)年の改訂において継続企業の前提に関する監査の対応手続が改訂され，これにともない報告基準も改訂された。

具体的には以下のように改訂された。

「1　監査人は，継続企業を前提として財務諸表を作成することが適切であるが継続企業の前提に関する重要な不確実性が認められる場合において，継続企業の前提に関する事項が財務諸表に適切に記載されていると判断して無限定適正意見を表明するときには，継続企業の前提に関する事項について監査報告書に追記しなければならない。

2　監査人は，継続企業の前提に関する重要な不確実性が認められる場合において，継続企業の前提に関する事項が財務諸表に適切に記載されていないと判断したときは，当該不適切な記載についての除外事項を付した限定付適正意見を表明するか，又は，財務諸表が不適正である旨の意見を表明し，その理由を記載しなければならない。

3　監査人は，継続企業の前提に重要な疑義を生じさせるような事象又は状況に関して経営者が評価及び対応策を示さないときには，十分かつ適切な監査証拠を入手できないことがあるため，重要な監査手続を実施できなかった場合に準じて意見の表明の適否を判断しなければならない。

4　監査人は，継続企業を前提として財務諸表を作成することが適切でない場合には，継続企業を前提とした財務諸表については不適正である旨の意見を表明し，その理由を記載しなければならない。」

この改訂にともない，財務諸表等規則では，貸借対照表日において継続企業の前提に重要な疑義を生じさせるような事象又は状況が存在する場合であって，当該事象又は状況を解消し，又は改善するための対応をしてもなお継続企業の前提に関する重要な不確実性が認められるときに，次の事項を注記するとした。

① 　当該事象又は状況が存在する旨及びその内容
② 　当該事象又は状況を解消し，又は改善するための改善策
③ 　当該重要な不確実性が認められる旨及びその理由
④ 　当該重要な不確実性の影響を財務諸表に反映しているか否かの別

　この改訂では，第4章でも述べたように，継続企業の前提に重要な疑義を抱かせる事象又は状況の有無を確認し，当該事象又は状況があった場合，画一的

に，無限定適正意見＋追記の監査報告書を出したことの反省に基づき，継続企業の前提に重要な疑義を生じさせるような事象又は状況があった場合，経営者の評価，当該事象又は状況に関する経営者の対応策について検討し，重要な不確実性の有無を確認することがポイントである。重要な不確実性が認められない場合には，追記なしの無限定適正意見を表明することになる。

なお，今回の改訂によって，従来，「継続企業の前提に関する注記」がなされてきたケースの一部について，経営者の対応策等から継続企業の前提に関する重要な不確実性が認められないため，「注記」に至らないケースが生じることもあることから，上場会社等においては，継続企業の前提に関する重要な不確実性が認められず当該注記を行わないケースにおいても，例えば，有価証券報告書の「事業等のリスク」や「財政状態，経営成績及びキャッシュ・フローの状況の分析」等において，一定の事象や経営者の対応策等の開示が必要とされている。

また経営者が評価及び対応策を示さないときには，重要な監査手続を実施できなかった場合に準じて限定付適正意見あるいは意見不表明を行うことになる。つまり，改訂前は，継続企業の前提に重要な疑義を抱かせる事象又は状況があり，その場合経営者が経営計画等を提示しないあるいはその経営計画等が合理的ではない場合に，重要な監査手続を実施できなかった場合に準じて限定付適正意見あるいは意見不表明を行うことになっていたのに対し，改訂後は，経営者が評価及び一定の対応策も示さない場合には，十分かつ適切な監査証拠を入手することができないことがあるため，重要な監査手続を実施できなかった場合に準拠して意見の表明の適否を判断することになった。このことにより，監査人は，改訂前に比べて，安易に意見不表明を出すケースが少なくなるものと考えられる。

6　追記情報

(1)　特記事項から追記情報へ

　追記情報は，平成14（2002）年改訂基準において，特記事項に代えて新設されたものであった。追記情報については，改訂基準の前文及び報告基準「七　追記情報」にて，次のように規定されている。
　前文は，
　「(3)　追記情報
　　①　監査人による情報に追記について示した。本来，意見表明に関する監査人の責任は自らの意見を通しての保証の枠組みのなかで果たされるべきものであり，その枠組みから外れる事項は監査人の意見とは明確に区別することが必要である。このように考え方を整理した上で，財務諸表の表示に関して適正であると判断し，なおもその判断に関して説明を付す必要がある事項や財務諸表の記載について強調する必要がある事項を監査報告書で情報として追記する場合には，意見の表明と明確に区分し，監査人からの情報として追記するものとした。具体的には，監査報告書の基本的な3つの区分による記載事項とは別に記載することとなる。したがって，除外すべき事項を追記情報として記載することはできない。これに関連して，監査人の意見との関係が曖昧であるとの指摘もある特記事項は廃止した。
　　②　監査意見からの除外事項及び追記する情報に関連して，従来，除外事項とされていた正当な理由による会計方針の変更は，不適切な理由による変更と同様に取り扱うことは誤解を招くことから，除外事項の対象とせずに，追記する情報の例示としたが，会計方針の変更理由が明確でないものがあるとの指摘もある点も踏まえ，監査人には厳格な判断が求められることは言うまでもない。また，この改訂に伴い，会

計基準の変更に伴う会計方針の変更についても，正当な理由による会計方針の変更として取り扱うこととすることが適当である。なお，会計方針の変更があった場合における財務諸表の期間比較の観点からは，変更後の会計方針による過年度への影響に関する情報提供についても財務諸表の表示方法の問題として検討することが必要である。
　③　追記する情報には，監査報告書を添付した財務諸表を含む開示情報と財務諸表との記載内容との重要な相違を挙げているが，これは，財務諸表と共に開示される情報において，財務諸表の表示やその根拠となっている数値等と重要な相違があるときには，監査人が適正と判断した財務諸表に誤りがあるのではないかとの誤解を招く虞があるため，追記する情報として例示した。」

である。

報告基準は，

「監査人は，次に掲げる事項その他説明又は強調することが適当と判断した事項は，監査報告書に情報として追記するものとする。

　(1)　正当な理由による会計方針の変更
　(2)　重要な偶発事象
　(3)　重要な後発事象
　(4)　監査した財務諸表を含む開示書類における当該財務諸表の表示とその他の記載内容との重要な相違」

である。

ここで，追記情報の説明に入る前に，廃止された特記事項について簡単にみておく。特記事項については，改訂前の報告基準及び監査報告準則では次のように規定されていた。

報告基準は，

「四　監査人は，企業の状況に関する利害関係者の判断を誤らせないようにするため特に必要と認められる重要な事項を監査報告書に記載するものとする。」

であり現在に至っている。

監査報告準則は，

「五　特記事項

　重要な偶発事象，後発事象等で企業の状況に関する利害関係者の判断を誤らせないようにするため特に必要と認められる事項は，監査報告書に特記事項として記載するものとする。」

である。

特記事項とは，財務諸表に注記されている重要な偶発事象，後発事象等で会社の状況に関する利害関係者の判断を誤らせないようにするため，監査人が特に必要と認める事項を監査報告書に重ねて記載することによって強調し，それによって利害関係者へ注意的情報または警報的情報を提供するものであった。

さらに，特記事項については，平成4（1992）年に，監査基準委員会報告書第2号「特記事項」が公表され，特記事項の記載対象として「重要な偶発事象，後発事象等」と監査報告準則で規定されているが，「等」は，現在予想できない何らかの事象や企業内容開示制度の今後の進展によって新たに追加される事象を予定しているので，当面，特記事項として記載される事項は財務諸表に注記されている偶発事象及び後発事象のうち特に重要な事象に限定される旨が記載された。

しかし，その後，実務では，特記事項において，監査対象とされている財務諸表を公表している企業の継続性に関する監査問題が取り扱われるようになり，こうした記載状況に対して，実務上の取扱いが曖昧であることや，監査人の保証の枠に収めにくい問題を回避するための手段として利用されている面があり，特記事項そのものの性格が不明確である等の批判がなされるようになった[8]。

このような批判を克服する形で，改訂基準において，追記情報が新設されることになった。追記情報として記載される事例は，特記事項の規定にもあった偶発事象と後発事象に加え，正当な理由による会計方針があった場合の追記，監査した財務諸表の表示とその他の開示内容との重要な相違があった場合のその状況説明に関する開示，そして，第5節で説明した継続企業の前提に関する

情報の開示ということになる。

　監査した財務諸表の表示とその他の開示内容との重要な相違とは，例えば，有価証券報告書における財務諸表以外の情報内容における数値情報や記述情報から読み取れる内容と，財務諸表情報から読み取れる内容との間に重要な相違があるケース等である[9]。

　なお，正当な理由による会計方針があった場合の追記については，第4節において述べているので参照されたい。また，「会計基準の変更に伴う会計方針の変更」とは，従来，追加情報とされてきた「法令の改正等によりある方法の採用が強制され，他の方法を任意に選択する余地がないケース」が想定されている。

　追記情報は，実務上，特記事項として継続企業の前提の問題に関する情報が記載されているという問題点を克服したことになったが，追記情報の記載にあたっては特記事項と同じ轍を踏まないよう慎重にすべきものであると考えられる。

　なお，今後予定される改訂では追記情報に関する規定の文言が以下のようになる予定である。

　「七　追記情報

　　　監査人は，次に掲げる強調すること又はその他説明することが適当と判断した事項は，監査報告書にそれらを区分した上で，情報として追記するものとする。

　(1)　正当な理由による会計方針の変更

　(2)　重要な偶発事象

　(3)　重要な後発事象

　(4)　監査した財務諸表を含む開示書類における当該財務諸表の表示とその他の記載内容との重要な相違」

　現行監査基準では，監査人は，監査人の意見とは別に，説明又は強調することが適当と判断した事項については，情報として追記するものとされているが，財務諸表における記載を特に強調するために当該記載を前提に強調する強調事

項と，監査人の判断において説明することが適当として記載される説明事項との区分がなく，混在して規定されている。明瞭性（クラリティ）プロジェクト後のＩＳＡでは，両者を区分した上で記載することが求められていることから，わが国の監査基準においても，正当な理由による会計方針の変更，重要な偶発事象，重要な後発事象等の，財務諸表における記載を前提に強調することが適当と判断した事項と監査人がその他説明することを適当と判断した事項について，それぞれを区分して記載することを求めることとしたものといえる。

（2） 重要な偶発事象

偶発事象とは，利益または損失の発生する可能性が不確実な状況が貸借対照表日現在既に存在しており，その不確実性が将来事象の発生することまたは発生しないことによって最終的に解消されるものをいう。具体的には，債務保証や，係争中の訴訟事件に係る損害賠償，先物売買契約等がある。

偶発事象は，偶発利益と偶発損失とに分類できる。偶発損失のうち，発生の可能性が高く，金額の合理的見積りが可能な偶発損失については，引当金として計上され，発生の可能性は高いが金額の見積りが不可能な場合や発生の可能性がある程度以上予想されるが引当金として計上されない偶発損失については，財務諸表に注記される。発生の可能性が低い偶発損失については，原則として注記の対象とならない。ちなみに，偶発利益については，それが実現するまで損益計上することはできない。

これらの事象を追記情報として記載するか否かの判断にあたっては，その記載が企業経営に与える影響の重大さに鑑み，監査人は将来発生する可能性の程度及び損失の見込額または予測額の重要性を慎重に検討する必要がある。

（3） 重要な後発事象

監査対象となる後発事象とは，決算日の翌日から監査報告書作成日までの間に発生した会社の財政状態及び経営成績に影響を及ぼす会計事象をいう。後発事象には，「財務諸表を修正すべき後発事象（修正後発事象）」と「財務諸表に注

記すべき後発事象（開示後発事象）」がある。

　修正後発事象は，決算日後に発生した事象ではあるが，その実質的な原因が決算日現在において既に存在しており，決算日現在の状況に関する会計上の判断ないし見積りをするうえで，追加的ないしより客観的な証拠を提供するものとして考慮しなければならない事象である。したがって，重要な事象については，財務諸表の修正を行うことが必要となる。

　開示後発事象は，決算日後において発生し，当該事業年度の財務諸表には影響を及ぼさないが，翌事業年度以降の財務諸表に影響を及ぼす事象である。したがって，重要な事象については，会社の財政状態及び経営成績に関する的確な判断に資するため，当該事業年度の財務諸表に注記を行うことが必要となる。

　追記情報の記載にあたっては，開示後発事象のうち，その事象が翌事業年度以降の財務諸表に著しく重要な影響を及ぼすものであるため，監査人がそれを監査報告書に追記することにより財務諸表の利用者に特に注意を喚起することが必要と判断されるものを対象とする。

　なお，これらの事象を追記情報として記載するか否かの判断にあたって，監査人は，翌事業年度以降の財務諸表に及ぼす影響の重要性を慎重に検討する必要がある。

　ちなみに明瞭性（クラリティ）プロジェクトでは，後発事象とは，決算日の翌日から監査報告書日の間に発生している事象に加えて，監査報告書日後に監査人が知るところとなった事実と定義されている。

（注）
(1)　鳥羽至英『監査基準の基礎〔第2版〕』白桃書房，1994年，323－326頁参照。
(2)　八田進二・高田敏文『逐条解説　新監査基準を学ぶ』同文舘出版，2002年，122－124頁参照。
(3)　なお，監査の対象の部分も含めて範囲区分という場合もある。
(4)　加藤恭彦・友杉芳正・津田秀雄編『監査論講義〔第4版〕』中央経済社，2002年，214頁。
(5)　八田・高田，前掲書，144－146頁参照。

(6) 加藤・友杉・津田，前掲書，214-215頁。
(7) 同上，216頁。
(8) 石田三郎編『監査論の基礎知識〔三訂版〕』東京経済情報出版，2002年，172-173頁参照。
(9) 内藤文雄・那須伸裕「改訂監査基準について」『JICPAジャーナル』(2002年3月号)，日本公認会計士協会，2002年，34頁。

第6章

年度監査以外の保証業務

point

① 平成14（2002）年の監査基準の抜本改訂にともない中間監査基準も改訂されたが，その内容についてよく理解する必要がある。
② 平成17（2005）年の監査基準の改訂では主にリスク・アプローチについての改正が加えられたが，これにともない中間監査基準も改訂され，その内容についてよく理解する必要がある。
③ 平成21（2009）年の監査基準の改訂では主に継続企業の前提についての改正が加えられたが，これにともない中間監査基準も改訂され，その内容についてよく理解する必要がある。
④ 現行中間監査基準の報告基準による中間監査報告書についてよく理解する必要がある。
⑤ 平成20（2008）年4月1日以後開始する事業年度から，上場会社等は四半期報告書を提出し，監査人による四半期レビューが義務づけられた。
⑥ レビューと監査の違いを理解し，監査人による意見表明が消極的形式による結論の表明であることの意味をよく理解する必要がある。
⑦ 四半期レビュー基準の体系を理解し，目的基準，実施基準，報告基準の内容をよく理解する必要がある。
⑧ 平成20（2008）年4月1日以後開始する事業年度から，上場会社等は内部統制報告書を提出し，監査人による内部統制監査が義務づけられた。
⑨ 財務報告に係る内部統制の評価及び監査の基準とその実施基準の内容をよく理解する必要がある。
⑩ 内部統制監査と財務諸表監査の関係についてよく理解する必要がある。

1 保証業務の意義

保証業務について,「財務情報等に係る保証業務の概念的枠組みに関する意見書」にそってみてみる。

保証業務とは,主題に責任を負う者が一定の規準によって当該主題を評価または測定した結果を表明する情報について,または,当該主題それ自体について,それらに対する想定利用者の信頼の程度を高めるために,業務実施者が自ら入手した証拠に基づき規準に照らして判断した結果を結論として表明する業務をいう。

保証業務は,通常,一定の規準によって主題を評価または測定した結果を情報(主題情報という。)を主題に責任を負う者が自己の責任において想定利用者に提示することを前提として行われる。

保証業務は,保証業務リスクの程度により,合理的保証業務と限定的保証業務に分類される。合理的保証業務では,業務実施者が,当該業務が成立する状況の下で,積極的形式による結論の報告を行う基礎として合理的な低い水準に保証業務リスクを抑える。これに対して,限定的保証業務では,合理的保証業務の場合よりは高い水準ではあるが,消極的形式による結論の報告を行う基礎として受け入れることができる程度に保証業務リスクの程度を抑える。

財務諸表監査は,業務実施者である監査人が,想定利用者である投資者の財務諸表に対する信頼の程度を高めるために,監査リスクを合理的に低い水準に抑え監査手続を実施して自ら入手した監査証拠に基づき,提示された財務諸表が会計基準に従って企業の財政状態,経営成績及びキャッシュ・フローの状況を適正に表示しているかどうかについて結論を報告する。第2節でみる中間監査もこれに該当するといえる。

内部統制に係る保証業務において,主題に責任を負う者としての経営者が,内部統制の有効性等についての主題情報を自己の責任で想定利用者に提示しな

い場合には,業務実施者が主題たる内部統制それ自体を,その有効性に関する評価の規準に照らして判断し,その結果を結論として表明することとなるが,これはアメリカで採用されているダイレクト・レポーティングであり,わが国においては採用されていない。わが国における内部統制監査については,第4節にて説明する。

限定的保証業務として,いわゆるレビュー業務がある。例えば,財務情報のレビュー業務においては,主題に責任を負う者としての経営者が当該財務情報を一定の作成基準に従って作成しているかどうかについて,業務実施者が自ら入手した証拠に基づき判断した結果を,財務情報が当該作成基準に従って作成されていないと認められる事項が発見されなかったとの消極的形式によって結論を報告する。この場合,当該業務の実施に当たって,保証業務リスクは,消極的形式による結論の報告を行う基礎として受け入れることができる程度の水準に抑えることとなる。第3節にて四半期レビューについて解説する。

2 中間監査

(1) 中間監査基準をめぐる経緯

中間財務諸表は,会計年度の中間期末までの期間を対象とした企業活動の中間的な報告であり,1年決算を採用する企業において,投資者の意思決定に資する投資情報を提供するものである。

わが国においては昭和46 (1971) 年,証券取引法改正により中間財務諸表制度が導入された。中間財務諸表に対する監査は,昭和52 (1977) 年より連結財務諸表制度とともに,証券取引法上の企業内容開示制度として制度化されるところとなり,監査基準とは別に,中間財務諸表監査基準が設定された。

当時の中間財務諸表の作成においては,損益予測情報として作成されるために一部において特有の会計処理が採用され,また企業に過度の経済的負担を課すことなく適時開示を可能とするために一部において決算手続の簡素化が認め

られた。これにともない，監査に際しても，当時の監査実施準則に定められている「通常の監査手続」をそのまま適用するのでは過不足があるため，中間財務諸表監査基準が設定されたのである。

中間財務諸表監査基準は，正規の監査手続より簡略な監査手続を認める「中間監査手続」を規定し，「中間監査報告書」によって中間財務諸表に対する意見表明を行うこととした。意見表明については，年度財務諸表に対するものが財務諸表の適正性についてであるのに対し，中間財務諸表に対するものは「有用な会計情報を提供しているかどうか」という有用性についてであることが規定された。

その後，昭和57（1982）年と平成3（1991）年に，中間財務諸表作成基準及び中間財務諸表監査基準が部分的に改訂され，平成12（2000）年には，「中間連結財務諸表等の作成基準の設定に関する意見書」ならびに「中間監査基準の設定に関する意見書」が企業会計審議会から公表され，抜本的な改訂が行われた。

平成12（2000）年4月より開始される中間連結財務諸表の開示と監査の制度化にともない，平成10（1998）年，連結主体の開示，監査制度に対応するとともに，監査基準との体系的な整合性を保ちつつ，財務諸表監査の監査水準に対する社会的期待に応えるため，中間監査基準が設定されたのである。

中間連結財務諸表等の作成基準では，中間財務諸表の作成方法が，今までの予測主義から実績主義へと変更され，年度の財務諸表に準ずるものとされた。これにともない中間監査基準においては，「中間監査は，年度監査と同程度の信頼性を保証するものではなく，中間財務諸表に係る投資者の判断を損なわない程度の信頼性を保証する監査」であるとしている。よって，「合理的な範囲で年度監査における通常実施すべき監査手続の一部を省略できる」ことになる[1]。

年度監査の基準「監査基準」とは別に中間監査基準を設定し，有用性の意見表明を規定したことは，次のような概念を用いたことによるといえる[2]。

中間監査の概念は，①中間財務諸表の監査，②両脇の年度監査に支えられた中間時点の，しかも当該年度の年度監査の一部ともなる監査，③保証水準が中

第6章 年度監査以外の保証業務

位の監査という3つの考えを取り入れたものである。

　中間監査はレビューではなく監査と称しており，わが国特有の監査であるといえる。ただし，平成13 (2001) 年に公表された「監査基準の改訂に関する意見書」(公開草案) の段階においては，「四　中間監査基準について」と題して，「現行の『中間監査基準』においては，事業年度の途中において当該事業年度に係る財務諸表の監査 (年度監査) と同等の監査手続を求めることは，監査を受ける企業の負担を著しく重くすると考えられることから，中間監査では年度監査よりも監査手続を限定し，保証の水準を低くした意見を表明することを認めている。」と記載されており，年度末の財務諸表監査と中間監査とでは保証の水準が異なっている。つまり，中間監査の保証の水準は年度監査のものよりも低いが，単独の業務契約を前提としたレビュー業務よりは監査人が得る心証の程度は高いと考えられる。

　中間監査実施基準の三において，「監査人は，中間監査に当たり，子会社等については，分析的手続，質問及び閲覧等から構成される監査手続によることができるものとする。」と規定され，これは，在外子会社等の中間監査を親会社と同様に行うことは困難であることを考慮し，外部証拠による検証方法の省略が可能となっているものといえる[3]。

　平成12 (2000) 年の中間監査基準は，平成14 (2002) 年改訂前の監査基準，監査実施準則及び監査報告準則を基礎にし，今述べたように，中間監査特有の事項を考慮して設定されていた。監査人の的確性の条件及び監査人が業務上守るべき規範は，監査基準の一般基準において定められており，中間監査においても当然準拠すべき規範であることが明らかであるため，中間監査基準は，中間監査実施基準及び中間監査報告基準から構成されている。

　また，平成12 (2000) 年に，監査基準委員会報告書第17号「中間監査」が中間監査基準の設定にともない改正され，中間監査基準を構成する中間監査実施基準及び中間監査報告基準に関する実務上の指針が提供された。

(2) 平成14（2002）年改訂中間監査基準

第1項で述べたような経緯を経て，平成14（2002）年の監査基準の改訂に連動し，同年，中間監査基準も大きく改訂された。これは，平成15（2003）年9月に終了する中間会計期間から適用される。中間監査基準の構成は，まず，監査基準と同様に，「第一　中間監査の目的」が設定され，中間監査の目的が明示された。次に，「第二　実施基準」，「第三　報告基準」となっている。

ここで，平成14（2002）年改訂前及び平成14（2002）年改訂以降の中間監査基準の体系を［図6－1］に示すので，以下，随時参照されたい。

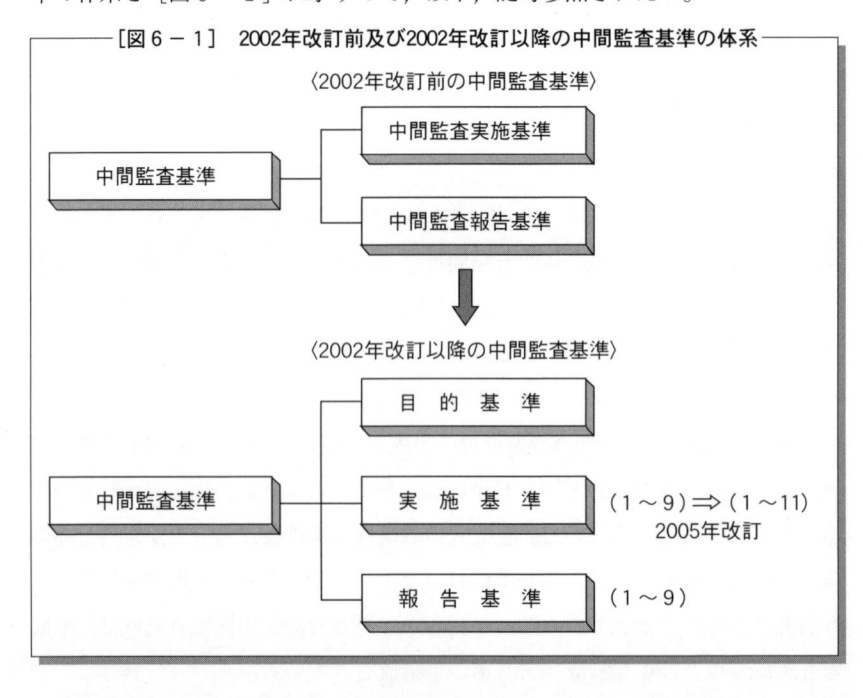

［図6－1］　2002年改訂前及び2002年改訂以降の中間監査基準の体系

〈2002年改訂前の中間監査基準〉

中間監査基準 ─┬─ 中間監査実施基準
　　　　　　　└─ 中間監査報告基準

〈2002年改訂以降の中間監査基準〉

中間監査基準 ─┬─ 目　的　基　準
　　　　　　　├─ 実　施　基　準　（1～9）⇒（1～11）
　　　　　　　│　　　　　　　　　　　2005年改訂
　　　　　　　└─ 報　告　基　準　（1～9）

中間監査の目的は，改訂前と同様に有用性の意見表明であるが，ここでは監査基準と同様に二重責任の原則を明示し，さらに「中間財務諸表が有用な情報を表示している旨の中間監査人の意見は，中間財務諸表には，全体として投資者の判断を損なうような重要な虚偽の表示がないということについて，合理的な保証を得たとの中間監査人の判断を含んでいる」と規定している。「中間監

第6章 年度監査以外の保証業務

査人」とは，中間監査の監査人をいう。

　中間監査の位置づけは，従来の中間監査に求める保証の水準に関する考え方が踏襲され，中間監査は，年度監査と同程度の信頼性を保証するものではなく，中間財務諸表に係る投資者の判断を損なわない程度の信頼性を保証するものである。なお，平成14（2002）年中間監査基準では，「中間監査に係る通常実施すべき監査手続」という文言は使用されていない。

　中間監査基準の改訂のポイントは，リスク・アプローチの徹底，継続企業の前提への対処，そして中間監査報告書の充実である。

　リスク・アプローチの徹底は，年度監査におけるリスク・アプローチの徹底に連動するものである。これは，実施基準において具体化されている。中間監査においても，中間監査に係る監査リスク（中間監査人が中間財務諸表の有用な情報の表示に関して投資者の判断を損なうような重要な虚偽の表示を看過して誤った意見を表明する可能性をいい，中間監査リスクとよぶ。）を合理的に低い水準に抑えるために，固有リスク及び統制リスクを評価して発見リスクの水準を決定し，その水準に応じて必要な監査手続を実施するという考え方が明確に示されている。ただし，中間監査人は中間監査リスクを年度監査に係る監査リスクよりも高く設けることができる。その結果，固有リスクと統制リスクの評価に基づき中間監査人が設定する発見リスクの水準は，年度監査に係る発見リスクの水準よりも高くすることが容認されることとなる。

　実際の監査手続は次のようになる。中間監査リスクの水準は中間監査人が自ら設定するものであり具体的に明示することはできないが，発見リスクの水準を年度監査に係る発見リスクの水準よりも高くすることができると判断した場合には，その水準に応じた監査手続によることができることになる。その結果，年度監査における監査手続の一部を省略する場合であっても，分析的手続，質問及び閲覧を中心とする監査手続は必ず実施しなければならず，少なくともいわゆるレビューにおける手続以上の監査手続が求められる。一方，発見リスクの水準を高くすることができないと判断した場合には，分析的手続等を中心とする監査手続に加え必要な実証手続が適用される。

次に，継続企業の前提への対処については，諸外国では年度監査においてのみ要求されているが，わが国では，中間財務諸表の重要性が高まっていることを考慮し，中間監査においても監査基準に準じた取扱いが導入された。

継続企業の前提に関しては，基本的に，年度監査に準じて財務諸表注記及び中間監査における対処が求められている。前事業年度の決算日において継続企業の前提に重要な疑義を抱かせる事象又は状況が存在した場合には，当中間会計期間末までの状況の変化を検討し，当中間会計期間に発生したものについては，基本的に年度監査における対処と同様の対応が求められている。なお，継続企業の前提に関する重要な疑義について経営者の行う評価や対応及び経営計画等に係る合理的な期間は，少なくとも当該中間会計期間の属する事業年度末までの期間とされている。

（3） 平成17（2005）年改訂以降の中間監査基準

平成17（2005）年の監査基準の改訂にともない中間監査基準においても所要の改訂が行われた。具体的には，中間財務諸表が属する年度の財務諸表の監査に係る監査計画の一環として中間監査に係る監査計画が策定されることから，中間監査においても「事業上のリスク等を重視したリスク・アプローチ」を前提にして，固有リスクと統制リスクを結合した重要な虚偽表示のリスクの考え方，財務諸表全体及び財務諸表項目の2つのレベルにおける重要な虚偽表示のリスクの評価，及び特別な検討を必要とするリスクへの対応を導入するほか，経営者が提示する財務諸表項目と監査要点の関係の明確化が行われた。

リスク・アプローチについては，次のような規定になっている。

「監査人は，中間監査リスクを合理的に低い水準に抑えるために，中間財務諸表における重要な虚偽表示のリスクを評価し，発見リスクの水準を決定するとともに，当該発見リスクの水準に対応した適切な監査手続を実施しなければならない。」

その後，平成21（2009）年の監査基準の改訂に伴い中間監査基準においても所要の改訂が行われた。具体的には，継続企業の前提に関する中間監査の実施

手続についての改訂である。その内容は，改訂された監査基準と同様の検討を行うものであり，次のような規定になっている。

「監査人は，前事業年度の決算日において，継続企業の前提に重要な疑義を生じさせるような事象又は状況が存在し，継続企業の前提に関する重要な不確実性が認められた場合には，当該事象又は状況の変化並びにこれらに係る経営者の評価及び対応策の変更について検討しなければならない。」

「監査人は，前事業年度の決算日において，継続企業の前提に関する重要な不確実性が認められなかったものの，当中間会計期間において，継続企業の前提に重要な疑義を生じさせるような事象又は状況が存在すると判断した場合には，当該事象又は状況に関して，合理的な期間について経営者が行った評価及び対応策について検討したうえで，なお継続企業の前提に関する重要な不確実性が認められるか否かを検討しなければならない。」

（4） 中間監査報告書

中間監査報告書では，中間財務諸表が有用な情報を提供しているかどうかについての監査人の意見が記載される。すでに述べたように，平成14（2002）年の監査基準の改訂にともない中間監査基準が改訂され，中間監査報告書の記載内容も改正された。本項では，平成14（2002）年改訂前と改訂以降の中間監査基準に基づき，それぞれの中間監査報告書の概要についてみていくことにする。

改訂前の中間監査報告書は，範囲区分と意見区分の2つに分けて記載されることになっていた。範囲区分では，①中間監査の対象となった中間財務諸表の範囲，②中間監査が「中間監査基準」に準拠して行われた旨，③中間監査に係る通常実施すべき監査手続が実施されたときは，その旨，通常実施すべき監査手続の一部が省略されたとき，あるいは子会社等の中間監査が実施されたときは，その旨，④中間監査に係る通常実施すべき監査手続のうち重要な監査手続が実施できなかったときは，その旨，その理由が記載された。

意見区分では，個別記載事項である①会計基準の準拠性，②会計方針の継続性，③表示方法の基準準拠性が記載され，中間財務諸表に対する有用性意見が

表明された。

平成14 (2002) 年改訂中間監査基準では，監査報告書と同様，中間監査報告書の充実という点が改訂のポイントの1つであった。中間監査報告書については，年度監査の監査報告書に準じて，財務諸表の利用者にわかりやすい情報を提供する観点から，監査の対象，監査の概要及び監査意見の3つに区分をして記載されるようになり，中間財務諸表が有用な情報を表示しているかどうかについての意見表明の判断を明確にするとともに，中間監査報告書の記載区分及び記載要件が明確にされた。

中間監査に係る監査意見は，中間監査人は中間財務諸表が当該中間会計期間に係る企業の財政状態，経営成績及びキャッシュ・フローの状況に関する有用な情報を表示しているかどうかの意見を表明するものとし，あわせて，除外事項を付した限定付意見を表明する場合，中間財務諸表が有用な情報を表示していないとの意見を表明する場合，さらに意見表明をしない場合に分けてそれぞれの要件が明示された。

また，正当な理由による会計方針の変更，重要な偶発事象，重要な後発事象等中間監査人が説明または強調することを適当と判断した事項は，意見の表明と明確に区分して情報として追記されることになった。

では，中間財務諸表が有用な情報を表示していると判断された場合の中間監査報告書に記載される内容についてみてみる。ここで，この場合の中間監査報告書の文例を［資料6－1］に示すので参照されたい。

監査の対象の部分では，対象とした中間財務諸表の範囲，中間財務諸表の作成責任は経営者にあること，中間監査人の責任は独立の立場から中間財務諸表に対する意見を表明することにあることが記載される。

監査の概要の部分では，中間監査の基準に準拠して中間監査を行ったこと，中間監査の基準は中間監査人に中間財務諸表には全体として中間財務諸表の有用な情報の表示に関して投資者の判断を損なうような重要な虚偽の表示がないかどうかの合理的な保証を得ることを求めていること，中間監査は分析的手続等を中心とした監査手続に必要に応じて追加の監査手続を適用して行われてい

第6章 年度監査以外の保証業務

[資料6－1] 中間監査報告書の文例

独立監査人の中間監査報告書

平成×年×月×日

○○株式会社
　取締役会　御中

　　　　　　　　　　○○監査法人
　　　　　　　　　　　指定社員
　　　　　　　　　　　業務執行社員　　公認会計士　○○○○　印
　　　　　　　　　　　指定社員
　　　　　　　　　　　業務執行社員　　公認会計士　○○○○　印

（注1）

　当監査法人（注2）は，金融商品取引法第193条の2第1項の規定に基づく監査証明を行うため，「経理の状況」に掲げられている○○株式会社の平成×年×月×日から平成×年×月×日までの連結会計年度の中間連結会計期間（平成×年×月×日から平成×年×月×日まで）に係る中間連結財務諸表，すなわち，中間連結貸借対照表，中間連結損益計算書,中間連結株主資本等変動計算書及び中間連結キャッシュ・フロー計算書について中間監査を行った。この中間連結財務諸表の作成責任は経営者にあり，当監査法人（注2）の責任は独立の立場から中間連結財務諸表に対する意見を表明することにある。

　当監査法人（注2）は，我が国における中間監査の基準に準拠して中間監査を行った。中間監査の基準は，当監査法人（注2）に中間連結財務諸表には全体として中間連結財務諸表の有用な情報の表示に関して投資者の判断を損なうような重要な虚偽の表示がないかどうかの合理的な保証を得ることを求めている。中間監査は分析的手続等を中心とした監査手続に必要に応じて追加の監査手続を適用して行われている。当監査法人（注2）は，中間監査の結果として中間連結財務諸表に対する意見表明のための合理的な基礎を得たと判断している。

　当監査法人（注2）は，上記の中間連結財務諸表が，我が国において一般に公正妥当と認められる中間連結財務諸表の作成基準に準拠して，○○株式会社及び連結子会社の平成×年×月×日現在の財務状態並びに同日をもって終了する中間連結会計期間（平成×年×月×日から平成×年×月×日まで）の経営成績及びキャッシュ・フローの状況に関する有用な情報を表示しているものと認める。

　会社と当監査法人又は業務執行社員（注2）との間には，公認会計士法の規定により記載すべき利害関係はない。

以　上

(注1)① 監査人が無限責任監査法人の場合で，指定証明でないときには，以下とする。

　　　○○監査法人
　　　　　代　表　社　員
　　　　　業務執行社員　　公認会計士　○○○○　印
　　　　　業務執行社員　　公認会計士　○○○○　印
② 監査人が有限責任監査法人の場合には，以下とする。
　　　○○有限責任監査法人
　　　　　指定有限責任社員
　　　　　業　務　執　行　社　員　　公認会計士　○○○○　印
　　　　　指定有限責任社員
　　　　　業　務　執　行　社　員　　公認会計士　○○○○　印
③ 監査人が公認会計士の場合には，以下とする。
　　　○○○○公認会計士事務所
　　　　　公認会計士　○○○○　印
　　　○○○○公認会計士事務所
　　　　　公認会計士　○○○○　印

(注2)　監査人が公認会計士の場合には，「私」又は「私たち」とする。

ることその他財務諸表の監査に係る監査手続との重要な相違，中間監査の結果として中間財務諸表に対する意見表明のための合理的な基礎を得たことが記載される。

　監査意見の部分では，経営者の作成した中間財務諸表が，一般に公正妥当と認められる中間財務諸表の作成基準に準拠して中間会計期間に係る企業の財政状態，経営成績及びキャッシュ・フローの状況に関する有用な情報を表示していると認められることが記載される。

　なお，継続企業の前提については，中間監査人は，継続企業の前提に重要な疑義を生じさせるような事象又は状況が存在する場合には，年度監査の監査報告書に準じて，意見の表明及び中間監査報告書の記載が求められている。

第6章 年度監査以外の保証業務

3 四半期レビュー

(1) 四半期レビューの目的

平成18 (2006) 年6月に成立した金融商品取引法により, 平成20 (2008) 年4月1日以後開始する事業年度から, 上場会社等に対して四半期報告書の提出が義務づけられ, 当該報告書に記載される四半期財務諸表については公認会計士または監査法人の監査証明を受けることとされた。

公認会計士または監査法人が四半期財務諸表に対して行う監査証明について, 企業会計審議会において, 平成19 (2007) 年3月, 四半期レビュー基準が公表された。四半期レビュー基準は, 金融商品取引法における四半期報告制度の下で開示される四半期財務諸表について, 年度の財務諸表の監査を実施する監査人が行う四半期レビューの基準であり,「四半期レビューの目的」,「実施基準」,「報告基準」の3つの区分から構成されている。

ここで, 四半期レビュー基準の体系を [図6−2] に示すので, 以下, 随時参照されたい。

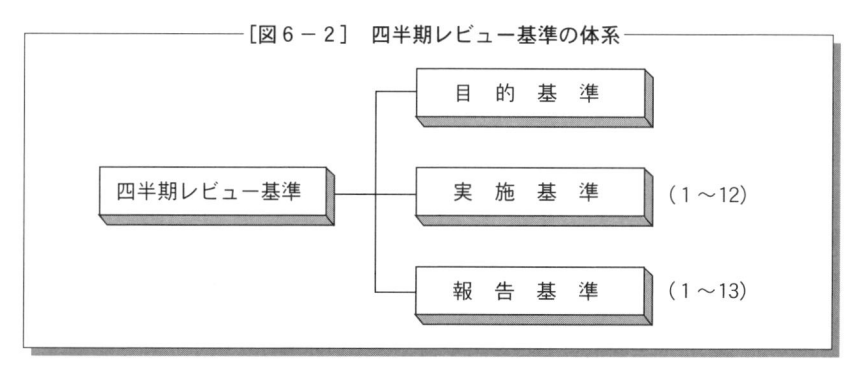

[図6−2] 四半期レビュー基準の体系

```
                    ┌─── 目 的 基 準
                    │
四半期レビュー基準 ──┼─── 実 施 基 準   (1〜12)
                    │
                    └─── 報 告 基 準   (1〜13)
```

「第一 四半期レビューの目的」は以下の通りである。

「四半期レビューの目的は, 経営者の作成した四半期財務諸表について, 一般に公正妥当と認められる四半期財務諸表の作成基準に準拠して, 企業の

財政状態，経営成績及びキャッシュ・フローの状況を適正に表示していないと信じさせる事項がすべての重要な点において認められなかったかどうかに関し，監査人が自ら入手した証拠に基づいて判断した結果を結論として表明することにある。」

「四半期レビューにおける監査人の結論は，四半期財務諸表に重要な虚偽の表示があるときに不適切な結論を表明するリスクを適度な水準に抑えるために必要な手続を実施して表明されるものであるが，四半期レビューは，財務諸表には全体として重要な虚偽の表示がないということについて合理的な保証を得るために実施される年度の財務諸表の監査と同様の保証を得ることを目的とするものではない。」

「四半期レビューの目的」では，国際的な監査基準との整合性も勘案し，四半期レビューの目的は，四半期財務諸表の適正性に関する消極的形式による結論の表明にあることとなっている。具体的には，四半期レビュー基準では，「企業の財政状態，経営成績及びキャッシュ・フローの状況を適正に表示していないと信じさせる事項がすべての重要な点において認められなかったかどうかに関し，監査人が自ら入手した証拠に基づいて判断した結果を結論として表明することにある。」とされている。

年度の財務諸表の監査の目的は，経営者の作成した財務諸表が，一般に公正妥当と認められる企業会計の基準に準拠して，企業の財政状態，経営成績及びキャッシュ・フローの状況をすべての重要な点において適正に表示しているかどうかについて，監査人が自ら入手した監査証拠に基づいて判断した結果を意見として表明することにある。

したがって，四半期レビューにおいても，年度の監査においても適正表示に関するものであるが，四半期レビューにおける適正表示に関する結論表明は消極的結論であるのに対し，年度の監査における適正表示に関する意見表明は積極的意見の表明である。中間監査においては有用性に関する意見表明であるが，年度の監査と同様積極的意見の表明であるものと考えられる。

「すべての重要な点において」の位置が年度の財務諸表の監査の目的と四半

第6章 年度監査以外の保証業務

期レビューの目的では異なっているが，年度の財務諸表も四半期財務諸表も，今述べたように適正表示についての判断の基準に変わることはなく，国際的に一般化している四半期レビューに特有の消極的形式による結論の表明を邦語で表現する上で，位置を変えているに過ぎない点に留意する必要がある。

　四半期レビューと年度監査の関係についてみてみる。

　「四半期レビューの目的」の後段に，「四半期レビューは，財務諸表には全体として重要な虚偽の表示がないということについて合理的な保証を得るために実施される年度の財務諸表の監査と同様の保証を得ることを目的とするものではない。」と記されている。ただし，四半期レビューは，年度の財務諸表の監査を前提として実施されるものであり，監査人は年度の財務諸表の監査と適切に組み合わせて四半期レビューを実施することにより，監査人が被監査会社の重要な虚偽表示に関わる情報を入手する機会が増す等，全体として監査の実効性がより向上することが期待されている。

　また，監査人は，年度の財務諸表の監査を通じて得た内部統制を含む，企業及び企業環境についての理解を四半期レビュー手続の中でも有効に活用していくことが求められるとともに，年度の財務諸表の監査における重要な着眼点等については，四半期レビューの中でも必要な検討を行い，併せて四半期レビューの結果は年度の監査計画にも適切に反映させていくことが求められている。

　この目的に関して重要な点は，四半期レビューの実施者が監査人であるという点，すなわち，年度監査を実施する同じ監査人が四半期レビューを実施するという前提で本基準が策定されているという点であるといえる[4]。

　さらに，四半期レビューの目的の達成に関連して，監査基準の一般基準及び品質管理基準は，四半期レビューにも適用される。よって，監査人は，四半期レビューにおいても，年度の財務諸表の監査におけると同様に職業的専門家としての正当な注意を払い，特に，四半期財務諸表が一般に公正妥当と認められる四半期財務諸表の作成基準に準拠して作成されていない事項が，すべての重要な点において存在するかもしれないとの職業的懐疑心をもって四半期レ

ビューを計画し，実施しなければならない。また，監査人は，四半期レビューにおいても，監査に関する品質管理の基準に基づいて定められた方針と手続に従い，審査その他の品質管理を実施しなければならない。

（2） 実施基準

　実施基準では，四半期レビューの具体的な手続が示されている。監査人は，年度の財務諸表の監査において得た，内部統制を含む，企業及び企業環境の理解及びそれに基づく重要な虚偽表示のリスクの評価を考慮して，四半期レビュー計画の策定を行い，これに基づき，質問，分析的手続その他の四半期レビュー手続を適切に実施することが求められている。

　なお，四半期レビューは年度の財務諸表の監査を前提として実施されるものであるので，監査人が交代した場合には，後任の監査人は，前任の監査人から適切な引継を行うとともに，年度の財務諸表の監査計画をふまえ，四半期レビューが的確に行われるように計画しなければならない。

　ではここで主な四半期レビュー手続について述べる。

　まず質問についてであるが，監査人は，企業が年度の財務諸表を作成する際の会計帳簿等の会計記録に基づいて四半期財務諸表を作成していることを確かめた上で，経営者，財務及び会計に関する事項に責任を有する者その他適切な者に対して，四半期財務諸表の重要な項目に関して的確な質問を実施しなければならない。

　次に分析的手続についてであるが，監査人は，四半期財務諸表と過去の年度の財務諸表や四半期財務諸表の比較，重要な項目の趨勢分析，主要項目間の関連性比較，一般統計データとの比較，予算と実績との比較，非財務データとの関連性分析，部門別・製品別の分析，同業他社の比率や指数との比較等，財務数値の間や財務数値と非財務数値等の間の関係を確かめるために設計された分析的手続を，業種の特性等をふまえて実施しなければならない。

　また，適切な追加的手続の実施についてであるが，監査人は，四半期財務諸表について，企業の財政状態，経営成績及びキャッシュ・フローの状況を重要

な点において適正に表示していない事項が存在する可能性が高いと認められる場合には，追加的な質問や関係書類の閲覧等の追加的な手続を実施して当該事項の有無を確かめ，その事項の結論への影響を検討しなければならない。

さらに，継続企業の前提に対する手続についてみてみる。

四半期レビューは，質問と分析的手続を基本とした限定された手続であることから，積極的に継続企業の前提に関する重要な不確実性が認められるか否かを確かめることは求められていない。

つまり，監査人は，前会計期間の決算日において，継続企業の前提に重要な疑義を生じさせるような事象又は状況が存在し，継続企業の前提に関する重要な不確実性が認められた場合には，当四半期会計期間末までの当該事象又は状況に係る経営者の評価及び対応策の変更を質問により確かめ，特段の変化がなければ，前会計期間の開示をふまえた同様の開示が行われているかどうかを検討することになる。

一方，前会計期間の決算日において，継続企業の前提に重要な不確実性が認められなかったが，当該四半期会計期間に継続企業の前提に重要な疑義を生じさせるような事象又は状況を認めた場合には，経営者に継続企業の前提に関する開示の要否について質問をしなければならない。

これらの質問の結果，前会計期間の決算日における継続企業の前提に重要な疑義を生じさせる事象又は状況に大きな変化がある場合，あるいは，前会計期間の決算日において，継続企業の前提に重要な疑義を生じさせる事象又は状況が存在していなかったが，当該四半期会計期間に継続企業の前提に重要な疑義を生じさせるような事象又は状況を認めた場合，当該事象又は状況に関して合理的な期間について経営者が行った評価及び対応策について検討した上で，なお継続企業の前提に関する重要な不確実性が認められると監査人が判断したときには，「当該事象又は状況が存在する旨」，「当該重要な不確実性が認められる旨及びその理由」等の継続企業の前提に関する事項について，四半期財務諸表において一般に公正妥当と認められる四半期財務諸表の作成基準に準拠して，適正に表示されていないと信じさせる事項が認められないかどうかに関し，追

加的な質問や関係書類の閲覧等の追加的な手続を実施して，検討しなければならない。この場合の合理的な期間については，当該四半期会計期間末から1年間について経営者の行った評価及び少なくとも当該四半期会計期間の翌四半期会計期間の末日までの経営者の対応策についての検討を行った上で，継続企業の前提に関する重要な不確実性が認められるか否かについて判断することとなる。

(3) 報告基準

　四半期レビューにおける監査人の結論は，経営者の作成した四半期財務諸表について，一般に公正妥当と認められる四半期財務諸表の作成基準に準拠して，企業の財政状態，経営成績及びキャッシュ・フローの状況を適正に表示していないと信じさせる事項がすべての重要な点において認められなかったかどうかについて消極的形式で表明される。

　ここで，「監査人の結論」であり，「監査人の意見」としない理由は，年度監査の監査意見と混同されないようにするためと，あくまでも「監査人の意見」という用語は合理的保証業務としての監査業務に限って用いるという国際監査基準（ISA）の指針にそったためである。また，消極的形式での結論の表明は，四半期レビューは監査業務に比して手続も限られているために，四半期財務諸表の適正表示について，限られた手続の範囲で判ったことのみを結論として表明するという意味を持っている[5]。

　ここで，無限定の結論の表明の場合の四半期レビュー報告書の文例を［資料6-2］に示すので参照されたい。

　報告基準に関して，特に留意されなければならない事項は以下の通りである。

① 審　　査

　監査人は，年度の財務諸表の監査における意見表明に係る審査と同様，四半期レビューに係る結論の表明に先立ち，品質管理基準に基づいて定められた方針と手続きに従い，自己の結論が四半期レビューの基準に準拠して適切に形成されているかどうかの審査を受けることが求められている。

第6章　年度監査以外の保証業務

[資料6－2]　四半期レビュー報告書の文例

独立監査人の四半期レビュー報告書

平成×年×月×日

○○株式会社
　取締役会　御中

　　　　　　　　　　　　○○監査法人
　　　　　　　　　　　　　指定社員　　公認会計士　○○○○　印
　　　　　　　　　　　　　業務執行社員
　　　　　　　　　　　　　指定社員　　公認会計士　○○○○　印
　　　　　　　　　　　　　業務執行社員

(注1)

　当監査法人（注2）は，金融商品取引法第193条の2の規定に基づき，「経理の状況」に掲げられている○○株式会社の平成×年×月×日から平成×年×月×日までの第×期事業年度の第×四半期会計期間（平成×年×月×日から平成×年×月×日まで）及び第×四半期累計期間（平成×年×月×日から平成×年×月×日まで）（注3）に係る四半期財務諸表，すなわち，四半期貸借対照表，四半期損益計算書及び四半期キャッシュ・フロー計算書について四半期レビューを行った。この四半期財務諸表の作成責任は経営者にあり，当監査法人（注2）の責任は独立の立場から四半期財務諸表に対する結論を表明することにある。

　当監査法人（注2）は，我が国において一般に公正妥当と認められる四半期レビューの基準に準拠して四半期レビューを行った。四半期レビューは，主として経営者，財務及び会計に関する事項に責任を有する者等に対して実施される質問，分析的手続その他の四半期レビュー手続により行っており，我が国において一般に公正妥当と認められる監査の基準に準拠して実施される年度の財務諸表の監査に比べ限定された手続により行った。

　当監査法人（注2）が実施した四半期レビューにおいて，上記の四半期財務諸表が，我が国において一般に公正妥当と認められる四半期財務諸表の作成基準に準拠して，○○株式会社の平成×年×月×日現在の財政状態，同日をもって終了する第×四半期会計期間及び第×四半期累計期間の経営成績並びに第×四半期累計期間のキャッシュ・フローの状況（注4）を適正に表示していないと信じさせる事項がすべての重要な点において認められなかった。

　会社と当監査法人又は業務執行社員（注2）との間には，公認会計士法の規定により記載すべき利害関係はない。（注5）

以　上

(注1)　監査人が監査法人の場合で，指定証明でないときには，以下とする。
　　　　　　○○監査法人
　　　　　　　　代　表　社　員
　　　　　　　　業務執行社員　　公認会計士　　○○○○　㊞

　　　　　　　　　業務執行社員　　公認会計士　　○○○○　㊞
　　　　　また，監査人が公認会計士の場合には，以下とする。
　　　　　　○○○○公認会計士事務所
　　　　　　　　　公認会計士　　○○○○　㊞
　　　　　　○○○○公認会計士事務所
　　　　　　　　　公認会計士　　○○○○　㊞
(注2)　監査人が公認会計士の場合には，「私」又は「私たち」とする。
(注3)　当四半期会計期間が第1四半期会計期間である場合は，当四半期会計期間に係る四半期損益計算書の記載を要しない（企業内容等の開示に関する内閣府令第四号の三様式　記載上の注意　㉙四半期損益計算書　b）ため，「第×期事業年度の第×四半期累計期間（平成×年×月×日から平成×年×月×日まで)」とする。
(注4)　当四半期会計期間が第1四半期会計期間である場合は，（注3）と同様の理由から，「平成×年×月×日現在の財政状態並びに同日をもって終了する第×四半期累計期間の経営成績及びキャッシュ・フローの状況」とする。
(注5)　公認会計士法第25条第2項に規定する証明書に明示しなければならない事項として，利害関係府令第8条第3号に規定する「当該公認会計士又は当該監査法人が被監査会社等（法第24条の2に規定する大会社等に限る。）から法第2条第2項の業務（第5条各号に掲げる業務を除く。）により継続的な報酬を受けている場合」に該当するときは，重要性がないと認められる場合を除いて次の記載を行う。

　　　　当監査法人は，会社に対し，監査証明との同時提供が認められる公認会計士法第2条第2項の業務を継続的に行っている。

　　（※）　監査人が公認会計士の場合には，「当監査法人」を「私」又は「私たち」とする。

② 四半期レビュー報告書

四半期レビュー報告書は，四半期レビューの対象，実施した四半期レビューの概要及び四半期財務諸表に対する結論の3つの区分に分けて記載することとされている。

まず，四半期レビューの対象では，四半期レビューの対象とした四半期財務諸表の範囲，四半期財務諸表の作成責任は経営者にあること，監査人の責任は独立の立場から四半期財務諸表に対する結論を表明することにあることを記載することとしている。

また，実施した四半期レビューの概要では，四半期レビューは質問，分析的手続その他の四半期レビュー手続からなり，これらは年度の財務諸表の監査に比べて限定的な手続からなることを述べることとしている。

③ 四半期財務諸表に対する結論

四半期財務諸表に対する結論を記載する区分については，無限定の結論の表明，除外事項を付した限定付結論の表明，否定的結論の表明及び結論の不表明の4つの種類を設け，それぞれの要件が示されているが，これらは，年度の財務諸表の監査における監査人の意見の種類に対応させたものである。なお，除外事項が付される場合は，四半期財務諸表に対する適正に表示していないと信じさせる事項が認められる場合と，重要な四半期レビュー手続が実施できなかった場合に分けられる。

④ 継続企業の前提に関する結論の表明

実施基準において，監査人は，「開示を必要とする継続企業の前提に関する重要な不確実性があると判断した場合」に，継続企業の前提に関する事項が四半期財務諸表において適正に表示されていないと信じさせる事項が認められないかどうかを検討するよう改訂されたことから，レビュー報告においても監査人は「継続企業の前提に関する重要な不確実性」が認められるときの四半期財務諸表の記載に関して結論を表明することになっている。

なお，本報告基準においても，監査基準及び中間監査基準の報告基準における継続企業の前提の項に規定されている「意見の不表明」に相当する規定は置

かれていない。これは，国際レビュー業務基準の継続企業の前提の規定にも不表明の規定がないことや四半期レビューにおける監査人の結論は，質問及び分析的手続等を基本とする限定されたレビュー手続に基づく消極的形式による結論の表明であり，継続企業の前提の項において一般的な結論の不表明の規定と明確に差異を設ける必要がないからであるとされている。

⑤ そ の 他

四半期レビュー報告書においても，年度の財務諸表の監査に準じて，他の監査人の利用，将来の帰結が予測し得ない事象等，追記情報に関する事項が報告基準に明示されている。

4　内部統制監査

平成19 (2007) 年2月,「財務報告に係る内部統制の評価及び監査の基準並びに財務報告に係る内部統制の評価及び監査に関する実施基準の設定について（意見書）」が公表され，金融商品取引法の施行にともない，平成20 (2008) 年4月以後開始する事業年度より内部統制監査制度が実施されることとなった。この財務報告に係る内部統制の評価及び監査の基準とその実施基準では，内部統制の基本的枠組み，経営者が行う財務報告に係る内部統制の評価及び報告，そして監査人が行う財務報告に係る内部統制の監査について規定されている。

「Ⅰ内部統制の基本的枠組み」は，経営者が整備・運用する役割と責任を有している内部統制それ自体についての定義，概念的な枠組みが示されており，「Ⅱ財務報告に係る内部統制の評価及び報告」,「Ⅲ財務報告に係る内部統制の監査」はそれぞれ，財務報告に係る内部統制の有効性に関する経営者による評価及び公認会計士等による監査の基準についての考え方が示されている。

内部統制の基本的枠組みについては第4章第9節にて既にみているので，本節では，財務報告に係る内部統制の評価及び報告と財務報告に係る内部統制の監査についてみることにする。

（1） 財務報告に係る内部統制の評価及び報告

　経営者は，内部統制を整備・運用する役割と責任を有しており，財務報告に係る内部統制については，その有効性を自ら評価しその結果を外部に向けて報告することが求められている。ここでは，経営者が内部統制の有効性を評価するにあたっては，まず，連結ベースでの財務報告全体に重要な影響を及ぼす内部統制（全社的な内部統制という。）について評価を行い，その結果をふまえて，業務プロセスに係る内部統制について評価することとしている。このことは，適切な統制が全社的に機能しているかどうかについて，まず心証を得た上で，それに基づき，財務報告に係る重大な虚偽記載につながるリスクに着眼して業務プロセスに係る内部統制を評価していくというトップダウン型のリスク重視のアプローチを採用することを意味する。経営者は，「内部統制報告書」を作成し，財務報告に係る内部統制の有効性の評価結果等を記載することとした。

　経営者による内部統制の評価結果の報告に至る一連の過程は，評価の範囲の決定，内部統制の評価（全社的な内部統制の評価及び業務プロセスに係る内部統制の評価），そして財務報告に係る内部統制の報告となる。

　内部統制報告書には，整備及び運用に関する事項，評価の範囲，評価時点及び評価手続，評価結果，付記事項が記載される。評価結果のところでは，経営者は，内部統制報告書上，①財務報告に係る内部統制が有効であると判断した場合には，その旨を記し，②重要な欠陥があり財務報告に係る内部統制が有効でない場合には，その旨，並びにその重要な欠陥の内容及びそれが是正されない理由を記載しなければならない。なお，経営者は期末日を評価時点として内部統制評価を行うため，重要な欠陥が発見された場合であっても，それが期末日までに是正されていれば，財務報告に係る内部統制は有効であると認められる。

（2） 財務報告に係る内部統制の監査

　経営者による財務報告に係る内部統制の有効性の評価ののち，その評価結果が適正であるかどうかについて，当該企業等の財務諸表の監査を行っている公

認会計士等が監査することになっている。

　内部統制監査と財務諸表監査が一体となって行われることにより，同一の監査証拠を双方で利用する等効果的でかつ効率的な監査が実施できるようにするため，内部統制監査は，当該企業等の財務諸表監査に係る監査人と同一の監査人（監査事務所のみならず，業務執行社員も同一であることが求められている。）が実施することとした。

　監査人は，企業の置かれた環境等をふまえ，経営者による内部統制の整備並びに運用状況及び評価の状況を十分に理解し，監査の重要性を勘案して監査計画を策定する。また，監査人は，経営者による内部統制の評価の結果を監査することから，まず，経営者により決定された評価範囲の妥当性を検討し，次に，経営者が評価を行った全社的な評価及び全社的な評価に基づく業務プロセスに係る内部統制の評価について検討することになる。

　そして，監査人は，経営者による財務報告に係る内部統制の有効性の評価に対する意見等を「内部統制監査報告書」として作成し報告するが，同報告書は，原則として，財務諸表監査における監査報告書と併せて記載される。

　ここで，公認会計士等による検証の水準についてみてみる。内部統制に係る監査人による検証は，信頼し得る財務諸表作成の前提であると同時に，効果的かつ効率的な財務諸表監査の実施を支える経営者による内部統制の有効性の評価について検証を行うものである。また，この検証は，財務諸表監査の深度ある効率的実施を担保するためにも財務諸表の監査と一体となって行われるが，同一の監査人が，財務諸表監査と異なる水準の保証を得るために異なる手続や証拠の収集等を行うことは適当でないのみならず，同一の監査証拠を利用する際にも，保証の水準の違いから異なる判断が導き出されることは，かえって両者の監査手続を煩雑なものとすることになる。これらのことから，内部統制の有効性の評価についての検証は「監査」の水準とされている。

　では具体的に，財務報告に係る内部統制の監査について，実施基準にそいながら簡単にみていくことにする。

① 内部統制監査の目的

実施基準では以下のように規定している。

「経営者による財務報告に係る内部統制の有効性の評価結果に対する財務諸表監査の監査人による監査（以下「内部統制監査」という。）の目的は，経営者の作成した内部統制報告書が，一般に公正妥当と認められる内部統制の評価の基準に準拠して，内部統制の有効性の評価結果をすべての重要な点において適正に表示しているかどうかについて，監査人自らが入手した監査証拠に基づいて判断した結果を意見として表明することにある。

なお，内部統制報告書に対する意見は，内部統制の評価に関する監査報告書（以下「内部統制監査報告書」という。）により表明する。

内部統制報告書が適正である旨の監査人の意見は，内部統制報告書には，重要な虚偽の表示がないということについて，合理的な保証を得たとの監査人の判断を含んでいる。

合理的な保証とは，監査人が意見を表明するために十分かつ適切な証拠を入手したことを意味している。」

この基準をみると，内部統制監査においては，内部統制の有効性の評価結果という経営者の主張を前提に，これに対する監査人の意見を表明するものであり，経営者の内部統制の有効性の評価結果という主張と関係なく，監査人が直接，内部統制の整備及び運用状況を検証するという形をとっていないことが分かる。アメリカでは，以上のような内部統制監査とともに，直接報告業務（ダイレクト・レポーティング）が併用されているが，我が国においてはダイレクト・レポーティングは採用されておらず，アサーション・ベースの合理的保証業務と理解することができる。

② 内部統制監査と財務諸表監査の関係

実施基準では以下のように規定されている。

「内部統制監査は，原則として，同一の監査人により，財務諸表監査と一体となって行われるものである。内部統制監査の過程で得られた監査証拠は，財務諸表監査の内部統制の評価における監査証拠として利用され，また，財

務諸表監査の過程で得られた監査証拠も内部統制監査の証拠として利用されることがある。

一般に，財務報告に係る内部統制に重要な欠陥があり有効でない場合，財務諸表監査において，監査基準の定める内部統制に依拠した通常の試査による監査は実施できないと考えられる。

監査人は，内部統制監査を行うに当たっては，本基準の他，「監査基準」の一般基準及び「監査に関する品質管理基準」を遵守するものとする。」

この基準は，前述したように，内部統制監査と財務諸表監査が一体となって行われることにより，同一の監査証拠を双方で利用する等効果的でかつ効率的な監査が実施されるよう，内部統制監査は，原則として，財務諸表監査に係る監査人と同一の監査人により，財務諸表監査と一体となって実施されることが規定されている。

③ 監査計画と評価範囲の検討

監査人は，内部統制監査を効果的かつ効率的に実施するために，企業の置かれた環境や事業の特性等をふまえて，経営者による内部統制の整備及び運用状況並びに評価の状況を十分に理解し，監査上の重要性を勘案して監査計画を策定しなければならない。

内部統制監査は，原則として，財務諸表監査と同一の監査人が実施することから，監査人は，内部統制監査の計画を財務諸表監査の監査計画に含めて作成することとなる。

評価範囲の検討については，監査人は，経営者により決定された内部統制の評価の範囲の妥当性を判断するために，経営者が当該範囲を決定した方法及びその根拠の合理性を検討しなければならないことになっている。特に，監査人は，経営者がやむを得ない状況により，内部統制の一部について十分な評価手続を実施できなかったとして，評価手続を実施できなかった範囲を除外した内部統制報告書を作成している場合には，経営者が当該範囲を除外した事情が合理的であるかどうか及び当該範囲を除外することが財務諸表監査に及ぼす影響について，十分に検討しなければならない。

④ 内部統制監査の実施

内部統制監査の実施にあたっては，全社的な内部統制の評価の検討，業務プロセスに係る内部統制の評価の検討，内部統制の重要な欠陥の報告と是正，不正等の報告，そして監査役または監査委員会との連携をすることになっている。なお，他の監査人によって行われた内部統制監査の結果を利用する場合には，当該他の監査人によって行われた内部統制監査の結果の重要性及び他の監査人に対する信頼性の程度を勘案して，他の監査人の実施した監査が適切であるかどうかを評価し，他の監査人の実施した監査の結果を利用する程度及び方法を決定しなければならない。

まず，全社的な内部統制の評価の検討では，監査人は，全社的な内部統制の概要を理解し，経営者の評価の妥当性について検討する。業務プロセスに係る内部統制の評価の検討では，監査人は，内部統制の整備及び運用状況に関する記録の閲覧や経営者及び適切な管理者または担当者に対する質問等により，評価対象となった業務プロセスに係る内部統制の整備及び運用状況を理解し，経営者の評価の妥当性について検討することになる。

次に，内部統制の重要な欠陥と報告について具体的にみてみる。まず，内部統制の不備判定において，アメリカでは重要な欠陥，重大な不備，軽微な不備の3分類であるのに対し，我が国では重要な欠陥と不備の2分類が採用されている[6]。

実施基準では，重要な欠陥を発見した場合と不備を発見した場合の監査人の対応について規定している。内部統制の不備は，内部統制が存在しない，または規定されている内部統制では内部統制の目的を十分に果たすことができない等の整備上の不備と，整備段階で意図したように内部統制が運用されていない，または運用上の誤りが多い，あるいは内部統制を実施する者が統制内容や目的を正しく理解していない等の運用の不備からなる。重要な欠陥とは，内部統制の不備のうち，一定の金額を上回る虚偽記載，または質的に重要な虚偽記載をもたらす可能性が高いものをいう。

監査人は，内部統制の重要な欠陥を発見した場合には，経営者に報告して是

正を求めるとともに，当該重要な欠陥の是正状況を適時に検討しなければならない。また，監査人は，当該重要な欠陥の内容及びその是正結果を取締役会及び監査役または監査委員会に報告しなければならない。監査人は，内部統制の不備を発見した場合も適切な者に報告しなければならない。監査人は，内部統制監査の結果について経営者，取締役会及び監査役または監査委員会に報告しなければならない。

また，内部統制監査の実施において不正または重大な違法行為を発見した場合には，経営者，取締役会及び監査役または監査委員会に報告して適切な対応を求めるとともに，内部統制の有効性に及ぼす影響の程度について評価しなければならない。

そして，監査人と監査役・内部監査人との連携についてであるが，監査人は，監査役等の監視部門と適切に連携し，必要に応じ，内部監査人の業務等を適切に利用できることになっている。

⑤ **監査人の報告**

監査人は，経営者の作成した内部統制報告書が，一般に公正妥当と認められる内部統制の評価の基準に準拠し，財務報告に係る内部統制の評価について，すべての重要な点において適正に表示しているかどうかについて，内部統制監査報告書により意見を表明する。なお，当該意見は，期末日における財務報告に係る内部統制の有効性の評価について表明されるものとする。

内部統制報告書の記載区分は，内部統制監査の対象，実施した内部統制監査の概要及び内部統制報告書に対する意見の3区分からなる。意見を表明しない場合には，その旨を内部統制監査報告書に記載しなければならない。

ここで，内部統制監査報告書の文例を［資料6－3］に示すので参照されたい。なお，内部統制監査は財務諸表監査と一体となって実施されるのが一般的であるので，監査報告書及び内部統制監査報告書がともに無限定適正意見の場合の文例を示すことにする。

内部統制監査報告書における監査意見について説明する。

監査人は，経営者の作成した内部統制報告書が，一般に公正妥当と認められ

第6章 年度監査以外の保証業務

［資料6-3］ 財務諸表監査報告書と内部統制監査報告書一体型の文例

独立監査人の監査報告書及び内部統制監査報告書

平成×年×月×日

○○株式会社
　取締役会　御中

　　　　　　　　　　　　　○○監査法人
　　　　　　　　　　　　　　指　定　社　員
　　　　　　　　　　　　　　業務執行社員　　公認会計士　○○○○　印
　　　　　　　　　　　　　　指　定　社　員
　　　　　　　　　　　　　　業務執行社員　　公認会計士　○○○○　印

（注1）

　当監査法人（注2）は、金融商品取引法第193条の2第1項の規定に基づく監査証明を行うため、「経理の状況」に掲げられている○○株式会社の平成×年×月×日から平成×年×月×日までの連結会計年度の連結財務諸表、すなわち、連結貸借対照表、連結損益計算書、連結株主資本等変動計算書、連結キャッシュ・フロー計算書及び連結附属明細表について監査を行った。この連結財務諸表の作成責任は経営者にあり、当監査法人（注2）の責任は独立の立場から連結財務諸表に対する意見を表明することにある。

　当監査法人（注2）は、我が国において一般に公正妥当と認められる監査の基準に準拠して監査を行った。監査の基準は、当監査法人（注2）に連結財務諸表に重要な虚偽の表示がないかどうかの合理的な保証を得ることを求めている。監査は、試査を基礎として行われ、経営者が採用した会計方針及びその適用方法並びに経営者によって行われた見積りの評価も含め全体としての連結財務諸表の表示を検討することを含んでいる。当監査法人（注2）は、監査の結果として意見表明のための合理的な基礎を得たと判断している。

　当監査法人（注2）は、上記の連結財務諸表が、我が国において一般に公正妥当と認められる企業会計の基準に準拠して、○○株式会社及び連結子会社の平成×年×月×日現在の財政状態並びに同日をもって終了する連結会計年度の経営成績及びキャッシュ・フローの状況をすべての重要な点において適正に表示しているものと認める。

　当監査法人（注2）は、金融商品取引法第193条の2第2項の規定に基づく監査証明を行うため、○○株式会社の平成×年×月×日現在の内部統制報告書について監査を行った。財務報告に係る内部統制を整備及び運用並びに内部統制報告書を作成する責任は、経営者にあり、当監査法人（注2）の責任は、独立の立場から内部統制報告書に対する意見を表明することにある。また、財務報告に係る内部統制により財務報

告の虚偽の記載を完全には防止又は発見することができない可能性がある。

当監査法人（注2）は，我が国において一般に公正妥当と認められる財務報告に係る内部統制の監査の基準に準拠して内部統制監査を行った。財務報告に係る内部統制の監査の基準は，当監査法人（注2）に内部統制報告書に重要な虚偽の表示がないかどうかの合理的な保証を得ることを求めている。内部統制監査は，試査を基礎として行われ，財務報告に係る内部統制の評価範囲，評価手続及び評価結果についての，経営者が行った記載を含め全体としての内部統制報告書の表示を検討することを含んでいる。当監査法人（注2）は，内部統制監査の結果として意見表明のための合理的な基礎を得たと判断している。

当監査法人（注2）は，○○株式会社が平成×年×月×日現在の財務報告に係る内部統制は有効であると表示した上記の内部統制報告書が，我が国において一般に公正妥当と認められる財務報告に係る内部統制の評価の基準に準拠して，財務報告に係る内部統制の評価について，すべての重要な点において適正に表示しているものと認める。

会社と当監査法人又は業務執行社員（注2）との間には，公認会計士法の規定により記載すべき利害関係はない。

以　上

(注1)　監査人が監査法人の場合で，指定証明でないときには，以下とする。
　　　　　　○○監査法人
　　　　　　　　代　表　社　員
　　　　　　　　業務執行社員　公認会計士　○○○○　印

　　　　　　　　業務執行社員　公認会計士　○○○○　印
　　　　また，監査人が公認会計士の場合には，以下とする。
　　　　　　　○○○○公認会計士事務所
　　　　　　　　　公認会計士　○○○○　印
　　　　　　　○○○○公認会計士事務所
　　　　　　　　　公認会計士　○○○○　印
(注2)　監査人が公認会計士の場合には，「私」又は「私たち」とする。
(注2)　(注1)(注2)については，以下の文例においても同様とする。

る内部統制の評価の基準に準拠し，財務報告に係る内部統制の評価についてすべての重要な点において適正に表示していると認められると判断したときは，無限定適正意見を表明する。なお，監査人は，内部統制報告書において，経営者が財務報告に係る内部統制に重要な欠陥がある旨及びそれが是正されない理由を記載している場合において，当該記載が適正であると判断して意見を表明する場合には，当該重要な欠陥及びそれが是正されない理由，並びに当該重要な欠陥が財務諸表監査に及ぼす影響を内部統制監査報告書に追記しなければならず，追記情報を付記した無限定適正意見を表明することになる。

次に意見に関する除外について述べる。

監査人は，内部統制報告書において，経営者が決定した評価範囲，評価手続，及び評価結果に関して不適切なものがあり，無限定適正意見を表明することができない場合において，その影響が内部統制報告書を全体として虚偽の表示にあたるとするほどには重要でないと判断したときは，除外事項を付した限定付適正意見を表明しなければならない。

監査人は，内部統制報告書において，経営者が決定した評価範囲，評価手続，及び評価結果に関して著しく不適切なものがあり，内部統制報告書が全体として虚偽の表示に当たると判断した場合には，不適正意見を表明しなければならない。

さらに監査範囲の制約について述べる。

監査人は，重要な監査手続を実施できなかったことにより，無限定適正意見を表明することができない場合において，その影響が内部統制報告書に対する意見表明ができないほどには重要ではないと判断したときは，除外事項を付した限定付適正意見を表明しなければならない。監査人は，重要な監査手続を実施できなかったことにより，内部統制報告書に対する意見表明のための合理的な基礎を得ることができなかったときは，意見を表明してはならない。

最後に，追記情報について述べる。

基準では4つの事項を追記情報としているが，1つ目は前述した内部統制に重要な欠陥がある場合のもので，それ以外の3つは以下の通りである。

① 財務報告に係る内部統制の有効性の評価に重要な影響を及ぼす後発事象
② 期末日後に実施された是正措置等
③ 経営者の評価手続の一部が実施できなかったことについて，やむを得ない事情によると認められるとして無限定適正意見を表明する場合において，十分な評価手続を実施できなかった範囲及びその理由

(注)
(1) 原　征士『株式会社監査論』白桃書房，2001年，243－244頁。
(2) 山浦久司『会計監査論〔第2版〕』中央経済社，2002年，278頁。
(3) 加藤恭彦・友杉芳正・津田秀雄編『監査論講義〔第4版〕』中央経済社，2002年，105頁参照。
(4) 山浦久司「四半期レビュー基準の主要な論点と解説」『会計・監査ジャーナル』（2007年7月号），日本公認会計士協会，2007年，14頁。
(5) 同上，18頁。
(6) 友杉芳正『スタンダード監査論〔新版〕』中央経済社，2009年，213頁。

参 考 文 献

石原俊彦『リスク・アプローチ監査論』中央経済社，1998年。
岩﨑健久『現代会計・財政講義』中央経済社，2001年。
岩﨑健久『現代財務諸表論』中央経済社，2002年。
岩﨑健久『現代会計監査論』税務経理協会，2003年。
石田三郎編『監査論の基礎知識〔三訂版〕』東京経済情報出版，2002年。
石田三郎・岸　牧人・林　隆敏編『監査論の基礎〔第2版〕』東京経済情報出版，
　　 2007年
近江正幸『基礎監査論〔第2版〕』中央経済社，1993年。
加藤恭彦・友杉芳正・津田秀雄編『監査論講義〔第4版〕』中央経済社，2002年。
加藤恭彦・友杉芳正・津田秀雄編『監査論講義〔第5版〕』中央経済社，2003年。
川北　博『会計情報監査制度の研究』有斐閣，2001年。
高田正淳編『会計監査の基礎知識〔第2版〕』中央経済社，1997年。
千代田邦夫『アメリカ監査論』中央経済社，1994年。
千代田邦夫『現代会計監査論〔全面改訂版〕』，税務経理協会，2009年。
鳥羽至英『監査基準の基礎〔第2版〕』白桃書房，1994年。
鳥羽至英『財務諸表監査の基礎理論』国元書房，2000年。
友杉芳正『スタンダード監査論〔第3版〕』中央経済社，2009年。
内藤文雄『監査判断形成論』中央経済社，1995年。
八田進二・高田敏文『逐条解説　新監査基準を学ぶ』同文館出版，2002年。
林　隆敏『継続企業監査論　ゴーイング・コンサーン問題の研究』中央経済社，
　　 2005年。
原　征士『株式会社監査論』白桃書房，2001年。
三澤　一『会計監査の理論〔改訂版〕』中央経済社，1986年。
三澤　一『監査の基礎理論』中央経済社，1993年。
三澤　一『会計士監査論〔改訂版〕』税務経理協会，1985年。

盛田良久・蟹江　章・友杉芳正・永吉眞一・山浦久司編『スタンダードテキスト　監査論』中央経済社, 2009年。

森　　実『リスク指向監査論』税務経理協会, 1992年。

山浦久司『監査の新世紀－市場構造の変革と監査の役割－』税務経理協会, 2001年。

山浦久司『会計監査論〔第2版〕』中央経済社, 2002年。

山浦久司『会計監査論〔第5版〕』中央経済社, 2009年。

脇田良一『財務諸表監査の構造と制度』中央経済社, 1993年。

脇田良一『監査基準・準則の逐条解説』中央経済社, 1999年。

付　　録

【監査基準】

第一　監査の目的

1　財務諸表の監査の目的は，経営者の作成した財務諸表が，一般に公正妥当と認められる企業会計の基準に準拠して，企業の財政状態，経営成績及びキャッシュ・フローの状況をすべての重要な点において適正に表示しているかどうかについて，監査人が自ら入手した監査証拠に基づいて判断した結果を意見として表明することにある。

　　財務諸表の表示が適正である旨の監査人の意見は，財務諸表には，全体として重要な虚偽の表示がないということについて，合理的な保証を得たとの監査人の判断を含んでいる。

2　財務諸表が特別の利用目的に適合した会計の基準により作成される場合等には，当該財務諸表が会計の基準に準拠して作成されているかどうかについて，意見として表明することがある。

第二　一般基準

1　監査人は，職業的専門家として，その専門能力の向上と実務経験等から得られる知識の蓄積に常に努めなければならない。

2　監査人は，監査を行うに当たって，常に公正不偏の態度を保持し，独立の立場を損なう利害や独立の立場に疑いを招く外観を有してはならない。

3　監査人は，職業的専門家としての正当な注意を払い，懐疑心を保持して監査を行わなければならない。

4　監査人は，財務諸表の利用者に対する不正な報告あるいは資産の流用の隠蔽を目的とした重要な虚偽の表示が，財務諸表に含まれる可能性を考慮しなければならない。また，違法行為が財務諸表に重要な影響を及ぼす場合があることにも留意しなければならない。

5　監査人は，監査計画及びこれに基づき実施した監査の内容並びに判断の過程及び結果を記録し，監査調書として保存しなければならない。

6　監査人は，自らの組織として，すべての監査が一般に公正妥当と認められる監査の基準に準拠して適切に実施されるために必要な質の管理（以下「品質管理」という。）の方針と手続を定め，これらに従って監査が実施されていることを確かめなければならない。

7 監査人は,監査を行うに当たって,品質管理の方針と手続に従い,指揮命令の系統及び職務の分担を明らかにし,また,当該監査に従事する補助者に対しては適切な指示,指導及び監督を行わなければならない。

8 監査人は,業務上知り得た事項を正当な理由なく他に漏らし,又は窃用してはならない。

第三 実施基準
一 基本原則

1 監査人は,監査リスクを合理的に低い水準に抑えるために,財務諸表における重要な虚偽表示のリスクを評価し,発見リスクの水準を決定するとともに,監査上の重要性を勘案して監査計画を策定し,これに基づき監査を実施しなければならない。

2 監査人は,監査の実施において,内部統制を含む,企業及び企業環境を理解し,これらに内在する事業上のリスク等が財務諸表に重要な虚偽の表示をもたらす可能性を考慮しなければならない。

3 監査人は,自己の意見を形成するに足る基礎を得るために,経営者が提示する財務諸表項目に対して,実在性,網羅性,権利と義務の帰属,評価の妥当性,期間配分の適切性及び表示の妥当性等の監査要点を設定し,これらに適合した十分かつ適切な監査証拠を入手しなければならない。

4 監査人は,十分かつ適切な監査証拠を入手するに当たっては,財務諸表における重要な虚偽表示のリスクを暫定的に評価し,リスクに対応した監査手続を,原則として試査に基づき実施しなければならない。

5 監査人は,職業的専門家としての懐疑心をもって,不正及び誤謬により財務諸表に重要な虚偽の表示がもたらされる可能性に関して評価を行い,その結果を監査計画に反映し,これに基づき監査を実施しなければならない。

6 監査人は,監査計画の策定及びこれに基づく監査の実施において,企業が将来にわたって事業活動を継続するとの前提(以下「継続企業の前提」という。)に基づき経営者が財務諸表を作成することが適切であるか否かを検討しなければならない。

7 監査人は,監査の各段階において,監査役等と協議する等適切な連携を図らなければならない。

8 監査人は,特別の利用目的に適合した会計の基準により作成される財務諸表の監査に当たっては,当該会計の基準が受入可能かどうかについて検討しなければならない。

二 監査計画の策定

1 監査人は,監査を効果的かつ効率的に実施するために,監査リスクと監査上の重要性を勘案して監査計画を策定しなければならない。

付　録

2　監査人は，監査計画の策定に当たり，景気の動向，企業が属する産業の状況，企業の事業内容及び組織，経営者の経営理念，経営方針，内部統制の整備状況，情報技術の利用状況その他企業の経営活動に関わる情報を入手し，企業及び企業環境に内在する事業上のリスク等がもたらす財務諸表における重要な虚偽表示のリスクを暫定的に評価しなければならない。

3　監査人は，広く財務諸表全体に関係し特定の財務諸表項目のみに関連づけられない重要な虚偽表示のリスクがあると判断した場合には，そのリスクの程度に応じて，補助者の増員，専門家の配置，適切な監査時間の確保等の全般的な対応を監査計画に反映させなければならない。

4　監査人は，財務諸表項目に関連して暫定的に評価した重要な虚偽表示のリスクに対応する，内部統制の運用状況の評価手続及び発見リスクの水準に応じた実証手続に係る監査計画を策定し，実施すべき監査手続，実施の時期及び範囲を決定しなければならない。

5　監査人は，会計上の見積りや収益認識等の判断に関して財務諸表に重要な虚偽の表示をもたらす可能性のある事項，不正の疑いのある取引，特異な取引等，特別な検討を必要とするリスクがあると判断した場合には，そのリスクに対応する監査手続に係る監査計画を策定しなければならない。

6　監査人は，企業が利用する情報技術が監査に及ぼす影響を検討し，その利用状況に適合した監査計画を策定しなければならない。

7　監査人は，監査計画の策定に当たって，財務指標の悪化の傾向，財政破綻の可能性その他継続企業の前提に重要な疑義を生じさせるような事象又は状況の有無を確かめなければならない。

8　監査人は，監査計画の前提として把握した事象や状況が変化した場合，あるいは監査の実施過程で新たな事実を発見した場合には，適宜，監査計画を修正しなければならない。

三　監査の実施

1　監査人は，実施した監査手続及び入手した監査証拠に基づき，暫定的に評価した重要な虚偽表示のリスクの程度を変更する必要がないと判断した場合には，当初の監査計画において策定した内部統制の運用状況の評価手続及び実証手続を実施しなければならない。また，重要な虚偽表示のリスクの程度が暫定的な評価よりも高いと判断した場合には，発見リスクの水準を低くするために監査計画を修正し，十分かつ適切な監査証拠を入手できるように監査手続を実施しなければならない。

2　監査人は，ある特定の監査要点について，内部統制が存在しないか，あるいは有効に運用されていない可能性が高いと判断した場合には，内部統制に依拠することなく，

実証手続により十分かつ適切な監査証拠を入手しなければならない。

3 監査人は，特別な検討を必要とするリスクがあると判断した場合には，それが財務諸表における重要な虚偽の表示をもたらしていないかを確かめるための実証手続を実施し，また，必要に応じて，内部統制の整備状況を調査し，その運用状況の評価手続を実施しなければならない。

4 監査人は，監査の実施の過程において，広く財務諸表全体に関係し特定の財務諸表項目のみに関連づけられない重要な虚偽表示のリスクを新たに発見した場合及び当初の監査計画における全般的な対応が不十分であると判断した場合には，当初の監査計画を修正し，全般的な対応を見直して監査を実施しなければならない。

5 監査人は，会計上の見積りの合理性を判断するために，経営者が行った見積りの方法の評価，その見積りと監査人の行った見積りや実績との比較等により，十分かつ適切な監査証拠を入手しなければならない。

6 監査人は，監査の実施において不正又は誤謬を発見した場合には，経営者等に報告して適切な対応を求めるとともに，適宜，監査手続を追加して十分かつ適切な監査証拠を入手し，当該不正等が財務諸表に与える影響を評価しなければならない。

7 監査人は，継続企業を前提として財務諸表を作成することの適切性に関して合理的な期間について経営者が行った評価を検討しなければならない。

8 監査人は，継続企業の前提に重要な疑義を生じさせるような事象又は状況が存在すると判断した場合には，当該事象又は状況に関して合理的な期間について経営者が行った評価及び対応策について検討した上で，なお継続企業の前提に関する重要な不確実性が認められるか否かを確かめなければならない。

9 監査人は，適正な財務諸表を作成する責任は経営者にあること，財務諸表の作成に関する基本的な事項，経営者が採用した会計方針，経営者は監査の実施に必要な資料を全て提示したこと及び監査人が必要と判断した事項について，経営者から書面をもって確認しなければならない。

四 他の監査人等の利用

1 監査人は，他の監査人によって行われた監査の結果を利用する場合には，当該他の監査人によって監査された財務諸表等の重要性，及び他の監査人の品質管理の状況等に基づく信頼性の程度を勘案して，他の監査人の実施した監査の結果を利用する程度及び方法を決定しなければならない。

2 監査人は，専門家の業務を利用する場合には，専門家としての能力及びその業務の客観性を評価し，その業務の結果が監査証拠として十分かつ適切であるかどうかを検討しなければならない。

3 監査人は，企業の内部監査の目的及び手続が監査人の監査の目的に適合するかどう

か，内部監査の方法及び結果が信頼できるかどうかを評価した上で，内部監査の結果を利用できると判断した場合には，財務諸表の項目に与える影響等を勘案して，その利用の程度を決定しなければならない。

第四　報告基準
一　基本原則
1　監査人は，適正性に関する意見を表明する場合には，経営者の作成した財務諸表が，一般に公正妥当と認められる企業会計の基準に準拠して，企業の財政状態，経営成績及びキャッシュ・フローの状況をすべての重要な点において適正に表示しているかどうかについての意見を表明しなければならない。なお，特別の利用目的に適合した会計の基準により作成される財務諸表については，当該財務諸表が当該会計の基準に準拠して，上記と同様にすべての重要な点において適正に表示しているかどうかについての意見を表明しなければならない。

　　監査人は，準拠性に関する意見を表明する場合には，作成された財務諸表が，すべての重要な点において，財務諸表の作成に当たって適用された会計の基準に準拠して作成されているかどうかについての意見を表明しなければならない。

　　監査人は，準拠性に関する意見を表明する場合には，適正性に関する意見の表明を前提とした以下の報告の基準に準じて行うものとする。

2　監査人は，財務諸表が一般に公正妥当と認められる企業会計の基準に準拠して適正に表示されているかどうかの判断に当たっては，経営者が採用した会計方針が，企業会計の基準に準拠して継続的に適用されているかどうかのみならず，その選択及び適用方法が会計事象や取引を適切に反映するものであるかどうか並びに財務諸表の表示方法が適切であるかどうかについても評価しなければならない。

3　監査人は，監査意見の表明に当たっては，監査リスクを合理的に低い水準に抑えた上で，自己の意見を形成するに足る基礎を得なければならない。

4　監査人は，重要な監査手続を実施できなかったことにより，自己の意見を形成するに足る基礎を得られないときは，意見を表明してはならない。

5　監査人は，意見の表明に先立ち，自らの意見が一般に公正妥当と認められる監査の基準に準拠して適切に形成されていることを確かめるため，意見表明に関する審査を受けなければならない。この審査は，品質管理の方針及び手続に従った適切なものでなければならない。品質管理の方針及び手続において，意見が適切に形成されていることを確認できる他の方法が定められている場合には，この限りではない。

二　監査報告書の記載区分
1　監査人は，監査報告書において，監査の対象，経営者の責任，監査人の責任，監査

人の意見を明瞭かつ簡潔にそれぞれを区分した上で、記載しなければならない。ただし、意見を表明しない場合には、その旨を監査報告書に記載しなければならない。
2 監査人は、財務諸表の記載について強調する必要がある事項及び説明を付す必要がある事項を監査報告書において情報として追記する場合には、意見の表明とは明確に区別しなければならない。

三 無限定適正意見の記載事項

監査人は、経営者の作成した財務諸表が、一般に公正妥当と認められる企業会計の基準に準拠して、企業の財政状態、経営成績及びキャッシュ・フローの状況をすべての重要な点において適正に表示していると認められると判断したときは、その旨の意見（この場合の意見を「無限定適正意見」という。）を表明しなければならない。この場合には、監査報告書に次の記載を行うものとする。

(1) 監査の対象

　　監査対象とした財務諸表の範囲

(2) 経営者の責任

　　財務諸表の作成責任は経営者にあること、財務諸表に重要な虚偽の表示がないように内部統制を整備及び運用する責任は経営者にあること

(3) 監査人の責任

　　監査人の責任は独立の立場から財務諸表に対する意見を表明することにあること
　　一般に公正妥当と認められる監査の基準に準拠して監査を行ったこと、監査の基準は監査人に財務諸表に重要な虚偽の表示がないかどうかの合理的な保証を得ることを求めていること、監査は財務諸表項目に関する監査証拠を得るための手続を含むこと、監査は経営者が採用した会計方針及びその適用方法並びに経営者によって行われた見積りの評価も含め全体としての財務諸表の表示を検討していること、監査手続の選択及び適用は監査人の判断によること、財務諸表監査の目的は、内部統制の有効性について意見表明するためのものではないこと、監査の結果として入手した監査証拠が意見表明の基礎を与える十分かつ適切なものであること

(4) 監査人の意見

　　経営者の作成した財務諸表が、一般に公正妥当と認められる企業会計の基準に準拠して、企業の財政状態、経営成績及びキャッシュ・フローの状況をすべての重要な点において適正に表示していると認められること

四 意見に関する除外

1 監査人は、経営者が採用した会計方針の選択及びその適用方法、財務諸表の表示方法に関して不適切なものがあり、その影響が無限定適正意見を表明することができない程度に重要ではあるものの、財務諸表を全体として虚偽の表示に当たるとするほど

ではないと判断したときには，除外事項を付した限定付適正意見を表明しなければならない。この場合には，別に区分を設けて，除外した不適切な事項及び財務諸表に与えている影響を記載しなければならない。
2 　監査人は，経営者が採用した会計方針の選択及びその適用方法，財務諸表の表示方法に関して不適切なものがあり，その影響が財務諸表全体として虚偽の表示に当たるとするほどに重要であると判断した場合には，財務諸表が不適正である旨の意見を表明しなければならない。この場合には，別に区分を設けて，財務諸表が不適正であるとした理由を記載しなければならない。

五　監査範囲の制約
1 　監査人は，重要な監査手続を実施できなかったことにより，無限定適正意見を表明することができない場合において，その影響が財務諸表全体に対する意見表明ができないほどではないと判断したときには，除外事項を付した限定付適正意見を表明しなければならない。この場合には，別に区分を設けて，実施できなかった監査手続及び当該事実が影響する事項を記載しなければならない。
2 　監査人は，重要な監査手続を実施できなかったことにより，財務諸表全体に対する意見表明のための基礎を得ることができなかったときには，意見を表明してはならない。この場合には，別に区分を設けて，財務諸表に対する意見を表明しない旨及びその理由を記載しなければならない。
3 　監査人は，他の監査人が実施した監査の重要な事項について，その監査の結果を利用できないと判断したときに，更に当該事項について，重要な監査手続を追加して実施できなかった場合には，重要な監査手続を実施できなかった場合に準じて意見の表明の適否を判断しなければならない。
4 　監査人は，将来の帰結が予測し得ない事象又は状況について，財務諸表に与える当該事象又は状況の影響が複合的かつ多岐にわたる場合には，重要な監査手続を実施できなかった場合に準じて意見の表明ができるか否かを慎重に判断しなければならない。

六　継続企業の前提
1 　監査人は，継続企業を前提として財務諸表を作成することが適切であるが，継続企業の前提に関する重要な不確実性が認められる場合において，継続企業の前提に関する事項が財務諸表に適切に記載されていると判断して無限定適正意見を表明するときには，継続企業の前提に関する事項について監査報告書に追記しなければならない。
2 　監査人は，継続企業を前提として財務諸表を作成することが適切であるが，継続企業の前提に関する重要な不確実性が認められる場合において，継続企業の前提に関する事項が財務諸表に適切に記載されていないと判断したときには，当該不適切な記載についての除外事項を付した限定付適正意見を表明するか，又は，財務諸表が不適正

である旨の意見を表明し，その理由を記載しなければならない。
3 　監査人は，継続企業の前提に重要な疑義を生じさせるような事象又は状況に関して経営者が評価及び対応策を示さないときには，継続企業の前提に関する重要な不確実性が認められるか否かを確かめる十分かつ適切な監査証拠を入手できないことがあるため，重要な監査手続を実施できなかった場合に準じて意見の表明の適否を判断しなければならない。
4 　監査人は，継続企業を前提として財務諸表を作成することが適切でない場合には，継続企業を前提とした財務諸表については不適正である旨の意見を表明し，その理由を記載しなければならない。

七　追記情報

監査人は，次に掲げる強調すること又はその他説明することが適当と判断した事項は，監査報告書にそれらを区分した上で，情報として追記するものとする。

(1) 正当な理由による会計方針の変更
(2) 重要な偶発事象
(3) 重要な後発事象
(4) 監査した財務諸表を含む開示書類における当該財務諸表の表示とその他の記載内容との重要な相違

八　特別目的の財務諸表に対する監査の場合の追記情報

監査人は，特別の利用目的に適合した会計の基準により作成される財務諸表に対する監査報告書には，会計の基準，財務諸表の作成の目的及び想定される主な利用者の範囲を記載するとともに，当該財務諸表は特別の利用目的に適合した会計の基準に準拠して作成されており，他の目的には適合しないことがある旨を記載しなければならない。

また，監査報告書が特定の者のみによる利用を想定しており，当該監査報告書に配布又は利用の制限を付すことが適切であると考える場合には，その旨を記載しなければならない。

付　録

【中間監査基準】

第一　中間監査の目的

　中間監査の目的は，経営者の作成した中間財務諸表が，一般に公正妥当と認められる中間財務諸表の作成基準に準拠して，企業の中間会計期間に係る財政状態，経営成績及びキャッシュ・フローの状況に関する有用な情報を表示しているかどうかについて，監査人が自ら入手した監査証拠に基づいて判断した結果を意見として表明することにある。

　中間財務諸表が有用な情報を表示している旨の監査人の意見は，中間財務諸表には，全体として投資者の判断を損なうような重要な虚偽の表示がないということについて，合理的な保証を得たとの監査人の判断を含んでいる。

第二　実施基準

1　監査人は，原則として，当該中間財務諸表が属する年度の財務諸表の監査に係る監査計画の一環として中間監査に係る監査計画を策定するものとする。ただし，中間監査に当たり，中間財務諸表に係る投資者の判断を損わない程度の信頼性についての合理的な保証を得ることのできる範囲で，中間監査リスクを財務諸表の監査に係る監査リスクよりも高く設定することができる。

2　監査人は，広く中間財務諸表全体に関係し特定の財務諸表項目のみに関連づけられない重要な虚偽表示のリスクがあると判断した場合，そのリスクの程度に応じて，補助者の増員，専門家の配置，適切な監査時間の確保等の全般的な対応を中間監査に係る監査計画に反映させなければならない。

3　監査人は，中間監査リスクを合理的に低い水準に抑えるために，中間財務諸表における重要な虚偽表示のリスクを評価し，発見リスクの水準を決定するとともに，当該発見リスクの水準に対応した適切な監査手続を実施しなければならない。

4　監査人は，中間監査に係る自己の意見を形成するに足る基礎を得るために，経営者が提示する中間財務諸表項目に対して監査要点を設定し，これらに適合した十分かつ適切な監査証拠を入手しなければならない。

5　監査人は，中間監査に係る発見リスクの水準を財務諸表の監査に係る発見リスクの水準よりも高くすることができると判断し，財務諸表の監査に係る監査手続の一部を省略する場合であっても，分析的手続等を中心とする監査手続は実施しなければならない。

6　監査人は，中間監査に係る発見リスクの水準を財務諸表の監査に係る発見リスクの水準よりも高くすることができないと判断した場合には，分析的手続等を中心とする監査手続に加えて必要な実証手続を適用しなければならない。

7 監査人は，会計上の見積りや収益認識等の判断に関して財務諸表に重要な虚偽の表示をもたらす可能性のある事項，不正の疑いのある取引，特異な取引等，特別な検討を必要とするリスクがあると判断した場合，それが中間財務諸表における重要な虚偽表示をもたらしていないかを確かめるための実証手続を実施しなければならない。

8 監査人は，前事業年度の決算日において，継続企業の前提に重要な疑義を生じさせるような事象又は状況が存在し，継続企業の前提に関する重要な不確実性が認められた場合には，当該事象又は状況の変化並びにこれらに係る経営者の評価及び対応策の変更について検討しなければならない。

9 監査人は，前事業年度の決算日において，継続企業の前提に関する重要な不確実性が認められなかったものの，当中間会計期間において，継続企業の前提に重要な疑義を生じさせるような事象又は状況が存在すると判断した場合には，当該事象又は状況に関して，合理的な期間について経営者が行った評価及び対応策について検討した上で，なお継続企業の前提に関する重要な不確実性が認められるか否かを検討しなければならない。

10 監査人は，中間財務諸表を作成する責任は経営者にあること，中間財務諸表を作成するための内部統制を整備及び運用する責任は経営者にあること，経営者が採用した会計方針及び中間財務諸表の作成に関する基本的事項，経営者は中間監査の実施に必要な資料を全て提示したこと及び監査人が必要と判断した事項について，経営者から書面をもって確認しなければならない。

11 監査人は，他の監査人を利用する場合には，中間監査に係る監査手続を勘案して，当該他の監査人に対して必要と認められる適切な指示を行わなければならない。

第三　報告基準

1 監査人は，経営者の作成した中間財務諸表が，一般に公正妥当と認められる中間財務諸表の作成基準に準拠して，企業の中間会計期間に係る財政状態，経営成績及びキャッシュ・フローの状況に関する有用な情報を表示しているかどうかについて意見を表明しなければならない。

2 監査人は，中間監査報告書において，中間監査の対象，経営者の責任，監査人の責任，監査人の意見を明瞭かつ簡潔にそれぞれ区分した上で，記載しなければならない。ただし，監査人が中間財務諸表の記載について強調する必要がある事項及び説明を付す必要がある事項を中間監査報告書において情報として追記する場合には，意見の表明とは明確に区別しなければならない。

3 監査人は，経営者が採用した会計方針の選択及びその適用方法，中間財務諸表の表示方法に関して不適切なものがなく，中間財務諸表が有用な情報を表示していると判

付　　録

断したときは，その旨の意見を表明しなければならない。この場合には，中間監査報告書に次の記載を行うものとする。
(1) 中間監査の対象
中間監査の対象とした中間財務諸表の範囲
(2) 経営者の責任
中間財務諸表の作成責任は経営者にあること，中間財務諸表に重要な虚偽の表示がないように内部統制を整備及び運用する責任は経営者にあること
(3) 監査人の責任
監査人の責任は独立の立場から中間財務諸表に対する意見を表明することにあること
一般に公正妥当と認められる中間監査の基準に準拠して中間監査を行ったこと，中間監査の基準は監査人に中間財務諸表には全体として中間財務諸表の有用な情報の表示に関して投資者の判断を損なうような重要な虚偽の表示がないかどうかの合理的な保証を得ることを求めていること，中間監査は分析的手続等を中心とした監査手続に必要に応じて追加の監査手続を適用して行われていることその他財務諸表の監査に係る監査手続との重要な相違，中間監査は経営者が採用した会計方針及びその適用方法並びに経営者によって行われた見積りの評価も含め中間財務諸表の表示を検討していること，中間監査の手続の選択及び適用は監査人の判断によること，中間監査の目的は，内部統制の有効性について意見表明するためのものではないこと，中間監査の結果として入手した監査証拠が意見表明の基礎を与える十分かつ適切なものであること
(4) 監査人の意見
経営者の作成した中間財務諸表が，一般に公正妥当と認められる中間財務諸表の作成基準に準拠して，中間会計期間に係る企業の財政状態，経営成績及びキャッシュ・フローの状況に関する有用な情報を表示していると認められること
4　監査人は，経営者が採用した会計方針の選択及びその適用方法，中間財務諸表の表示方法に関して不適切なものがある場合において，その影響が無限定意見を表明することができない程度に重要ではあるものの，中間財務諸表を全体として投資者の判断を損なうような虚偽の表示に当たるとするほどではないと判断したときには，除外事項を付した限定付意見を表明しなければならない。この場合には，別に区分を設けて，除外した不適切な事項及び中間財務諸表に与えている影響を記載しなければならない。
5　監査人は，経営者が採用した会計方針の選択及びその適用方法，中間財務諸表の表示方法に関して不適切なものがあり，その影響が中間財務諸表全体として投資者の判断を損なうような虚偽の表示に当たるとするほどに重要であると判断した場合には，

中間財務諸表が有用な情報の表示をしていない旨の意見を表明しなければならない。この場合には，別に区分を設けて，その旨及びその理由を記載しなければならない。
6 監査人は，中間監査に係る重要な監査手続を実施できなかったことにより，無限定意見を表明することができない場合において，その影響が中間財務諸表全体に対する意見表明ができないほどではないと判断したときには，除外事項を付した限定付意見を表明しなければならない。この場合には，別に区分を設けて，実施できなかった監査手続及び当該事実が影響する事項を記載しなければならない。
7 監査人は，中間監査に係る重要な監査手続を実施できなかったことにより，中間財務諸表全体に対する意見表明のための基礎を得ることができなかったときには，意見を表明してはならない。この場合には，別に区分を設けて，中間財務諸表に対する意見を表明しない旨及びその理由を記載しなければならない。
8 監査人は，継続企業の前提に重要な疑義を生じさせるような事象又は状況が存在する場合には，次のとおり意見の表明及び中間監査報告書の記載を行わなければならない。
 (1) 継続企業を前提として中間財務諸表を作成することが適切であるが，継続企業の前提に関する重要な不確実性が認められる場合において，継続企業の前提に関する事項が中間財務諸表に適切に記載されていると判断して有用な情報が表示されている旨の意見を表明するときには，当該継続企業の前提に関する事項について中間監査報告書に追記しなければならない。
 (2) 継続企業を前提として中間財務諸表を作成することが適切であるが，継続企業の前提に関する重要な不確実性が認められる場合において，継続企業の前提に関する事項が中間財務諸表に適切に記載されていないと判断したときには，当該不適切な記載についての除外事項を付した限定付意見を表明するか，又は，中間財務諸表が有用な情報を表示していない旨の意見を表明し，その理由を記載しなければならない。
 (3) 継続企業の前提に重要な疑義を生じさせるような事象又は状況に関して経営者が評価及び対応策を示さないときには，継続企業の前提に関する重要な不確実性が認められるか否かを確かめる十分かつ適切な監査証拠を入手できないことがあるため，中間監査に係る監査手続の範囲に制約があった場合に準じて意見の表明の適否を判断しなければならない。
 (4) 継続企業を前提として中間財務諸表を作成することが適切でない場合には，継続企業を前提とした中間財務諸表は有用な情報を表示していない旨の意見を表明し，その理由を記載しなければならない。
9 監査人は，次に掲げる強調すること又はその他説明することが適当と判断した事項

付　　録

は，中間監査報告書にそれらを区分した上で，情報として追記するものとする。
(1)　正当な理由による会計方針の変更
(2)　重要な偶発事象
(3)　重要な後発事象
(4)　監査人が意見を表明した中間財務諸表を含む開示書類における当該中間財務諸表の表示とその他の記載内容との重要な相違

【四半期レビュー基準】

第一　四半期レビューの目的

　四半期レビューの目的は，経営者の作成した四半期財務諸表について，一般に公正妥当と認められる四半期財務諸表の作成基準に準拠して，企業の財政状態，経営成績及びキャッシュ・フローの状況を適正に表示していないと信じさせる事項がすべての重要な点において認められなかったかどうかに関し，監査人が自ら入手した証拠に基づいて判断した結果を結論として表明することにある。

　四半期レビューにおける監査人の結論は，四半期財務諸表に重要な虚偽の表示があるときに不適切な結論を表明するリスクを適度な水準に抑えるために必要な手続を実施して表明されるものであるが，四半期レビューは，財務諸表には全体として重要な虚偽の表示がないということについて合理的な保証を得るために実施される年度の財務諸表の監査と同様の保証を得ることを目的とするものではない。

第二　実施基準

1　内部統制を含む，企業及び企業環境の理解

　　監査人は，四半期レビュー計画の策定に当たり，年度の財務諸表の監査において行われる，内部統制を含む，企業及び企業環境の理解並びにそれに基づく重要な虚偽表示のリスクの評価を考慮し，四半期財務諸表の作成に係る内部統制についても十分に理解しなければならない。

2　四半期レビュー計画

　　監査人は，四半期レビュー計画を，年度の財務諸表の監査の監査計画のなかで策定することができる。年度の財務諸表の監査を実施する過程において，四半期レビュー計画の前提とした重要な虚偽表示のリスクの評価を変更した場合や特別な検討を必要とするリスクがあると判断した場合には，その変更等が四半期レビュー計画に与える影響を検討し，必要であれば適切な修正をしなければならない。

3　四半期レビュー手続

　　監査人は，質問，分析的手続その他の四半期レビュー手続を実施しなければならない。四半期レビュー手続は，経営者の作成した四半期財務諸表について，一般に公正妥当と認められる四半期財務諸表の作成基準に準拠して，企業の財政状態，経営成績及びキャッシュ・フローの状況を適正に表示していないと信じさせる事項がすべての重要な点において認められなかったかどうかについての監査人の結論の基礎を与えるものでなければならない。

4　質問

付　　　録

　監査人は，四半期財務諸表の重要な項目に関して，それらの項目が一般に公正妥当と認められる四半期財務諸表の作成基準に準拠して作成されているかどうか，会計方針の変更や新たな会計方針の適用があるかどうか，会計方針の適用に当たって経営者が設けた仮定の変更，偶発債務等の重要な会計事象又は状況が発生したかどうか，経営者や従業員等による不正や不正の兆候の有無等について，経営者，財務及び会計に関する事項に責任を有する者その他適切な者に質問を実施しなければならない。

5　分析的手続

　監査人は，四半期財務諸表と過去の年度の財務諸表や四半期財務諸表の比較，重要な項目の趨勢分析，主要項目間の関連性比較，一般統計データとの比較，予算と実績との比較，非財務データとの関連性分析，部門別・製品別の分析，同業他社の比率や指数との比較等，財務数値の間や財務数値と非財務数値等の間の関係を確かめるために設計された分析的手続を，業種の特性等を踏まえて実施しなければならない。分析的手続を実施した結果，財務変動に係る矛盾又は異常な変動がある場合には追加的な質問を実施し，その原因を確かめなければならない。

6　会計記録に基づく作成

　監査人は，四半期財務諸表が，年度の財務諸表の作成の基礎となる会計記録に基づいて作成されていることを確かめなければならない。

7　追加的な手続

　監査人は，四半期財務諸表について，企業の財政状態，経営成績及びキャッシュ・フローの状況を重要な点において適正に表示していない事項が存在する可能性が高いと認められる場合には，追加的な質問や関係書類の閲覧等の追加的な手続を実施して当該事項の有無を確かめ，その事項の結論への影響を検討しなければならない。

8　後発事象

　監査人は，四半期財務諸表において修正又は開示すべき後発事象があるかどうかについて，経営者に質問しなければならない。

9　継続企業の前提

　監査人は，前会計期間の決算日において，継続企業の前提に重要な疑義を生じさせるような事象又は状況が存在し，継続企業の前提に関する重要な不確実性が認められた場合には，当該事象又は状況の変化並びにこれらに係る経営者の評価及び対応策の変更について質問しなければならない。

　また，監査人は，前会計期間の決算日において，継続企業の前提に関する重要な不確実性が認められなかったものの，当四半期会計期間において，継続企業の前提に重要な疑義を生じさせるような事象又は状況を認めた場合には，経営者に対し，経営者による評価及び対応策を含め継続企業の前提に関する開示の要否について質問しなけ

ればならない。

これらの質問の結果，監査人は，継続企業の前提に関する重要な不確実性が認められると判断した場合には，継続企業の前提に関する事項について，四半期財務諸表において，一般に公正妥当と認められる四半期財務諸表の作成基準に準拠して，適正に表示されていないと信じさせる事項が認められないかどうかに関し，追加的な質問や関係書類の閲覧等の追加的な手続を実施して，検討しなければならない。

10 経営者からの書面による確認

監査人は，適正な四半期財務諸表を作成する責任は経営者にあること，四半期財務諸表を作成するための内部統制を整備及び運用する責任は経営者にあること，四半期財務諸表の作成に関する基本的な事項，経営者が採用した会計方針，経営者が四半期レビューの実施に必要な資料をすべて提示したこと及び監査人が必要と判断した事項について，経営者から書面をもって確認しなければならない。

11 経営者等への伝達と対応

監査人は，四半期財務諸表について，企業の財政状態，経営成績及びキャッシュ・フローの状況を重要な点において適正に表示していないと信じさせる事項が認められる場合には，経営者等にその事項を伝達し，適切な対応を求めるとともに，適切な対応がとられない場合には，当該事項の四半期レビューの結論への影響を検討しなければならない。

12 他の監査人の利用

監査人は，他の監査人によって行われた四半期レビュー等の結果を利用する場合には，当該他の監査人が関与した四半期財務諸表等の重要性及び他の監査人の品質管理の状況等に基づく信頼性の程度を勘案して，他の監査人の実施した四半期レビュー等の結果を利用する程度及び方法を決定しなければならない。

第三 報告基準

1 結論の表明

監査人は，経営者の作成した四半期財務諸表について，一般に公正妥当と認められる四半期財務諸表の作成基準に準拠して，企業の財政状態，経営成績及びキャッシュ・フローの状況を適正に表示していないと信じさせる事項がすべての重要な点において認められなかったかどうかに関する結論を表明しなければならない。

2 審査

監査人は，結論の表明に先立ち，自らの結論が一般に公正妥当と認められる四半期レビューの基準に準拠して適切に形成されていることを確かめるため，結論の表明に関する審査を受けなければならない。この審査は，品質管理の方針及び手続に従った

適切なものでなければならない。
3 四半期レビュー報告書の記載
　監査人は，四半期レビュー報告書において，四半期レビューの対象，経営者の責任，監査人の責任，監査人の結論を明瞭かつ簡潔にそれぞれを区分した上で，記載しなければならない。ただし，結論を表明しない場合には，その旨を四半期レビュー報告書に記載しなければならない。
4 結論の表明と追記情報との区別
　監査人は，四半期財務諸表の記載において強調する必要がある事項及び説明を付す必要がある事項を四半期レビュー報告書において情報として追記する場合には，結論の表明とは明確に区別しなければならない。
5 無限定の結論
　監査人は，経営者の作成した四半期財務諸表について，一般に公正妥当と認められる四半期財務諸表の作成基準に準拠して，企業の財政状態，経営成績及びキャッシュ・フローの状況を適正に表示していないと信じさせる事項がすべての重要な点において認められなかった場合には，その旨の結論（この場合の結論を「無限定の結論」という）を表明しなければならない。この場合には，四半期レビュー報告書に次の記載を行うものとする。
(1) 四半期レビューの対象
　四半期レビューの対象とした四半期財務諸表の範囲
(2) 経営者の責任
　四半期財務諸表の作成責任は経営者にあること，四半期財務諸表に重要な虚偽の表示がないように内部統制を整備及び運用する責任は経営者にあること
(3) 監査人の責任
　監査人の責任は独立の立場から四半期財務諸表に対する結論を表明することにあること
　一般に公正妥当と認められる四半期レビューの基準に準拠して四半期レビューを行ったこと，四半期レビューは質問，分析的手続その他の四半期レビュー手続からなり，年度の財務諸表の監査に比べて限定的な手続となること，四半期レビューの結果として入手した証拠が結論の表明の基礎を与えるものであること
(4) 監査人の結論
　経営者の作成した四半期財務諸表について，一般に公正妥当と認められる四半期財務諸表の作成基準に準拠して，企業の財政状態，経営成績及びキャッシュ・フローの状況を適正に表示していないと信じさせる事項がすべての重要な点において認められなかったこと

6 結論に関する除外

監査人は、経営者の作成した四半期財務諸表について、一般に公正妥当と認められる四半期財務諸表の作成基準に準拠して、企業の財政状態、経営成績及びキャッシュ・フローの状況を重要な点において適正に表示していないと信じさせる事項が認められ、その影響が無限定の結論を表明することができない程度に重要ではあるものの、四半期財務諸表全体に対して否定的結論を表明するほどではないと判断したときには、除外事項を付した限定付結論を表明し、別に区分を設けて、修正すべき事項及び可能であれば当該事項が四半期財務諸表に与える影響を記載しなければならない。

7 否定的結論

監査人は、経営者の作成した四半期財務諸表について、一般に公正妥当と認められる四半期財務諸表の作成基準に準拠して、企業の財政状態、経営成績及びキャッシュ・フローの状況を重要な点において適正に表示していないと信じさせる事項が認められる場合において、その影響が四半期財務諸表全体として虚偽の表示に当たるとするほどに重要であると判断したときには、否定的結論を表明し、別に区分を設けて、その理由を記載しなければならない。

8 四半期レビュー範囲の制約

監査人は、重要な四半期レビュー手続を実施できなかったことにより、無限定の結論を表明できない場合において、その影響が四半期財務諸表全体に対する結論の表明ができないほどではないと判断したときは、除外事項を付した限定付結論を表明しなければならない。この場合には、別に区分を設けて、実施できなかった四半期レビュー手続及び当該事実が影響する事項を記載しなければならない。

9 結論の不表明

監査人は、重要な四半期レビュー手続を実施できなかったことにより、無限定の結論の表明ができない場合において、その影響が四半期財務諸表全体に対する結論の表明ができないほどに重要であると判断したときは、結論を表明してはならない。この場合には、別に区分を設けて、四半期財務諸表に対する結論を表明しない旨及びその理由を記載しなければならない。

10 他の監査人の利用

監査人は、他の監査人が実施した四半期レビュー等の重要な事項について、その結果を利用できないと判断したときに、更に当該事項について、重要な四半期レビュー等の手続を追加して実施できなかった場合には、重要な四半期レビュー手続が実施できなかった場合に準じて結論の表明の適否を判断しなければならない。

11 将来の帰結が予測し得ない事象等

監査人は、重要な偶発事象等の将来の帰結が予測し得ない事象又は状況について、

四半期財務諸表に与える当該事象又は状況の影響が複合的かつ多岐にわたる場合には，重要な四半期レビュー手続を実施できなかった場合に準じて，結論の表明ができるか否かを慎重に判断しなければならない。

12　継続企業の前提

　監査人は，継続企業の前提に関する重要な不確実性が認められる場合には，次のとおり結論の表明及び四半期レビュー報告書の記載を行わなければならない。

(1)　継続企業の前提に関する事項が四半期財務諸表に適切に記載されていると判断して，無限定の結論を表明する場合には，当該継続企業の前提に関する事項について四半期レビュー報告書に追記しなければならない。

(2)　継続企業の前提に関する事項が四半期財務諸表に適切に記載されていないと判断した場合は，当該不適切な記載についての除外事項を付した限定付結論又は否定的結論を表明し，その理由を記載しなければならない。

13　追記情報

　監査人は，次に掲げる強調すること又はその他説明することが適当と判断した事項は，四半期レビュー報告書にそれらを区分した上で，情報として追記するものとする。

(1)　正当な理由による会計方針の変更

(2)　重要な偶発事象

(3)　重要な後発事象

(4)　監査人が結論を表明した四半期財務諸表を含む開示書類における当該四半期財務諸表の表示とその他の記載内容との重要な相違

【無限定適正意見の監査報告書の文例】

次に掲げる監査報告書の文例は，いずれも，監査人が無限責任監査法人の場合で，かつ，指定証明であるときのものである。

《金融商品取引法監査（年度監査）》
（連結財務諸表）

独立監査人の監査報告書

平成×年×月×日

○○株式会社
　取締役会　御中

　　　　　　　　　　　　　○○監査法人

　　　　　　　　　　　　　　指定社員　　　　　公認会計士　　○○○○　印
　　　　　　　　　　　　　　業務執行社員

　　　　　　　　　　　　　　指定社員　　　　　公認会計士　　○○○○　印
　　　　　　　　　　　　　　業務執行社員

（注1）

　当監査法人（注2）は，金融商品取引法第193条の2第1項の規定に基づく監査証明を行うため，「経理の状況」に掲げられている○○株式会社の平成×年×月×日から平成×年×月×日までの連結会計年度の連結財務諸表，すなわち，連結貸借対照表，連結損益計算書，連結包括利益計算書（注3），連結株主資本等変動計算書，連結キャッシュ・フロー計算書，連結財務諸表作成のための基本となる重要な事項，その他の注記及び連結附属明細表について監査を行った。

連結財務諸表に対する経営者の責任
　経営者の責任は，我が国において一般に公正妥当と認められる企業会計の基準に準拠して連結財務諸表を作成し適正に表示することにある。これには，不正又は誤謬による重要な虚偽表示のない連結財務諸表を作成し適正に表示するために経営者が必要と判断した内部統制を整備及び運用することが含まれる。

監査人の責任
　当監査法人（注2）の責任は，当監査法人（注2）が実施した監査に基づいて，独立の立場から連結財務諸表に対する意見を表明することにある。当監査法人（注2）は，我が国において一般に公正妥当と認められる監査の基準に準拠して監査を

行った。監査の基準は，当監査法人（注２）に連結財務諸表に重要な虚偽表示がないかどうかについて合理的な保証を得るために，監査計画を策定し，これに基づき監査を実施することを求めている。

　監査においては，連結財務諸表の金額及び開示について監査証拠を入手するための手続が実施される。監査手続は，当監査法人（注２）の判断により，不正及び誤謬による連結財務諸表の重要な虚偽表示のリスクの評価に基づいて選択及び適用される。財務諸表監査の目的は，内部統制の有効性について意見表明するためのものではないが，当監査法人（注２）は，リスク評価の実施に際して，状況に応じた適切な監査手続を立案するために，連結財務諸表の作成と適正な表示に関連する内部統制を検討する。また，監査には，経営者が採用した会計方針及びその適用方法並びに経営者によって行われた見積りの評価も含め全体としての連結財務諸表の表示を検討することが含まれる。

　当監査法人（注２）は，意見表明の基礎となる十分かつ適切な監査証拠を入手したと判断している。

監査意見
　当監査法人（注２）は，上記の連結財務諸表が，我が国において一般に公正妥当と認められる企業会計の基準に準拠して，○○株式会社及び連結子会社の平成×年×月×日現在の財政状態並びに同日をもって終了する連結会計年度の経営成績及びキャッシュフローの状況をすべての重要な点において適正に表示しているものと認める。

利害関係
　会社と当監査法人又は業務執行社員（注２）との間には，公認会計士法の規定により記載すべき利害関係はない。

以　　上

索　引

〔あ〕

アサーション（経営者の主張）……………88
アサーション・ベース ………………201
アサーション・レベル ………………109

〔い〕

委員会設置会社 …………………………23
意見区分 …………………………………154
意見差控 …………………………………69
意見不表明 ………………………150, 158
一般基準 ………………………35, 45, 52
違法行為 ……………………………13, 49

〔う〕

運用評価手続 ………………61, 84, 111

〔え〕

永久調書 …………………………………101
閲覧 ………………………………………89

〔か〕

外観的独立性 ……………………………47
会計監査 ……………………………………5
会計監査権 …………………………25, 28
会計監査限定監査役 ……………………24
会計監査人 …………………………23, 26
会計監査人監査 …………………………26
会計参与 ……………………………23, 24
会計上の見積り …………………………122
開示後発事象 ……………………………174
会社法監査制度 ……………………16, 23
会社法に基づく会社の分類 ……………23
外部監査 …………………………………4
外部証拠資料 ……………………………82
確認 ………………………………………86

監査 …………………………………………2
監査委員 …………………………………28
監査委員会 ………………………………27
監査委員会監査 …………………………27
監査技術 ……………………………82, 85
監査基準 ………………………32, 37, 42
監査基準委員会報告書 …………………42
監査基本計画 ……………………………97
監査業務に従事する補助者 ……………124
監査計画 ……………………………96, 98
監査契約 …………………………………78
監査実施計画 ……………………………97
監査実施者 ………………………………124
監査実施準則 ……………………………42
監査実施の責任者 ………………………124
監査事務所 ………………………………124
監査証拠 …………………………………82
監査上の重要性 …………………………108
監査調書 ……………………………49, 101
監査調書の査閲 …………………………105
観察 ………………………………………86
監査手続 …………………………………91
監査に関する品質管理基準 ………51, 124
監査人の結論 ……………………………194
監査の対象 ………………………………155
監査の目的 …………………………9, 43
監査範囲の制約 ………………………157, 158
監査報告準則 ……………………………43
監査報告書 ………………………146, 149
監査法人 ………………………16, 20, 26
監査役 ………………………………23, 24
監査役会 ……………………………23, 26
監査役会設置会社 ………………………26
監査役監査 ………………………………24
監査要点 ……………………………79, 81
監査リスク ………………………58, 108

233

〔き〕

企業改革法(サーベインズ＝オックスリー法(SOX法))……………34
企業統治(コーポレートガバナンス)……23
企業取引担保説………………………17
期待のギャップ………………………10
基本原則………………………43, 57, 70
業務監査………………………………5
業務監査権…………………………25, 28
金融商品取引法監査制度……………16, 18

〔く〕

偶発事象……………………………173

〔け〕

経営者による確認書………………133
経営者不正……………………………11
計算突合………………………………89
継続企業の前提…63, 65, 139, 142, 163, 167
継続企業の前提に関する結論の表明…197
継続企業の前提に関する重要な不確実性
　………………………………65, 143
継続企業の前提に重要な疑義を抱か
　せる事象又は状況………………65, 141
継続企業の前提に重要な疑義を生じ
　させるような事象又は状況…65, 142, 143
継続的専門研修制度(CPE制度)………46
結論の不表明………………………197
限定付結論の表明…………………197
限定付適正意見……………………150
限定的保証業務……………………178

〔こ〕

公開会社……………………………23
公開会社会計監視委員会(PCAOB)……34
口頭の証拠資料……………………82
公認会計士…………………16, 20, 26
後発事象……………………………173

合理的基礎……………………………79
合理的な保証…………11, 45, 72, 186, 201
合理的保証業務……………………178
国際監査基準(ISA)…38, 63, 80, 143, 155
誤謬………………………………12, 49, 62
固有リスク………………………58, 108

〔さ〕

再実施…………………………………89
財務諸表………………………………8
財務諸表監査…………………………7
財務諸表に対する意見……………155
査閲……………………………………89
サンプリングによる試査…………118
サンプリングリスク………………119

〔し〕

事業上のリスク等を重視したリスク・
　アプローチ………………………109
試験的計画……………………………96
試査…………………………………117
試査監査………………………………6
視察……………………………………86
資産の流用……………………………11
事実と慣習と判断の総合的産物………8
執行役…………………………………23
実査……………………………………86
実施基準…………………36, 53, 182, 192
実施した監査の概要………………155
実質的な判断…………………………95
実証手続…………………………61, 84, 111
実態監査………………………………6
質問………………………………88, 192
指導的機能……………………………10
四半期財務諸表に対する結論……197
四半期レビュー……………………189
四半期レビュー基準………………189
四半期レビューの目的……………190
四半期レビュー報告書……………197

234

索　引

社外監査役 …………………………22, 26
社外取締役…………………………………23
従業員不正 …………………………………11
修正後発事象 …………………………173
十分かつ適切な監査証拠………………83
十分な監査証拠……………………………54
重要な監査手続が実施できなかった
　　こと ………………………………157
重要な虚偽の表示………………………48
重要な虚偽表示のリスク………………60
重要な欠陥 ………………………………203
主題情報 …………………………………178
受託者監視説………………………………16
主たる監査人 ……………………………128
守秘義務……………………………………51
消極的確認…………………………………88
消極的形式による結論 ………………178
証券取引法監査制度……………………18
証拠資料……………………………………82
証憑突合……………………………………89
情報・伝達の機能 ……………………113
情報監査 ……………………………………5
商法監査制度………………………………21
情報提供機能………………………………10
除外事項 ………………………156, 157, 161
除外事項を付した限定付適正意見
　　……………………………73, 158, 161, 207
職業的懐疑心………………………………48
職業倫理 …………………………………125
審査 ……………………………74, 126, 194

〔せ〕

正規の監査手続…………………………92
精細監査……………………………………7
精神的独立性………………………………47
正当な注意…………………………………48
正当な理由に基づく会計方針の変更 …162
精密監査……………………………………6
積極的確認…………………………………87

積極的形式による結論 ………………178
前進的計画…………………………………96
専門家の業務の利用 …………………131

〔そ〕

その他の監査手続………………………92

〔た〕

大会社 …………………………22, 23, 24, 26
貸借対照表監査……………………………7
代表執行役制度……………………………23
代表取締役制度……………………………23
ダイレクト・レポーティング …179, 201
立会…………………………………………86
他の監査人 ………………………………128
他の監査人の利用 ……………………126
短文式監査報告書 ……………………149

〔ち〕

中間監査 …………………………179, 180
中間監査基準 ……………………180, 182, 184
中間監査実施基準 ……………………181
中間監査に係る監査意見 ……………186
中間監査人 ………………………………182
中間監査の目的 ………………………182
中間監査報告基準 ……………………181
中間監査報告書 ………………………185
中間監査リスク ………………………183
中間財務諸表監査基準 ………………179
長文式監査報告書 ……………………149
帳簿突合……………………………………89

〔つ〕

追記情報 …………………………………169
通常実施すべき監査手続………………92
通常の監査手続…………………………92

〔と〕

当座調書 …………………………………101

235

統制活動 …………………………113
統制環境 …………………………113
統制手続 …………………………114
統制リスク ……………………58, 108
導入区分 …………………………154
特定項目抽出による試査 …………119
特定項目抽出リスク ………………120
特別な検討を必要とするリスク……62
特記事項 ……………………69, 170
取締役会 …………………………23
取締役会設置会社 …………………23
トレッドウェイ委員会組織後援委員会
　（COSO）………………………115

〔な〕

内部監査 ……………………4, 131
内部監査人監査制度 ………………16
内部監査人の協力 ………………131
内部経営環境 ……………………114
内部証拠資料 ……………………82
内部統制 ………………109, 112, 113
内部統制監査 ……………198, 201
内部統制監査報告書 ………200, 201
内部統制監査報告書における監査
　意見 ……………………………204
内部統制組織 ……………………114
内部統制報告書 …………………199

〔に〕

二重責任の原則 …………………9
任意監査 …………………………5

〔の〕

ノンサンプリングリスク ………120

〔は〕

発見リスク ……………………58, 108
パブリック・セクター方式 ………35
範囲区分 …………………………153

〔ひ〕

非公開会社 ………………………24
否定的結論の表明 ………………197
批判的機能 ………………………10
品質管理 ……………………51, 123

〔ふ〕

不正 ………………………11, 49, 62
不正な財務報告 …………………11
不正発見の姿勢の強化 ……………62
物理的証拠資料 …………………82
文書的証拠資料 …………………82
不適正意見 ……………73, 150, 162, 207
不備 ………………………………203
プライベート・セクター方式 ……34
文書的証拠資料 …………………82
分析的実証手続 ………………90, 111
分析的手続 ……………………90, 192

〔ほ〕

報告基準 ………………36, 66, 182, 194
法定監査 …………………………4
法定監査制度 ……………………16
保証機能 …………………………10
保証業務 …………………………178
保証業務リスク …………………178
補足的説明事項 …………………70

〔み〕

未確定事項 ………………………159

〔む〕

無限定適正意見 ………150, 154, 155, 207
無限定の結論の表明 ……………197

〔め〕

明瞭性（クラリティ）プロジェクト…78, 155
メンバーファーム ………………129

索　　引

〔も〕

モニタリング（監視活動）……………113

〔ゆ〕

有用性の意見表明 ………………………182

〔よ〕

予定的計画………………………………96

〔り〕

リスク・アプローチ……………58, 60, 106
リスク対応手続 …………………61, 84, 110
リスク評価手続 …………………61, 84, 109

〔れ〕

レビュー業務 ……………………………179

著者紹介

岩﨑　健久（いわさき　たけひさ）
帝京大学教授　公認会計士・税理士
早稲田大学理工学部応用化学科卒業，筑波大学大学院修士課程経営・政策科学研究科修了（経済学修士），筑波大学大学院博士課程社会科学研究科法学専攻修了（博士（法学））。
太田昭和監査法人（現新日本有限責任監査法人）にて，監査・会計業務に従事した後，帝京大学に勤務，専任講師，助教授を経て現職。コーネル大学，East Asia Programにて客員研究員（平成19年8月から平成21年7月まで）。現在，早稲田大学講師，東海大学講師，日本公認会計士協会・租税調査会副委員長，同協会租税業務協議会・租税相談専門委員会委員長等を務める。

【主要著書】
『税制新論』（木鐸社，平成10年），『財政新論』（木鐸社，平成12年），『現代会計・財政講義』（中央経済社，平成13年），『現代財務諸表論』（中央経済社，平成14年），『税法講義』（税務経理協会，平成16年），『財務会計概説』（税務経理協会，平成17年），『租税法』（税務経理協会，平成23年），『消費税の政治力学』（中央経済社，平成25年），（以上，単著），佐々木毅編『政治改革1800日の真実』（講談社，平成11年，共著），『設例でわかる財務会計論』（中央経済社，平成22年，共著）のほか多数。

著者との契約により検印省略

平成22年11月25日　初版第1刷発行
平成27年5月25日　初版第2刷発行
平成29年4月25日　初版第3刷発行

会計監査論

著　者	岩　﨑　健　久
発　行　者	大　坪　嘉　春
印　刷　所	税経印刷株式会社
製　本　所	牧製本印刷株式会社

発　行　所　東京都新宿区下落合2丁目5番13号　株式会社 税務経理協会
郵便番号 161-0033　振替 00190-2-187408　電話(03)3953-3301(編集部)
FAX(03)3565-3391　(03)3953-3325(営業部)
URL http://www.zeikei.co.jp/
乱丁・落丁の場合はお取替えいたします。

© 岩﨑健久 2010　　　　　Printed in Japan

本書の無断複写は著作権法上での例外を除き禁じられています。複写される場合は，そのつど事前に，(社)出版者著作権管理機構（電話 03-3513-6969，FAX 03-3513-6979, e-mail : info@jcopy.or.jp）の許諾を得てください。

JCOPY ＜(社)出版者著作権管理機構 委託出版物＞

ISBN978-4-419-05571-4　C1063